◆ 作者在习字

◆ 在德国度圣诞节时与"圣诞老人"合影（1992年，德国科隆）

◆ 在日本京都一休寺参观时留影（1993年）

◆ 1993年9月28日下午，在大阪某大饭店与日本鲁迅研究专家北岗正子教授学术
  访谈后合影

◆ 在海因里希·伯尔的乡村写作别墅，与同住别墅的德国戏剧家、俄罗斯哲学家餐后合影（1992年）

◆ 在日本北海道东北大学校园内，与日本鲁迅研究专家阿部兼也教授（左二）等合影（1993年，日本仙台）

◆ 在日本东京大学图书馆参观（1993年）

◆ 坐在鲁迅当年在仙台医专学习时的座位上（1993年，日本仙台）

6

鲁迅杂文学概论

彭定安文集

彭定安/著

东北大学出版社
·沈阳·

图书在版编目（CIP）数据

彭定安文集.6，鲁迅杂文学概论 / 彭定安著. —
沈阳：东北大学出版社，2021.8
　ISBN 978-7-5517-2347-3

　Ⅰ. ①彭… Ⅱ. ①彭… Ⅲ. ①社会科学—文集②鲁迅
杂文—鲁迅著作研究—文集 Ⅳ. ①C53②I210.97-53

中国版本图书馆CIP数据核字(2021)第124922号

出 版 者：东北大学出版社
　　　　　地址：沈阳市和平区文化路三号巷11号
　　　　　邮编：110819
　　　　　电话：024-83680267（社务部）　83687331（营销部）
　　　　　传真：024-83683655（总编室）　83680180（营销部）
　　　　　网址：http://www.neupress.com
　　　　　E-mail:neuph@neupress.com
印 刷 者：辽宁一诺广告印务有限公司
发 行 者：东北大学出版社
幅面尺寸：170 mm × 240 mm
插　　页：4
印　　张：15
字　　数：250千字
出版时间：2021年8月第1版
印刷时间：2021年8月第1次印刷

责任编辑：项　阳
责任校对：邱　静
封面设计：潘正一
责任出版：唐敏志

ISBN 978-7-5517-2347-3　　　　　　　　　定价：68.00元

卷头语

PREFACE

在紧张忙碌中写完了《鲁迅杂文学概论》，篇幅远远超出了预计的规模，内容也随之有了变化。这算是把我对于鲁迅杂文的认识、想法、体会以及探讨性的意见，都汇集在一起了。这本书是在一篇两万多字的论文基础上，扩充写成的。这篇论文是1982年为了在中国鲁迅研究学会和浙江鲁迅研究学会联合召开的学术讨论会上，作一个预先确定的发言而匆匆写成的，总题为《鲁迅杂文的产生、发展及其在历史上的地位》。这个题目本是我在学会讨论会议主题时作为建议提出来的，不易被接纳，因此需准备一个发言以供讨论的任务，便落在我的身上了。我只得在工作间隙，断断续续地写作，初意只写一个几千字的提纲，不想竟写了两万多字。

1982年秋季，讨论会在杭州举行。我在会上抛砖引玉，宣读了论文纲要。发言之后，许多前辈和师友给予了很大的鼓励。会议间隙，在西子湖畔，花朝雨夕，我们徜徉在孤山上、断桥边、岳坟前，有时则坐在湖边靠椅上，面对湖光山色，谈东说西，但话题却常常转到鲁迅研究上：鲁迅研究事业的发展、有关鲁迅研究课题的开展，以及在一些问题上交换意见或发生争论。这真是一种很好的自由讨论和有益的切磋。这期间，一些师友在鼓励的同时，建议把发言的内容扩展一下，多列举一些例子并给予分析，写成一本专著。在这些鼓励和帮助下，我终于决定一试。

在准备工作阶段和写作过程中，我越来越感到，一方面，鲁迅的杂文深邃丰厚，思想与艺术价值很大。它对于我们来说，是思想艺术的宝库，是培养多类人才的通用教材。但是，另一方面，我们对鲁迅的杂文却研究得不够，普及得更不够。这对于我们的文化和思想建设来说，不能不说是一种损失。

因此，我们迫切需要做好鲁迅杂文的普及工作，以便让更多的人能够读懂、热爱鲁迅的作品。这对于我们培养青年一代的智力与道德水平，对于建设社会主义精神文明，都是有很大好处的。为了这个目的，我们更需要搞好研究工作。普及宣传同研究工作并不矛盾，而是相辅相成的。我们的研究工作不是为研究而研究，我们的研究成果，不仅最好的鉴定者是群众，而且最广大深厚的"享用"者也是群众。我们的成果，或者可以直接为群众学习鲁迅作品服务，或者作为共同的财富，被吸收进普及的宣传材料中，而为群众所"享用"，使他们获益。为了让鲁迅的杂文能为更广大的读者所读懂、掌握，我们既需要普及宣传，也需要加强研究。正是在这样的认识基础上，在这样的愿望促使下，我勉力写了这本《鲁迅杂文学概论》。我的总体看法和写作立意，在本书"绪论"和"结束语"中均已交代。这里只想说明一点，在"结束语"中，我曾说及本书与拙著《鲁迅评传》是姊妹篇①。这有两层意思。第一，《鲁迅评传》出版后，有的朋友告诉我，书中对于鲁迅的杂文，尤其是后期杂文，谈得不够。这确是一个缺点。现在，我将本书奉献给读者，算是对《鲁迅评传》的补充。在本书中，我对于鲁迅杂文和鲁迅写作杂文，作了"史"的叙述，多少涉及鲁迅的一些生平。这倒也不妨看作"传"的资料。

第二，这本《鲁迅杂文学概论》的直接产生过程，确如前述。然而，它的酝酿和间接的准备工作，却是"盖有年矣"。20世纪70年代初、中期，我在农村时，曾经计划写作"鲁迅杂文读本"，并且动手写出了《热风》《华盖集》两集的稿子，此外还写了一些鲁迅杂文集的题记、序、跋的解释与注文。"读本"的设想是将鲁迅的杂文集按册按篇加以诠释、注解，并且这两项均求详细，力求有特色。尤其讲解部分，不照本宣科，而写成渗入自己的理解、体会的读后感，将对历史背景、

---

① 《鲁迅评传》于1982年7月在湖南人民出版社出版。

题旨、艺术特色等的说明都融会于其中，努力避免冬烘式的讲解或肢解式的分析，使每篇都能成为一篇文章，具有可读性。这个计划终未实现。然而，准备的材料、记下的读书笔记、酝酿的意见和感受，许多写进了《鲁迅评传》，而今，又将未曾动用的部分，用于本书之中了。

不过，我感到，这种"按部就班"地解释鲁迅杂文的读本，从普及宣传的角度来说，仍然是需要的。问题当然是要真正写出水平，有吸引力，有说服力。记得读过普列汉诺夫为恩格斯的《路德维希·费尔巴哈与德国古典哲学的终结》写的注释，有见地、有发挥、有文采，为哲学著作写的哲学内容的注解，而能写到这样引人的程度，真是令人钦佩。我在写"鲁迅杂文读本"时，不禁常常忆起并重读这个注文。我至今仍感到有必要写作和出版这样的读本。

正如本书"结束语"中所说，这本书作为"概论"是不完备的，它并未就鲁迅"杂文学"的各个方面"一概"都论及。然而我改"鲁迅杂文研究"的书名为现名，目的一在借此推行"杂文学"这个称谓，以期为确立它在文学上的地位而作一点努力；二在突破"××研究"之类的老套套；第三，则想以"概论"之名而使一些仅止于说明的总括已有成果的材料得以用上，而不致只有研究结论和研究性文字。这样倒可名实更为相符一些。

此书写作过程中，正值我的行政事务更加繁忙之时，常常只能利用晚上写作。这样断断续续地写，以致思路常常被打断，造成行文的生涩和迟滞。这是要请读者谅解的。

在此，我向鼓励和帮助我写作此书的师友，向出版社的编辑，表示我的衷心的感谢！

彭定安
1983 年 8 月 1 日

目录

CONTENTS

第一章　绪　论

攀登思想与艺术之峻岭，以观社会、历史、人生与艺术之沧海

你眺望过星空吗？那儿闪烁着无数的星光，令人浮想联翩，思绪万千。

你眺望过大海吗？那浩瀚无边的万顷碧波跃动着，或者平静的海水像镜子一样澄澈清静，给人以动的韵律与力量和静的肃穆与幽美。

这是世界的"领空"与"领地"的两极。多少哲人与诗人，在它们面前得到启示，迸发灵感，增长智慧，展开遐想，构思佳篇。

德国伟大的哲学家康德在《实践理性批判》中说：

> 有两种东西，我们愈时常、愈反复加以思索，它就给人心灌注了时时在翻新、有加无已的赞叹和敬畏：头上的星空和内心的道德法则。

康德的后人，德国伟大的音乐家贝多芬，在自己的谈话簿上写下了对康德名言的感叹：

"我们心中的道德律，我们头顶上的星空。康德！！！"

人们说，贝多芬的深沉感人、撼人灵魂的音乐作品，就是他用音响和旋律来倾诉的他对于天、地、人的种种感受和沉思的表述。据说，贝多芬的E大调四重奏（作品第59号之2）慢板乐章的创作灵感，便来自他对于星空的注视和凝思默想。

大海，古往今来多少诗人赞叹歌颂过它，名篇累累，美不胜收，千古叹唱，余音不绝。我们只举我国早期的名作一篇吧，它是我国伟大的

政治家、诗人曹操（字孟德）的作品，其诗曰《观沧海》：

> 东临碣石，以观沧海。水何澹澹，山岛竦峙。树木丛生，百草丰茂。秋风萧瑟，洪波涌起。日月之行，若出其中；星汉灿烂，若出其里。幸甚至哉，歌以咏志。

这里，曹孟德以政治家的伟大胸襟和诗人的奇瑰想象，描绘与赞颂山海，又把大海与星空联系起来。"幸甚至哉，歌以咏志"，他是多么欢欣，难以自遏啊！

然而，我们在这里并非慕哲人之深思、羡诗人之灵感、赞颂星空与大海，而是想借此来比喻我国人民、我们民族的伟大的艺术珍品：鲁迅杂文。

一

它像星空，像大海。它的思想像星空一样邈远而现实、深邃而切近，它的艺术像大海一样丰富而深厚、朴素而璀璨；它的思想像星空一样闪光，它的艺术像大海一样光彩。

鲁迅与曹操、康德、贝多芬以及其他许许多多哲人和诗人不同，他既不是用晦涩的哲理，也不是用韵律或音响，来表现他的思想；而是用短小尖锐的杂文，来表达他的思想与诗情。

这是世界上罕有的艺术形态，这是我们民族特具的文学珍品，这也是鲁迅奉献给我们民族与全体人类的艺术珍宝。

鲁迅的杂文还有一点不同于其他思想家、艺术家，在他的短小杂文汇集而成的思想与艺术之海里，思想是那么丰富，涉及方面是那么广泛，举凡社会、历史、人生的重大课题，他都涉及了，然而又不是空泛的议论、抽象的说教。他的杂文是百科全书式的，涉及哲学、历史、政治、经济、文化、文学、艺术、美学、社会学以及自然科学（其中包括天文、地理、生物、医学等学科）。而且，凡是他涉及的学科、社会问题、思想与艺术课题，那思想是活泼的、生动的、丰富的。我们从中感受到一种哲人的深思，革命家的热情，诗人的情怀，一颗热忱的心、跃动的心，入世的执着，济世的激情，热爱人民的宽厚博大的赤子之心。因此，我们所感受的，正是康德和贝多芬所赞叹的：头顶上的星空与心中的道德法则。这里给予我们的是为国为民贡献自身一切的智慧与力量。

但鲁迅不同于一般哲人的是：他以艺术家之笔，以诗人之情，来描绘和倾诉他的思想，他的见解，他的剖析。因此，他的杂文，既给我们以艺术感应，美的享受；又以它的自身为实证，教给我们艺术知识、美学规律，从而让我们体验着艺术的经验、美学的情趣。

这是作为思想作品在"生活教科书"的作用之外，又一种艺术教科书的作用。

鲁迅是伟大的现实主义作家。他不仅运用着现实主义的创作方法，而且对于现实，对于生活，其态度一贯地是执着的、热情的，他为改变不合理的现象、为清扫历史的垃圾而奋战。鲁迅在《华盖集·题记》中说：

> 我知道伟大的人物能洞见三世，观照一切，历大苦恼，尝大欢喜，发大慈悲。但我又知道这必须深入山林，坐古树下，静观默想，得天眼通，离人间愈远遥，而知人间也愈深，愈广；于是凡有言说，也愈高，愈大；于是而为天人师。我幼时虽曾梦想飞空，但至今还在地上，救小创伤尚且来不及，那有余暇使心开意豁，立论都公允妥洽，平正通达，像"正人君子"一般；正如沾水小蜂，只在泥土上爬来爬去，万不敢比附洋楼中的通人，但也自有悲苦愤激，决非洋楼中的通人所能领会。

鲁迅不愿意做，甚至鄙弃那种离人间远遥、言说高大的"天人师"；他也不愿意做，甚至厌恶那种心意开豁、立论妥洽的洋楼上的通人。他自比为沾水小蜂，在泥土上爬来爬去；他自称只不过是救小创伤！这，正是他的世界观、人生观、创作观，他的人生态度。这"小蜂"是辛勤劳动与勇敢战斗的"工人"与"战士"，他像蜜蜂那样用生命酿造"百花蜜"，把香甜长留人间。他要救的"小创伤"，正是人民日常的痛苦与悲伤，社会的普遍的弊害与脓疮。他正是在民族的、人民的"泥土"之上辛勤劳作。他的深邃丰富的思想，是从这种执着现实的沉思默想中得来的，是这种现实的物质关系在精神上的升华，是在现实土壤上扎根，经过思想的阳光雨露的浇灌而开出的精神花朵。因此，我们阅读他的杂文，就好比在思想的历程上的跋涉，随着他的作品的思想路径，一步步深入、攀登，直至那思想的峻岭，去居高临下，高屋建瓴地观照，然后纵览面前的"沧海"，那里蕴含着世界、社会、人生、艺术的种种课题。在这种跋涉与攀登中，我们得到的是实际的、切近的、饱含着生活露珠的、活生生的人生与艺术的哲理，它将丰富我们的思想，提高我们的思维能力，使我们的观察力敏锐起来，使我们的艺术才能增长起来。而且，也使我们内心的"道德法则"形成、发展，成为一种内在的力量，一种使我们在精神上生长的力量。

一位巴基斯坦作家曾说："对于一个外国人，他（按：指鲁迅）立刻使人感到他是中国灵魂的镜子，反映了人民的希望和要求。"[①]这是颇有见地而且符合实际的。鲁迅杂文的思想和艺术，都是和中国人民的生活、中华民族的历史和现实血肉相连的。那里面蕴蓄着中国的灵魂，人民的心声。这一点，对于中国人民来说，自然是能够清楚而深刻地感受得到的。然而，由于下列几方面的原因，在鲁迅杂文的思想艺术与人民（特别是青年）之间，仍需要有沟通的渠道。

首先是时代和历史变化所造成的隔膜。鲁迅的杂文，都产生于20世纪的最初10年到30年代中期，而大部分产生于30年代。那时候中国的社会状况同现在中国的情况是大不一样的。最根本的是前后社会性质改变了：半殖民地半封建社会已经成为社会主义社会。政治、经济、思想、文化、社会生活等各个方面，情况都发生了巨大而深刻的变化。而鲁迅的杂文，现实性和时代特色又特别强。因此今天读来，便要产生不少困难。鲁迅在世时就曾说，阅历少的青年人读他的杂文会有困难。如果在他的杂文产生的时期尚且如此，那么，在过了几十年之后，情况当然就更为严重了。

第二，鲁迅的杂文产生于人民毫无权利的时代，他写作同反动统治者战斗的杂文，不能不如他所说，形同"戴着镣铐的舞蹈"，不能不采用隐晦曲折的语言和战斗手法。这样，一方面固然使他的杂文在战斗的艺术上得到发展并且增加了特殊的艺术色彩；但另一方面又使读者在理解上产生了困难。这一点对于今天的读者来说，又增加了一层难处。

第三，鲁迅的杂文思想艺术深厚丰实，有着极为广泛深刻的文化内涵。读懂它，不仅需要人生阅历，而且需要一定的文化素养。

第四，鲁迅的杂文极为精练，"浓缩度"很高，而且又采用讽刺、幽默的手法。这些同样既增加了他的杂文的艺术性，又增添了阅读上的

① 艾阿默德·阿里在鲁迅逝世二十周年纪念大会上的讲话，载《文艺报》1956年第20号附册。

困难。

由于上述几方面的困难，为了攀登鲁迅杂文的思想与艺术峻岭，以观社会、人生、艺术之"沧海"，就需要一定的解说、诠释的工作，好像铺设一些阶梯以供攀登之便一样。

这里提供给读者的是一个探微式的研究，一方面是想在鲁迅杂文的研究上做一点试探，企望奉献点滴成果；另一方面，也想为供攀登之便，提供"阶梯"之一种。总之，希望在鲁迅思想和鲁迅杂文的研究和普及中，贡献一点微薄的力量。

二

鲁迅杂文研究，已经有五六十年的历史了。成果是丰富的。尤其近几年，在这方面的成就更是引人注目。但有一个值得注意的弱点：单篇的研究和解说多，而综合性的研究却比较少。

而鲁迅的杂文是一个整体：一个思想的与艺术的整体。它需要我们对之作整体性的研究，探索和反映它的整体品性和基本素质，从整体上来把握它的渊源、产生和发展的历史路径、成就的性质和高度以及在历史（思想史、文化史、文学史）上的地位。在这种把握整体的基础上，我们不仅能够对于鲁迅杂文的每一单篇认识、理解得更全面、更深刻，而且对于它的思想艺术也会理解得更全面、更深刻。

本书试图在这种性质的研究上，进行一些探索。成败未可计，粗浅自难免。但我认为，这种研究途径和方法是可以和应该采用的。

三

鲁迅的杂文，确如珍珠，颗颗粒粒，闪着亮光。在群体的光华之中，每个单篇又呈现出它特有的亮色与丽质。这样就说明：不仅综合研究很有必要，而且对单篇杂文也要在掌握总体的基础上来阅读。这是对于鲁迅杂文的一种认识，一种研究方法。这本小书便采用了这种认识和方法。因此书中所举鲁迅杂文篇什，并非仅仅作为例证而存在，而且试图透过这种分析，从一斑以观全豹。

有人偶读一两篇鲁迅的杂文，就感到内容亦难避单薄之嫌，收益也未见很多。这当然要看所读的是哪一篇。鲁迅有一部分杂文，孤立地看，可能如此。但是，作为一个整体，鲁迅的杂文却绝不是如此。单篇杂文是不能脱离整体来理解的。

当然，这里并非为了替鲁迅杂文的每一篇都争什么"地位"。问题在于，如果我们能够在把握鲁迅杂文的整体品性的基础上去阅读他的杂文篇什，往往能从中体察到一点用孤立的观点来阅读所不能领会的东西；同时也能从具体篇章中去领略和充实对鲁迅杂文的整体认识。

正是为了这个目的，我在本书中，想尽力之所及，对鲁迅的杂文作整体性研究，试图既用历史的发展的时态叙述，又用静态的概观描述，以期达到从整体上了解鲁迅杂文的目的。如能对研究工作和普及工作起到一点作用，那就引以为幸了。

四

对于鲁迅杂文的艺术性，向来都有一些研究，也作出了一些规律性的论述。但是，比之于对他的杂文的思想的分析，相差很远。这一点，固然同长期以来在文艺理论方面的"重思轻艺"有关，但同时也是对于鲁迅杂文的一种片面的和表面的理解的表现。鲁迅的杂文之所以能够成为"鲁迅杂文"，是不能不包含它的艺术性的。它的思想性是同它的艺术性有机结合、血肉相连的。我们简直可以说，没有鲁迅杂文的艺术性，也就没有鲁迅杂文的思想性。我们失去了前者，也就不能很好地获得后者。鲁迅杂文之所以成为不朽的作品，其原因就在于它的思想性与艺术性是水乳交融的、不可分割的，是高度统一的。

当然，在这方面，也同样有一个整体把握的问题。对于鲁迅杂文的艺术特征，我们还缺乏更具体的研讨。今天我们要更好地、更深入地学习、理解鲁迅的杂文，很需要在这方面有所突破。而且，从总结民族文学的艺术经验来说，也应该努力加强这方面的研究，以利于指导现实的文学创作。

我在这本书里，也试图在这方面作一点努力，目的在于引起注意。

以上，我概略地说到一些对鲁迅杂文的认识和研究方法，我将在以下篇章中予以展开。这里只是点到为止。是为绪论。

第二章　鲁迅杂文艺术的产生与发展

一、种子：在历史与时代的沃土里萌发、生长——鲁迅杂文艺术的产生

鲁迅的杂文是怎样产生的？

对于这个问题最早作出回答，而且回答得很深刻的，当然首推鲁迅的亲密战友瞿秋白。他在那篇著名的论文《〈鲁迅杂感选集〉序言》中指出：

> 谁要是想一想这将近二十年的情形，他就可以懂得这种文体发生的原因，急遽的剧烈的社会斗争，使作家不能从容的把他的思想和感情熔铸到创作里去，表现在具体的形象和典型里；同时，残酷的强暴的压力，又不容许作家言论采取通常的形式。作家的幽默才能就帮助他用艺术的形式表现他的政治立场，他的深刻的对于社会的观察，他的强烈的对于民众斗争的同情。不但这样，这里反映着五四以来中国的思想斗争的历史。

瞿秋白的这段论述无疑是正确的，曾经长期指导我们对鲁迅杂文的研究。从那时到现在，对于他作出的只是原则的论述，我们需要加以具体的阐述。这是我们研究工作的需要，也是加深对鲁迅杂文的认识、理解的需要。那么，应该怎样理解瞿秋白的这段论述呢？首先，关于社会斗争的急遽和剧烈的原因，我们可以从远近两方面来考察。

中国曾经是一个世界少有的封建大国，但同时又是一个举世闻名的农民战争连绵不断（发生过登上世界农民战争顶峰的太平天国农民起义）的国家。在这个长期的不断的尖锐斗争中，思想文化方面的斗争也

往往采取了尖锐的形式。思想文化斗争既是社会斗争、阶级斗争的先声，又是它的表现形式之一。它是物质斗争在精神领域里的反映。从秦始皇焚书坑儒到清代的大兴文字狱，都反映了这种状况。这成为历史发展的一个特色，也形成了斗争传统，并留下了宝贵的思想与文学的遗产。在社会斗争上，这种情况表现为广泛的和长期的反复的流血；在文化上，则反映在历代驳议文章和寓言、讽刺小品的发展和成就上，这可能正是这种历史状况的表现和结果。当然，这只是历史的远因。更重要和更直接的近因，便是近代和现代的社会状况和斗争形势。中国在从"五四"到20世纪30年代的这个历史时期中，经历着一个大动荡、大分化、大变革的过程。整个社会从底层开始骚动起来了，越来越多的人组织起来，走上斗争的疆场。人民要把整个旧世界翻转过来，要砸碎身上的镣铐，改变自己的命运。但是，延续了几千年的封建思想文化，严整精密，欺骗性极大，毒害性也极大。它根深蒂固地统治着、影响着人民，而反动统治者不给人民丝毫的民主权利。在尖锐复杂的斗争中，各种外来的、本土自生的、古往今来的学说、理论、主义、治世的药方，纷至沓来，纷然杂陈，争夺群众，占据阵地。这样，斗争就来得特别激烈、复杂、尖锐。

鲁迅在他的杂文中曾经多次谈到流血问题。这是他对历史的考察与思考，也是他对现实的观察与总结。他的这个总结本身，也正是社会斗争在思想领域的反映。他的总结，主要有如下几点：①改革不免于流血，中国的改革阻力很大，惰力也很大，非流血不能改革。②但流血并不等于改革。③改革的大小快慢同流血的数量没有关系，它们之间不存在比例关系。④历史上存在流血很多而终究还是灭亡了的民族。⑤中国历来流血很多，连开一个窗户也要流血，甚至流了血也未必能开。⑥改革者不要吝惜自己的血，但浪费又是"大大的失算"。⑦"中国的死地极其广博"，到处都可能流血，随时都准备流血。⑧改革者要敢于"正视淋漓的血"，又要不轻易流血，要实行"壕堑战"。⑨"造化本为庸人设计"，时光会洗涤旧的血迹，使庸人安于现状，忘记了仇恨与斗争。因此革命者要经常总结流血的经验，用血的闪光来挑开庸人的眼，更要经常提醒群众记住血的教训，寻找新的斗争方法。鲁迅直到逝世前还在总结这种历史的带血的经验。1936年，他在同冯雪峰的谈话中，在涉及斗争策略时说：

的确不错的，革命要成功，单凭党员英勇，革命者不怕流血牺牲，还是不够的；还要有正确的领导！……要改变一向以为革命就只是牺牲流血的事情，成功不成功在所不计的那种想法。

冯雪峰还生动地记述了鲁迅在柔石等5位革命作家和18个革命者一同被国民党反动派杀害的惨痛事件时的心情和谈话。鲁迅当时悲愤已极地说："这样下去，中国是可以给他们弄完的！"①

当时，鲁迅还特别说到了两点，这两点是很深沉而重要的！

一点是说中国民族过去流的血是实在大的，但大部分血流的结果只是使中国增加了沙漠，很少带来改革的结果；我们现在是要使血为了民族的新生而流。另一点是这样说：一个民族，人民的血流多了，到人们都不以流血为意了的时候，那是很可怕的；但要减少流血，不能希望于临末的反动阶级；革命者不是避免流血，而是要不怕流血牺牲又要看重自己的血的价值。这两个意思都可以说明他的思想感情还是在血的代价的问题上盘旋。

鲁迅的这几段话，非常重要。他从斗争的全局的高度，从总结历史教训和现实的斗争的纵横开阔的角度，来探讨和总结流血的教训与血的价值问题。他痛惜地指出，中国过去血流得很多，然而带来的结果不是改革而是沙漠。他告诫人们，决不要陷入人民不以流血为意的可怕境地。他悲愤已极地指控反动派并为民族前途担忧，指出屠杀政策将使民族精英断丧、中国灭亡！他的结论是：革命者不要怕流血牺牲，也不能希望行将灭亡的反动阶级发慈悲来减少流血，但要看看自己的血的价值，要使血流得少，又取得最好的结果。

这些深刻的见解和策略思想，虽然是鲁迅在1936年已经成为成熟的马克思主义者时提出的；但是，早在20世纪20年代，他在北京同反

---

① 见冯雪峰：《回忆鲁迅》，人民文学出版社，1957，第88页。这段记述的全文如下："……许广平先生告诉我：过度的愤怒或过度的悲哀，都会使他一声不响。饭后我还坐了一会才走，但我记得，当时他说的话不超过十句，而其中一句就是这样的意思：'这样下去，中国是可以给他们弄完的！'说时声音低沉而平静。这'他们'当然是指国民党统治者。我以为他说了以后，会继续谈下去，但正同谈这话之前是长久的沉默一样，说这句话之后是长久的沉默。……这就是五个青年作家被杀后，我第一次见到他时情形。"

动军阀统治英勇斗争时，就已经产生了这些思想。有的已是相当成熟，有的则仍在酝酿中。他早就慨叹过人民的血流得过多，他又嘲笑子路"结缨而死"的勇而愚。总括起来，他坚定而明确地提出了"壕堑战"的思想。他在《两地书·二》中说：

> 对于社会的战斗，我是并不挺身而出的，我不劝别人牺牲什么之类者就为此。欧战的时候，最重"壕堑战"，战士伏在壕中，有时吸烟，也唱歌，打纸牌，喝酒，也在壕内开美术展览会，但有时忽向敌人开他几枪。中国多暗箭，挺身而出的勇士容易丧命，这种战法是必要的罢。但恐怕也有时会逼到非短兵相接不可的，这时候，没有法子，就短兵相接。

在《两地书·四》中，他又说：

> 所以我想，在青年，须是有不平而不悲观，常抗战而亦自卫，倘荆棘非践不可，固然不得不践，但若无须必践，即不必随便去践，这就是我之所以主张"壕堑战"的原因，其实也无非想多留下几个战士，以得更多的成绩。

很明显，在这里，鲁迅所谈的虽然都是"实战"（如第一次世界大战时的事情、子路之战死等），但却都是用来比喻思想之战、文化之战的。这不是用枪炮而是用纸笔的战斗。一方面，他深刻地认识到中国的历史和社会状况，懂得流血之必然和流血之经常，并且看重血的价值，珍惜血的价值；另一方面，他又肯定要不惜流血牺牲，但要讲究斗争的策略与方法，要保存实力。同时，他还提出在必须流血的时候，即"荆棘非践不可"时，也还要勇往直前。

鲁迅这些战略策略思想，在客观上反映了中国的、历史的与当时的社会状况，这决定了斗争的尖锐、残酷，因而在两方面决定了杂文这种斗争文体的产生和鲁迅的基本品性：第一，这种时时面对流血的斗争形势和环境，要求进行迂回、曲折的斗争；第二，斗争的迫切形势，要求进行短兵相接的战斗。

从主观方面来讲，鲁迅的"壕堑战"思想，正是杂文写作的根本出发点和策略思想。

这是鲁迅对于历史经验深刻的可贵的总结和对于现实状况的正确衡

量与清醒估计。他立意创作杂文和对杂文创作的总体设计，都与这个经验总结和现实估计有关。因此，这正是鲁迅杂文产生的历史的与现实的因素，亦即客观社会条件。

鲁迅的杂文，正是这种社会条件的产物；这是时代的产物，民族历史的产物。正是这种社会条件，使鲁迅"不能从容的把他的思想和感情熔铸到创作里去，表现在具体的形象和典型里"，也正是这种社会条件，没有自由民主可言，在残酷的暴力的压迫下，作家不能采取通常的形式来表达自己的思想主张，而需要运用讽刺的、幽默的力量。这样便从思想和艺术两个方面促成了鲁迅杂文的产生和发展。

鲁迅杂文艺术之花，正是扎根于民族的、历史的、时代的沃土之中。

有的人把鲁迅的杂文看作"个人之争"，认为是"谩骂"之作，当作鲁迅个人性格的产物，因而有微词，甚至借此贬低鲁迅、谩骂鲁迅。也有人以为是个人之间的笔墨相争，而看不到或不重视鲁迅杂文的社会意义与历史价值以及思想价值。这些，都是昧于中国的历史和鲁迅杂文产生的时代背景、社会条件所造成的。当然，有的人则是完全的无知或为偏见所围而看不到或不愿看事实。

瞿秋白还指出，"这里反映着五四以来中国的思想斗争的历史"。就是说，在鲁迅杂文的产生和在鲁迅的杂文中，是反映了这段思想斗争史的。指出这一点很重要。它直接地、切近地、具体地说明了鲁迅杂文产生的时代背景。

五四运动，是一次民族的大觉醒、思想的大解放，它以民主、科学两个鲜明的口号为旗帜。在这次运动中，现代思想文化向旧思想、旧文化、旧道德、旧风俗，展开了全面的进攻。而封建营垒则顽固拒守，疯狂反扑。斗争极其广泛、深入、尖锐、复杂。不同于历史上的任何一次新旧之争，特别是这次斗争的内容性质、群众基础和领导者及斗争最终目的，都根本不同于过去的任何一次。因为这时有了新的即资本主义的生产关系，有了这种新生产关系所带来的两大新阶级，即资产阶级和无产阶级，时代给这个斗争注进了新的内容与力量。20世纪，世界进入帝国主义时代，这个资本怪物又侵入了中国，改变了中国的政治、经济、思想、文化、社会生活的各个方面的状况，而无产阶级也登上斗争的舞台，并且同国际无产阶级斗争的伟大力量融会在一起，成为中国革命的脊梁，开始掌握了领导权。他们提出了更广阔、更远大的斗争目标。

这样，反动营垒的内部也结合得更加紧密起来，并共同向革命阵营张开压制的网罗，举起屠杀的刀枪。斗争由此更具有一个大特点：反动思想文化与政治实体结合得特别紧密，反动统治者以反动思想文化为精神武器，对人民施行麻痹和毒化；反动思想文化又依赖反动统治者而仗势猖獗。

这样就发生了鲁迅前面所说的从思想论辩的文化斗争到杀人流血的武装斗争的联系和经常性的转化。

这种文化斗争在当时社会的各个角落进行，在各种报纸杂志上论战。"五四"之后，全国报刊增加到400多种，便是这种斗争的阵地。其中《新青年》是一个主要的阵地。五四运动的号手、《新青年》的主编陈独秀描述了这种斗争的内容和形势：

> 本志（按指《新青年》）……所说的是极平常的话，社会上却大惊小怪，八面非难，那旧人物是不用说了，就是咭咭叫的青年学生，也把《新青年》看作一种邪说、怪物、离经叛道的异端、非圣非法的叛逆。①

一方面是革新阵营向封建营垒发起挑战与斗争，后者要起而维护和镇压；另一方面是封建营垒对革新阵营施行镇压，而后者也要起而迎战。斗争在思想文化战线上的表现形式之一就是对各方面的问题展开争论。鲁迅也曾经在《热风·题记》中说及这时的斗争："记得当时《新青年》正在四面受敌之中，我所对付的不过一小部分。"《新青年》的《随感录》专栏，这个中国现代杂文滥觞之地，正是在此时应运而生的。鲁迅也正是在此时此地最初拿起杂文这个武器，迎战，袭击，进攻。

从上述形势中可以看到，斗争如此急迫、尖锐、广泛，确实要求文化思想战士疾速地作出反应，投入斗争，容不得他把思想、生活熔铸进人物形象和典型之中，而斗争的残酷，又要求作家深思熟虑斗争的策略，采取迂回曲折的斗争方式，讲究斗争的艺术，包括战斗文章的艺术体裁和艺术手段。而这，正是杂文产生的历史时代背景和社会条件。从

① 《本志罪案之答辩书》，《新青年》六卷一号，1919年1月15日。

杂文产生的这种历史背景和社会条件中，我们可以看到，适应斗争需要而产生的杂文（那时称杂感），战斗是它的第一品性；有感而发，言之有物是它的生存条件；短小精悍是它的文体特征。

还必须指出，除上述条件之外，还有别的重要的方面，这就是近代和现代的新闻事业的发展，各种报纸、杂志的出现，特别是"五四"以后出现的报纸副刊这种中国特有的新闻、文学样式的创造和发展。[①]这是鲁迅杂文产生的不可或缺的社会条件。五四运动之后，中国新书报、新刊物大批涌现。这些众多的日报和五花八门的杂志，充塞着各类报道、纪事、文章，能够每天地提供大量社会信息，反映大量的、形形色色的社会现象，暴露社会和各色人等的形象，提供了大量评论的对象和素材。鲁迅从辛亥革命时期起，就与报刊发生联系，五四运动后，他参加《新青年》编务，创办《语丝》《莽原》，支持《新潮》及其他进步刊物，同当时的许多家报纸如《晨报》《京报》《民国日报》等建立了联系。同时，他对于反动营垒的、中间状态的刊物和报纸，也是注目的。阅读、研究各种报刊，是他掌握社会状况、思想文化动态，选择斗争目标的一种经常性的工作。冯雪峰在《回忆鲁迅》中记载，鲁迅说过："现在的报纸，不是人民的喉舌，但也是社会的写照，尤其小报。"又说："要暴露社会，材料其实是俯拾即得的，只要每天看报。"冯雪峰曾经记述鲁迅利用报纸的情况，他说："为了暴露旧社会和思想斗争上的需要，报纸上的材料也简直用不完的。国民党所统治的那些报纸，由于充满着矛盾和破绽，不但掩盖不住剧烈阶级斗争中的社会真相；并且把没落中的旧社会和反动统治阶级种种丑恶形态，都正面地直接地暴露出来了。"

可见，提供取之不尽、用之不竭的大量社会信息作为写作杂文的材料，是报刊和整个现代新闻事业的发展给杂文的产生和发展创造的一个条件。

现代新闻事业的发展，对鲁迅杂文的产生和发展所起的作用的第二个方面是报纸杂志（特别是副刊）也给鲁迅提供了发表评论的阵地，使他能迅速及时地进行战斗。鲁迅的杂文除了极少数的篇章外，都是先在

---

① 锡金在《鲁迅的杂文》中最早指出："但没有新闻杂志的出现，就不能有那种一点一滴地迅速反映社会现象（包括文学现象）而加以评论的短而精的杂文。"（锡金：《鲁迅的杂文》，《长春》1956 年第 10 期）

报刊上发表，然后结集出版的。他利用报纸这个每天同群众见面的宣传工具、大众媒介，进行及时的战斗，发挥了杂文的"感应的神经，攻守的手足"的投枪、匕首作用。

我们可以说，没有这两个条件，也就没有鲁迅的杂文。他无对象、无素材、无园地，这种"三无"情况，使他想要发挥杂文的"感应的神经，攻守的手足"的作用也不可能。鲁迅有时慨叹他一时间写不出杂文或写得很少时，便曾说明其原因是缺少刺激。（而报刊正可以每天给予"刺激"，又每天都提供园地。）这正说明了问题的实质。我们指出这一点，不仅在于明确鲁迅杂文产生的这一社会条件，而且也涉及我们对鲁迅杂文的性质、特征和作用的认识，因此有着重要的意义。

正因为鲁迅的杂文是在这一社会条件的基础上，并且利用了这一条件而产生和发展的，因此，它的反映现实生活、结合实际斗争，它的时代性和斗争性都特别强烈，确实表现了"神经"和"手足"的品性。我们在鲁迅的杂文中，常常遇见报刊纪事，其中有关系到国家民族命运的大事件，也有社会上发生的重大问题；有人民议论、关注的"要闻"，也有街谈巷议的"社会新闻"；既有关乎政治、经济、教育、妇女、儿童等各色、各类问题，又有群众日常生活中和社会上的各种细情末节。杂文从各个角度反映了时代面目、历史脉搏。同时，因为杂文是这样产生的，具有时代性，因此它也就具有历史价值。我们今天正可以从鲁迅的杂文中看到当年旧中国的社会生活、群众思想和革命斗争的状貌。

鲁迅杂文的短小精悍，也是同这个产生它的社会条件相联系的。这一特点的形成，除了其他诸种因素之外，报刊时评、短评、"花边文学"（用花线围框的短论）、杂感以及刊物的文艺短论，也都是需要篇幅小而又内容丰富的。这种条件，促进了鲁迅杂文的短小精悍。世上的事物往往有这样一种情况：某种条件的限制是一种消极的力量，它局限、抑制着事物的发展，然而，这同时又是一种积极力量，促进事物特征性发展，并促使事物在它必须恪守的格局、"框框"内，努力发展自己。鲁迅的杂文也是这种情况。既然报刊的篇幅限制它必须在一两千字的范围内发挥效能，他就把思想浓缩到最高限度，把文字千锤百炼，并在表现方法上采用独到的、含蓄的、象征的、暗示的、隐喻的等手段，来达到目的。这样，报刊文章要求短这一客观条件，反而促进了鲁迅杂文艺术的发展。

此外，鲁迅杂文的产生，还有一个社会条件，也同样是不可忽视的：反动势力的帮凶、帮忙、帮闲文人——鲁迅的这些对立面，也常常使用杂文作武器，来反对进步，反对改革，反对革命，反对新思想、新文化、新文学，并经常使用杂文来攻击鲁迅本人。这样，就从反面促进了鲁迅杂文的产生和发展。

首先，鲁迅对恶势力向来主张"以眼还眼，以牙还牙"，主张"即以其人之道还治其人之身"。因此，对待以杂文来捣乱的敌对者，他便以杂文来应战。早在"五四"时期，他在后来大都被收入《热风》的《随感录》中，对于反对文学革命和新文化运动的反动势力，就以杂文还击。以后，在1925—1926年，他同现代评论派陈源（西滢）之流战斗时，也用杂文来还击，以《并非闲话》来反击陈源的《闲话》，以《不是信》来反击徐志摩的《一束信》。不仅内容上，而且连题目也都是针锋相对的。以后，在厦门、广州和上海时期，他更是频繁地以杂文这个武器，来还击梁实秋、林语堂、林希隽等人的谬论，对于革命文学阵营内部的斗争，他也运用过杂文这个形式来进行论争；而对于那些捕风捉影、散布流言、造谣污蔑的反动文人、新闻记者之流，他也运用杂文作"投枪"和"匕首"予以揭露、剖析和抨击，收到很好的战斗效果。鲁迅正是在同五花八门的文人、学者、教授以杂文相对抗的战斗中，发展了自己的杂文艺术。因为，这种战斗，是一种刺激，一种磨砺，一种对抗性联系，促进了正面力量的发展。鲁迅的杂文正是在这样的战斗、论争、讨论中，从思想到技巧，从内容到形式，逐步得到发展。有时是对对方的形式、技巧加以改造、发展、提高，而加以运用；有时是接过对方的箭矢与刀矛，顺手反戈一击；有时是从对方处得到启发，吸取精华，化而用之；有时竟以毒攻毒。在鲁迅的杂文中，有许多名篇佳作，便是这样产生的。如《华盖集》中的《并非闲话》、《并非闲话》（二）、《并非闲话》（三）是对陈西滢在《现代评论》上的《闲话》的反击；《华盖集续编》中的《杂论管闲事·做学问·灰色等》，也是对陈西滢有力的抨击和深刻的剖析。一部《准风月谈》和这本杂文集的著名的长篇《后记》，真实地记录了当时的反动文人、记者，如何运用低劣的杂文来攻击鲁迅、攻击杂文，鲁迅又如何以杂文来还击他们。鲁迅指出："攻击杂文的文学……也只能说是杂文"，而这种文学的作者却不是什么"创作者"，"归根结底，不是东西而已。"鲁迅说，这种"不是东西之谈"，是算不得"人言"的。他在《徐懋庸作〈打杂集〉序》中说："不是东西之谈也要算是'人言'，这就使弱者觉得倒是安眠药片较为可爱的缘故。""不是东西"的反动文人、记者，匿名、化名的作者之以非"人言"的"杂文"，来造谣诬陷，可以使弱者向安眠药讨一个永久的安息，但是却不能丝毫动摇强者的抵制、抗击与反攻。鲁迅便是这样的战斗者的伟大代表和精神导师，而他自己也在战斗中发展了自己的思想与艺术。

这是历史辩证法在文学发展史中的表现，就像反动统治者的屠杀与镇压，锻炼了革命队伍，使之坚实与强大起来一样，反动势力的以"刀斧"来镇压杂文，却从反面帮助鲁迅磨砺、发展了他的战斗武器，使它更锐利而精良了。鲁迅杂文的如此发展，也同样是决定其杂文的品性与特征的一个客观因素。这一点，至今仍不免使一部分人皱眉撇嘴，站在历史的与现实的对立立场上，否认鲁迅杂文的历史价值与艺术成就。而另有更多的论者，则以"超然"或"纯艺术"的角度，怀疑和降低鲁迅杂文的意义与成就。这种事实，自然并不会使鲁迅的杂文减其光辉，倒是证明了艺术不会永远完全是"纯粹的""超厉害的"，难得有一种"艺术"会使所有的人都异口同声地赞扬，主要看多数站在哪一边。对于战斗性极强，为民族争生存、为人民谋解放的鲁迅的杂文艺术，当然更加只能是如此的了。这一点，不仅是我们认识鲁迅杂文、理解鲁迅杂文所应有的态度，而且是我们吸取鲁迅杂文的思想与艺术营养时所必备的观点。

当然，鲁迅杂文之产生与发展，还由于中国的优秀文学传统，特别是议论、驳议、寓言、散文的优秀传统的存在，以及对于外国有关文学营养的吸取。这种继承与借鉴，也使得鲁迅的杂文在思想与艺术两个方面都深刻、丰富、优美、多彩。这一点我们在后面谈到鲁迅杂文的艺术成就时，还要详细论述，这里就不多介绍了。

前面我们从几个方面探讨了鲁迅杂文产生的社会条件，当然，这只是土壤，它是培育幼芽、生长大树的基础。基础与泥土仅仅是外因，要长出伟木奇花，决定的因素是种子。这里，就提出了探讨鲁迅的主观条件的课题了。

鲁迅是一颗伟大的种子。什么是这颗种子的最根本的素质？他的优越的主观条件是什么？这就是：他的特殊的文学家、思想家和革命家的气质，他的坚毅的战斗品格和杰出的艺术才能。这里，除了他的敏锐、丰富的辩才和幽默才能之外，他的思想的深邃、丰富和他的高度责任感，都是不可忽视的。没有这一切，就没有鲁迅，也没有鲁迅的杂文。在中国现代文学史上，具有广博的知识、深邃丰富的思想、杰出的艺术才能的作家和艺术家，不能说没有，但是，不仅具备这些条件，而且能综合地起作用，还具备对人民、对民族的高度的革命责任感、坚毅的革命家的性格，能够把革命家、思想家、文学家三者融为一体的人，却只有鲁迅一人。这是鲁迅杂文产生的最主要的主观条件。

鲁迅曾经在他的杂文集的序言、题记中，一再谈到他写作杂文的思想和态度，那话语之深刻中肯，是很富有教育意义的；那态度之坚定，感情之深沉、激越，则是令人感动的。这方面最早的文字，是《华盖集·题记》。这是一篇序跋类的美文，是一篇感人至深的佳作。

在这里，鲁迅列举了两种人物来作对比：一种为"天人师"；一种为沾水小蜂式的工作者。他们都要为人民解救痛苦，为社会争得平等。但一个在天上，超越时间和空间，所知深远，言说广大，然而远离人间，超脱尘世。而另一种人物，却在人间尘世里滚爬，与百姓同悲苦愤激，共喜怒哀乐。一个把空疏的哲理作缓解剂，一个以实际的文字为武器。我们不能抽象地、一般地来对比两者的高下，但我们却应该而且能够从文学的角度来衡量和评断作家同社会实际、同人民群众的血肉相连的价值与意义。

在同一篇文章中，他诉说了自己由于写杂感，遭到"豪杰之士""学者，文士，正人，君子"等的詈骂与攻击，有如交了"华盖运"一样，"华盖在上"，"只好碰钉子"，接着说出了这样一番话：

> 也有人劝我不要做这样的短评。那好意，我是很感激的，而且也并非不知道创作之可贵。然而要做这样的东西的时候，恐怕也还要做这样的东西，我以为如果艺术之宫里有这么麻烦的禁令，倒不如不进去；还是站在沙漠上，看看飞沙走石，乐则大笑，悲则大叫，愤则大骂，即使被沙砾打得遍身粗糙，头破血流，而时时抚摩自己的凝血，觉得若有花纹，也未必不及跟着中国的文士们去陪莎士比亚吃黄油面包之有趣。

这里，鲁迅又提出了两种性质、境界完全不同的作家：一为"艺术之宫"里的"文士"，一为沙漠之上的斗士。一种是从事艺术创作，一种是写作战斗的短评。同样的，我们不应该也不能够抽象地、一般化地来衡量两类作家和两种创作的高低优劣，但是，当人民在死亡线上挣扎，社会在黑暗统治下倒退，民族在内忧外患中沉沦的时候，一个勇于和愿意站在沙漠上战斗的作家，对人民、对民族、对祖国的价值，我们难道不是看得很清楚，而且深深为之感动吗？这里，也许不仅是"赢得生前身后名"的历史的令誉和死后的荣光问题，而且有很现实的、很具体的利害关系。做一个艺术之宫里的巨匠大师，载誉享荣，养尊处优，生活是平安的、清静的、幽雅的；而当一个以杂文为武器的文艺战士，则需搏斗于艰难困苦之中，"刃枪剑戟"，腥风血雨，出生入死，颠沛流离，无优厚之收入，有穷困之缧绁，无声名令誉之美称，有造谣诬蔑之加害。鲁迅完全有条件、有机会成为前一种作家，然而他却坚定地择取了后一条路。他心甘情愿而且十分愉快地"站在沙漠上，看看飞沙走石，"任"遍身粗糙，头破血流"，而不去当"艺术之宫"里的"文士"。这里，表现了他的一种为民族、为人民而献身、而牺牲的高尚的精神境界和道德风范。这正表现了他之所以为伟大的思想家、革命家的品德，这里体现着真正的艺术、真正的美！

在《华盖集·题记》的最后，鲁迅写道：

> 现在是一年的尽头的深夜，深得这夜将尽了，我的生命，至少是一部分的生命，已经耗费在写这些无聊的东西中，而我所获得的，乃是我自己的灵魂的荒凉和粗糙。但是我并不惧惮这些，也不想遮盖这些，而且实在有些爱他们了，因为这是我转辗而生活于风沙中的瘢痕。凡有自己也觉得在风沙中转辗而生活着的，会知道这意思。

鲁迅是拿自己生命的消耗、灵魂的荒凉和粗糙作代价，写作了这于己无名无利且有种种不幸的杂文！

他是在极高的思想境界、道德境界，同时也应该说是艺术境界中，来从事杂文写作的！

在《热风·题记》中，鲁迅还曾经饱含着沉痛的感情写道：

> 我以为凡对于时弊的攻击，文字须与时弊同时灭亡，因为这正如白血轮之酿成疮疖一般，倘非自身也被排除，则当它的生命的存

留中，也即证明着病菌尚在。

鲁迅说他的杂感没有随时弊一同灭亡，因为时弊尚在，自认为是自己的悲哀。但这本是他的荣光。因为他是用"予及汝偕亡"的精神来写杂感，他不要求"不朽"，而要求"速朽"！

这就是鲁迅之所以为鲁迅，鲁迅杂文之所以不朽的主观条件。没有这一伟大的精神，是不可能产生鲁迅的杂文的。在同一历史的和时代的条件下，在同一性质的活动领域中，他的同时代人中，都没有能够达到与他的同等的高度，具有同等的建树与贡献，获得如此伟大与不朽的历史功绩，那差别，最根本的也就在于此。

在以后的年月里，鲁迅一直面对着这种抉择。他曾经多次有退居宁静的书斋，专门从事教学与著述的机会，也完全可以放弃杂文的写作，而去规划和实现长篇巨著的创作。但他却不顾人们对于杂文的鄙薄，不顾因写杂文与反动统治斗、与腐朽社会战而招来的艰危的命运，始终坚持写作杂文。他始终实践着自己最初走上战场时的决心与誓言。

他是这样的坚定、刚毅、勇敢、无私，完完全全不为自己的身家性命、声名令誉思虑，完全不为自己的不朽的作品进入艺术之宫考虑。他愿意自己的作品"速朽"，然而它真正不朽了。

他愿意"粗俗"，他自觉地放弃创作长篇巨著而写短评，他不期望进入"艺术之宫"。然而他为了战斗的需要和效果，不得不讲究战斗的艺术和艺术的战斗。他从战斗而进入艺术，不是由艺术进入艺术。于是他真正创造了艺术品，使内容与形式高度统一，使思想与艺术水乳交融。

这就是鲁迅的立意，鲁迅的境界，鲁迅的思想、艺术和风格。于是而产生鲁迅式的不朽的杂文。

最后，还必须指出：当我们谈到鲁迅上述杂文产生的主客观条件时，只能是"静止"地、分别地谈论。而事实上，这些条件，无论是主观方面的还是客观方面的，都是动态的、综合性的、不断向前发展着的。作为一种内在的和外在的因素，它们一开始就都具备了，但是后来又都有着不同情况的发展、变化。这种发展变化，也带来了鲁迅杂文的发展变化。也可以说，鲁迅的杂文的发展反映了这些变化。这种情况，不仅反映了鲁迅杂文的发展变化，而且证明了他的杰出的基本品性：紧密地结合实际斗争，迅速地反映社会生活，为人民命运的改变而抗争。而且他自己的思想与艺术才能也在这种斗争中得到发展、提高和丰富。这体现为一种创造的过程，证明着这是一种真正的创作。

我们对于鲁迅杂文产生的根源进行探索，是希望能对于认识鲁迅杂文的性质、品格、作用、意义，会有所帮助，从而对理解鲁迅杂文也能有所帮助。但是，我们的目的，却远不止于此。能够起到这样的作用，其意义只不过是一种知识，一种对于文学史、文体史的知识。事实上，我们除了得到这种收获之外，更主要的是，我们还可以通过这种探索，从根本上，全面地掌握鲁迅的杂文，从深远的历史背景、广阔的时代画面和独特的个人条件等方面去把握鲁迅的杂文，而不把它仅仅看作一篇篇同某些具体的人、某些具体的事的斗争和对他们的批判。

二、映照中国革命发展的镜子和标示自身思想艺术发展的梯级——鲁迅杂文艺术的发展

杂文产生于五四文化运动思想革命和文化革命的斗争浪潮之中，最早出现于《新青年》的《随感录》专栏。它在思想文化战线一出现，就显出"披挂上阵"的姿态，闪着匕首的寒光。当然，那时它还是不被人注意的"小玩艺"，是一个轻武器。当时，手执这个武器的不仅有鲁迅，还有胡适、陈独秀、周作人、吴虞、钱玄同、刘半农等这些活跃在"五四"时期的思想文化战线上的战士们。这确实是一支劲旅。而鲁迅，当时不过是其中的一员，而且他出阵较晚。到1918年9月出版的《新青年》第五卷第三号，《随感录》发到第二十五时，他才以"唐俟"之名出现。然而当"五四"时期的战士们风流云散，分化瓦解之后，不少人或披上学术的华衮，或穿上绅士的马褂，成为名流学者、达官贵人，而将"随感录"之类"小玩艺"弃之不顾时，鲁迅却不仅一直坚持着这项工作，而且一步步发展了它——在战斗的性质、规模、效用上发展了它，也在思想内涵上发展了它，还在艺术上发展了它。这里表现的不仅是鲁迅的执着倔强的战斗，而且更体现了他的不衰的革命热情，还有他的无私的、不同流俗的高洁品德。在前面引述过的《热风》和《华盖集》的《题记》中，他都曾经深情而坚定地表示了他以杂文为武器去攻击旧社会，从事韧性战斗的决心。他不仅现身为一名勇毅的战士，而

且表露出一位诗人的热烈感情和优美情思。此后，鲁迅逐渐地把这个锐利武器使用得高度娴熟与精到，他的思想艺术也发展到高峰。这种思想与艺术的精品，在中国现代社会改革和人民革命斗争中发挥了巨大深刻的作用。鲁迅杂文的这种发展是同中国革命斗争的发展相结合的，也是同新兴文学的发展相结合的。同时，也是他的思想艺术发展的具体的、集中的、主要的表现。因此，探讨鲁迅杂文的发展，要结合这些主观和客观方面的发展变化去考察；也可以从鲁迅杂文的发展中，看到革命、革命文学和鲁迅思想艺术的发展。鲁迅杂文的这种发展状况，大体上显示为这样的轨迹：

（一）《热风》期杂文

以《热风》和《坟》中的部分杂文为标志，构成初期阶段（包括近年来新发现的鲁迅作于1918年到1921年的杂文）。这时既有《随感录》式的"匕首""投枪"的刺杀，又有《坟》中的杂文那种"机关枪""迫击炮"式的轰击。在内容上，它的总倾向自然是与封建的思想文化、上层建筑作斗争，但却是对于社会、历史的一般性批判，艺术上基本一致，是质直的、显露的，战法上或者是直射目标，以短小精悍的篇幅阐明主要论点（《随感录》），或者是展开议论，用较大篇幅层层剖析（《坟》中的杂文）。但是，《热风》中的杂文，后来由无标题发展到有标题，由短而长；质直之中已经透着幽默与讥刺的锋芒；而《坟》中的杂文，则旁征博引，议论风生，纵横恣肆，妙语时生，隽永幽默，也表现了杂文的体态与特色。因此，两者都带有过渡性质，也是发展趋势。

《热风》中的第一篇杂文是《随感录二十五》，这篇杂感如果要加题目，可以名为《"人"之父》，因为它所要说的就是生子人人会，然而要能教子，使他不是"制造孩子的家伙"，而是"'人'的父亲"，他生的孩子，应当是"'人'的萌芽"。这思想同《狂人日记》中的"救救孩子"的旨意是完全一样的，不过是直接地论述出来了，同时又进一步地从父与子两代的继承发展关系上加深了对问题的探究。文中写道：

> 中国的孩子，只要生，不管他好不好，只要多，不管他才不才。生他的人，不负教他的责任。虽然"人口众多"这一句话，很可以闭了眼睛自负，然而这许多人口，便只在尘土中辗转，小的时

候，不把他当人，大了以后，也做不了人。

又说：

> 中国娶妻早是福气，儿子多也是福气。所有小孩，只是他父母福气的材料，并非将来的"人"的萌芽，所以随便辗转，没人管他，因为无论如何，数目和材料的资格，总还存在。……大了以后，幸而生存，也不过"仍旧贯如之何"，照例是制造孩子的家伙，不是"人"的父亲，他生了孩子，便仍然不是"人"的萌芽。

又说：

> 因为我们中国所多的是孩子之父，所以以后是只要"人"之父！

这篇《随感录》的指导思想是进化论，这在当时是具有进步意义的。论点是明晰的、尖锐的，篇幅不长，内容却比较丰富，言论鲜明，而又层次分明。在论述方式上，从上述引文中即可看出，是质直的、显露的。以后的诸篇《随感录》，大体都类乎此。直到《随感录五十六》，开始加标题：《"来了"》，以后则有《五十八　人心很古》《五十九　"圣武"》《六十一　不满》《六十二　恨恨而死》，以及《有无相通》《暴君的臣民》《智识即罪恶》《估〈学衡〉》《望勿"纠正"》等。这些题目，就颇有一点幽默、讽刺的味道，开始反映了鲁迅杂文的发展：对于幽默与讽刺的运用。

不过，总体上说，还是质直显露、平铺直议的。然而，值得注意的是，在一些篇章的段落中，有时透露出讽刺的锋芒，有时闪射着才华的熠熠光彩，有的表现手法含蓄隽永，留有余味，有的显出艺术加工的成效，这都是艺术上的发展、风格上的变化的讯息。

比如，在《随感录三十七》中，批判到把"打拳"当国粹来提倡，在引用了论者说"用在体育上""用在军事上"有什么什么用之后，写道：

> 我想（他们不曾说明，这是我的"管窥蠡测"）：打拳打下去，总可达到"枪炮打不进的程度（即内功?）。这件事从前已经试过一次，在一千九百年。可惜那一回真是名誉的完全失败了。且看这一

回如何。

这"管窥蠡测"，这历史的类比，尤其是那最后的一句"且看"，都含着幽默的隽永和讥刺的微笑，会引起读者会心的笑和感受到刺的痛快的愉悦。

像这样的段落，既显出艺术的光彩，又透露了思想的锋芒，美词佳句，语言警策，令人觉得其味无穷，如《随感录四十》中说：

> 我们能够大叫，是黄莺便黄莺般叫；是鸱鸮便鸱鸮般叫。我们不必学那才从私窝子里跨出脚，便说"中国道德第一"的人的声音。
>
> 我们还要叫出没有爱的悲哀，叫出无所可爱的悲哀。
>
> ……我们要叫到旧账勾消的时候。
>
> 旧账如何勾消？我说，"完全解放了我们的孩子！"

《五十七　现在的屠杀者》中说：

> 做了人类想成仙；生在地上要上天；明明是现代人，吸着现在的空气，却偏要勒派朽腐的名教，僵死的语言，侮蔑尽现在，这都是"现在的屠杀者"，杀了"现在"，也便杀了"将来"。——将来是子孙的时代。

《六十四　有无相通》中说：

> 直隶山东的侠客们，勇士们呵！诸公有这许多筋力，大可以做一点神圣的劳作；江苏浙江湖南的才子们，名士们呵！诸公有这许多文才，大可以译几叶有用的新书。我们改良点自己，保全些别人；想些互助的方法，收了互害的局面罢！

《六十六　生命的路》中说：

> 什么是路？就是从没路的地方践踏出来的，从只有荆棘的地方开辟出来的。
>
> 以前早有路了，以后也该永远有路。
>
> 人类总不会寂寞，因为生命是进步的，是乐天的。

这些段落像是镶嵌在这些杂感上的"珍珠"一样，闪着思想与艺术的光彩。

另外，从加标题的随感录开始，在文中逐渐有了对于历史、掌故、中外人事的引证，这样来丰富内容，增加论证的力量，也使文章增加了活泼生动的气氛。

这是鲁迅杂文艺术的生长发育期，旧的质在变化，新的萌芽在分蘖迸发。这都表露着过渡期的特色和发育期的体态。被收集在《坟》中的杂文的第一篇《我之节烈观》比《热风》中的首篇写得还早一些时日，然而它却是另一种文字，与它的姐妹篇《我们现在怎样做父亲》，可视为一组文章，它们的基本思想仍是进化论，所论的仍是妇女、儿童、父子关系问题。写法上是长篇大论、条分缕析、平直铺陈，思想是鲜明锐利的，行文则朴素无华。它更像论文，与《热风》中的随感录有相同的品性风格。但它的火力像机关枪、迫击炮式的轰击，同随感录的匕首投枪式的战斗，则是很不相同的。

这些长篇杂文都预示着思想艺术的新的发展，同样也流露着过渡期的色彩。

（二）"直面惨淡的人生"期杂文

1925—1926年，中国革命进入新的阶段，以女师大事件和三一八惨案，特别是五卅运动为标志，社会政治思想文化的斗争都更尖锐、激烈、复杂，鲁迅的思想也随着历史的前进而发展，杂文写作不仅更多、更频繁，而且更趋向占据他的主要精力和注意力了。他已经向封建军阀统治及其上层建筑正面开展了斗争。段祺瑞、章士钊、陈西滢、杨荫榆这些旧势力的代表人物，成为他指名道姓的斗争对象；而压迫的网，也直接向他扑来。如果说前一个时期，鲁迅是向着反改革的冷冽社会吹他的"热风"，而可以命名为《热风》期，那么，现在则可以称为"直面惨淡的人生"期①了；而他自己也进一步成为向封建主义、帝国主义和军阀统治英勇斗争的真的猛士了。

他的著名的《华盖集·题记》，便是这时期写的。这是一篇总结，一张宣言，一个誓词，表明了鲁迅是在怎样的高度上写作杂文的，也宣

---

① 鲁迅在《华盖集续编·记念刘和珍君》中说："真的猛士，敢于直面惨淡的人生，敢于正视淋漓的鲜血。"鲁迅在这时期的斗争实践，正说明他是这样的"真的猛士"。

告和发誓要继续战斗下去，同时，更预示了他在这方面将要有更大的发展。

在这期间，中国发生了巨大的变动。中国共产党和国民党实现了第一次合作，孙中山、李大钊携起手来战斗。南方的革命高潮逐渐形成了，工人运动、农民运动以及学生运动都蓬勃地发展起来了。中国人民进入一个新的觉醒期和新的斗争阶段。主要是人民群众的革命积极性高涨起来和革命运动也高涨起来了，显示了人民和民族的内在力量。斗争由此也更激烈尖锐，斗争的内容和阵营也发生了很大变化。以国共合作为标志的新的革命阶级同封建军阀展开斗争。鲁迅在这时期已经感受到这种革命进步与革命力量，他的思想发生了重大的变化。

进化论仍然是战斗的指导思想，但在酝酿着突破。斗争的目标也更具体和更明确了。《热风》中的"随感录"还是对于扶乱、打拳、"保存国粹"等的批判，在那"《新青年》正在四面受敌"的时候，他"对付的不过一小部分"。而到《华盖集》和它的"续编"产生时期，情况就大不相同了。它所反映的是震惊社会、影响国家民族至巨至深的大事件了：女师大事件、三一八惨案、五卅运动。他直面着这"惨淡的人生"，但也是迎着大的革命风暴，他的"匕首"与"投枪"，直接指斥帮凶、帮忙、帮闲文人以至他们的主子封建军阀。对于章士钊的专制与高压、杨荫榆的横蛮与阴险、陈西滢的流言与暗箭，以及无论是反动军阀的大屠杀还是"巴儿狗"的欺骗，他都"撕破脸皮"毫不留情面地斗争。他的杂文的名篇如《忽然想到》《并非闲话》《这个与那个》《学界的三魂》《一点比喻》《不是信》《无花的蔷薇》《记念刘和珍君》（以上均见《华盖集》或《华盖集续编》），以及收集在《坟》中的名篇（《娜拉走后怎样》《未有天才以前》《论雷峰塔的倒掉》《再论雷峰塔的倒掉》《看镜有感》《春末闲谈》《灯下漫笔》《论睁了眼看》《论"费厄泼赖"应该缓行》，等等）都是在这时期的战斗中写下的。他在后来回顾和总结这一段战斗时曾说，他与章士钊、陈西滢战斗，并非因为什么私怨，而是为了公仇。瞿秋白在《〈鲁迅杂感选集〉序言》中也说，鲁迅杂文中的章士钊、陈西滢这些人名简直可以看作一些具有普遍意义的代名词。这种情况，反映出鲁迅面对惨淡的人生，与反动统治者及其上层建筑斗争，这斗争本身就具有一般意义，这是人民革命斗争中的一翼，他在自觉地为这个斗争服务。鲁迅的杂文反映了这个斗争，记录了这个斗争。这就远远超出了《热风》中的《随感录》了。

革命前进了，发展了，鲁迅的思想和他的杂文也前进了，发展了。

由于斗争形势的这种变化和鲁迅进行斗争的性质与方式的这种发展，他的杂文也明显地、大幅度地发生了变化：变得更尖锐、泼辣了，讽刺与幽默的使用更经常、更自觉了，运用的技巧也达到精熟的程度，比之《热风》中杂文的短小和质直，已经发展得篇幅较长，特别是变成喜笑怒骂皆成文章了，较之《坟》中的两篇杂文①，则改变了全面铺开、条分缕析的方式，而成为抓住一面或一点，直刺中的，砍刺剁割，凌厉非常了。在体裁上，也多种多样了。在《华盖集》及《华盖集续编》中，有几种类型的杂文，而不再像《热风》那样，由单一的"随感录"模式组成了。这几种类型是：

（1）《忽然想到》（计四篇十一段，《补白》可算这种体裁的变相）这样的以"忽然想到"的形式，"随手"拈来一两桩社会事件，说将开去，议论风生。这种文体短小精悍，生动活泼，尖锐泼辣，明显是"随感录"的连缀和发展。题目虽曰"忽然想到"，其实并非偶然，而是观察了大量社会现象，研讨了历史经验，连及许多中外知识，经过深思熟虑写出来的。这里面有不少名篇，如《忽然想到》（五），从过去长辈的以为康有为的名字就说明他"是想篡位"这件事开始，联想到反抗之心，项羽与刘邦见秦始皇出巡时排场阔气而引起各不相同的想法，进而说到当时对孩子与大人均要求不苟言笑，必须装出死相，"死而后已"。于是归到：真是"我生不辰"，正当可诅咒的时候，活在可诅咒的地方了。最后转到约翰弥耳说过的"专制使人们变成冷嘲"，而"我们却天下太平，连冷嘲也没有"。"专制使人们变成死相"。至此，忽然笔锋一转，一变，疾呼怒号：

> 世上如果还有真要活下去的人们，就先该敢说，敢笑，敢哭，敢怒，敢骂，敢打，在这可诅咒的地方击退了可诅咒的时代！

他的"忽然"想到的，就是这样敏锐，开阔，多样，丰富，深刻，启人深思、引人入胜。鲁迅的杂文中的不少警策语，皆出于此种文章中，如：

---

① 指《我之节烈观》和《我们现在怎样做父亲》。

我们目下的当务之急，是：一要生存，二要温饱，三要发展。苟有阻碍这前途者，无论是古是今，是人是鬼，是《三坟》《五典》，百宋千元，天球河图，金人玉佛，祖传丸散，秘制膏丹，全都踏倒他。

那么，就许有若干人要沉默，沉默而苦痛，然而新的生命就会在这苦痛的沉默里萌芽。

当然，这些"结论"、警句，都是经过一系列联想、记叙、论证而达到的。那过程，环环相扣，顺理成章，语精句炼，读来足以启人思、怡人情，给人以艺术享受。它们确为艺术精品。

（2）《并非闲话》（三篇）。它是论战文字，针对性很强：批驳陈西滢《闲话》中的"闲话"。它挑出《闲话》中的某些议论，揭露真相、剖析实质、正反折转，既暴露驳斥，又正面论述，从个别达到一般，从具体推及理论。这类文章，犀利是它的特长，行文畅快、妙趣横生是它的优点。

（3）《无花的蔷薇》（三篇，外一篇《新的蔷薇》）。这是典型的杂文体裁。它的短小的篇幅，紧密的结合时事，一针见血的议论，讽刺的运用，构成了它的独有的风韵。在这几篇杂文中，鲁迅集中、突出、成熟地运用了讽刺与幽默的艺术手段，明显地反映了他的杂文在艺术上的发展。讽刺与幽默在这里不是偶一的闪光，而是整篇构成的素质，它的讽刺的整体性同画龙点睛处结合得非常巧妙。例如，他讥刺徐志摩嘲笑"打倒帝国主义"的口号时写道：

他[1]住得远，我们一时无从质证，莫非从"诗哲"的眼光看来，罗兰先生的意思，是以为新中国应该欢迎帝国主义的么？

"诗哲"又到西湖看梅花去了，一时也无从质证。不知孤山的古梅，著花也未，可也在那里反对中国人"打倒帝国主义"？

他讥刺陈西滢、徐志摩两人互相吹捧的文章，写得多么好：巧妙，有力，含着讥刺的笑和笑的力量。

当情况陡变，发生了三一八惨案之后，他的思想、情感、意趣都变了，愤激而高昂，文字也变得铿锵、短促、有力，像誓词，又像呼号，

---

① 指罗曼·罗兰。

也像号召：

> 已不是写什么"无花的蔷薇"的时候了。
>
> 虽然写的多是刺，也还要些和平的心。
>
> 现在，听说北京城中，已经施行了大杀戮了。当我写出上面这些无聊的文字的时候，正是许多青年受弹饮刃的时候，呜呼，人和人的魂灵，是不相通的。
>
> …………
>
> 中国只任虎狼侵食，谁也不管。管的只有几个年青的学生，他们本应该安心读书的，而时局漂摇得他们安心不下。假如当局者稍有良心，应如何反躬自责，激发一点天良？
>
> 然而竟将他们虐杀了！
>
> …………
>
> 如果中国还不至于灭亡，则已往的史实示教过我们，将来的事便要大出于屠杀者的意料之外——
>
> 这不是一件事的结束，是一件事的开头。
>
> 墨写的谎说，决掩不住血写的事实。
>
> 血债必须用同物偿还。拖欠得愈久，就要付更大的利息！

这已经不是刺，而是弹丸，它有力地射向敌人。

（4）自我暴露式的《论辩的魂灵》和《牺牲谟》以及《评心雕龙》。全文均用被揭露者的自白，意在任其自我暴露，构成讽刺：一方面是认真的自我欣赏；另一方面是丑化自己。三篇均以"鬼画符"名之，给予一刺。

（5）"文章体裁"的杂文。这意思是从体裁上看并无上述几种杂文的特殊样式，而是与一般文章同，但采用了杂文笔法。这是本集中的多数杂文的写法，如《"碰壁"之后》《我的"籍"和"系"》《十四年的"读经"》《杂论管闲事·做学问·灰色等》《有趣的消息》《学界的三魂》《送灶日漫笔》等都是这种体裁的杂文，也都是名篇。这些杂文，夹叙夹议，引经据典，谈古论今，中外咸具，议论风生，引人入胜，文如行云流水，嬉笑怒骂皆成文章。

（6）散文体杂文。如《导师》《长城》，特别是《记念刘和珍君》，采用了散文的叙事与描述的手法，然而讥刺讽喻，剖析抨击，有形象，有论述，有刺杀，也有轰击。这是鲁迅杂文中文学性很强的佳作，脍炙人口，经久不衰。

（7）杂碎式杂感体，如《杂感》《补白》。此类作品，三言两语，不叙事物，更无情节，只见芒刺，"匕首"直刺：直截有力，思考深沉，颇多警句，发人深省，百读不厌。如《华盖集·杂感》：

> 仰慕往古的，回往古去罢！想出世的，快出世罢！想上天的，快上天罢！灵魂要离开肉体的，赶快离开罢！现在的地上，应该是执着现在，执着地上的人们居住的。
>
> ⋯⋯⋯⋯⋯
>
> 勇者愤怒，抽刃向更强者；怯者愤怒，却抽刃向更弱者。不可救药的民族中，一定有许多英雄，专向孩子们瞪眼。这些屠头们！

《华盖集·补白》：

> 爱国之士又说，中国人是爱和平的。但我殊不解既爱和平，何以国内连年打仗？或者这话应该修正：中国人对外国人是爱和平的。

（8）对比体杂文。如《这个与那个》、《古书与白话》及《可惨与可笑》。在《这个与那个》中，分别有："读经与读史""捧与挖""最先与最后""流产与断种"等。在对比中，通过记叙、申说、引证、剖析、抨击、批判，得出启人的结论。该文第三段夹叙夹议地议论了在竞赛场、运动会和战斗中，以及最先与最后等不同状况下，各种人的表现后，作结道：

> 多有"不耻最后"的人的民族，无论什么事，怕总不会一下子就"土崩瓦解"的，我每看运动会时，常常这样想：优胜者固然可敬，但那虽然落后而仍非跑至终点不止的竞技者，和见了这样竞技者而肃然不笑的看客，乃正是中国将来的脊梁。

（9）日记、通信、谈话。如《马上日记》《马上支日记》《上海通信》《厦门通信》《记谈话》等。利用了这些现成的形式、体裁，写出了杂文或文字。那"日记"，记见闻、叙事实，有情节、有描绘；那通信，叙事隽永，而对时事稍加抨击或论述；那谈话，生动泼辣，记下来就成杂文。

（10）这里还要特别说到《华盖集续编》的构成及其几篇杂文集中的"非杂文"：几篇通信之外，还有三篇文章《〈阿Q正传〉的成因》、《关于〈三藏取经记〉等》和《所谓"思想界先驱者"鲁迅启事》。三篇的内容、形式、写法各不相同，相距甚大。首篇实是一篇文艺论文，第二篇是学术文章，第三篇是个启事，然而颇有讽刺意味。

（11）学理式、散文型或论说文型杂文。这里专指收于《坟》中，写于1924年10月到1925年12月的几篇杂文。这是鲁迅杂文名作中的佼佼者，其中尤以《论雷峰塔的倒掉》《说胡须》《论照相之类》《看镜有感》《春末闲谈》《灯下漫笔》《论睁了眼看》《论"费厄泼赖"应该缓行》等几篇为最佳。这些杂文视野开阔，挖掘很深，叙时事、记事实，引古、谈史、涉外、联今，知识丰富，学理浓郁，但整个行文侃侃而谈，雍容恢宏，气魄阔大，却又时见幽默之隽永、讽刺之深刻，熔散文、议论文、学理文于一炉，合思想与诗情于一体。这些文章，真是百读不厌，常诵常新。从中可以学到理论、思想、知识、艺术、文笔、语言。像《看镜有感》，由从箱子里翻出几面铜镜为起首，谈到海马葡萄，由此想到汉代人的闳放，唐代人"也不屑弱"，敢于大胆吸取外来事物，到宋代就"国粹气熏人"了。"国粹遂成为屠王和屠奴的宝贝"。由此而论及壮健者，"只要是食物"，就大胆地吃，"惟有衰病的，却总常想到害胃，伤身，特有许多禁条，许多避忌"。更进一步谈到南宋迄清的弱病表现。终于指出：

> 但是要进步或不退步，总须时时自出新裁，至少也必取材异域，倘若各种顾忌，各种小心，各种唠叨，这么做即违了祖宗，那么做又象了夷狄，终生惴惴如在薄冰上，发抖尚且来不及，怎么会做出好东西来。所以事实上"今不如古"者，正因为有许多唠叨着"今不如古"的诸位先生们之故。

这整篇文章，娓娓而谈，历史的状况，现实的问题，以今联古、从古及今，论历史有创见，评今日具卓识。对守旧者、排外者给予深刻的批判。

《春末闲谈》则从自然科学入手，先说优美的传说：果蠃捉螟蛉去做继子，引《诗经》言："螟蛉有子，蜾蠃负之。"次以自然科学之理揭之：实在这细腰蜂是残忍的凶手，"用了神奇的毒针，向那运动神经球上只一螫"，青虫即不死不活，供为细腰蜂幼子的新鲜食物。由此进入主题，说E君（爱罗先珂）担心将来科学家会发明一种药品，使人永远甘心去做服役和战争机器。于是转入正题，指出"我国的圣君，贤臣，圣贤，圣贤之徒，都早已有过这一种黄金世界的理想了"。这手段便是："唯辟作福，唯辟作威，唯辟玉食"，"君子劳心，小人劳力"。但是理想虽好，办法虽高，却终于不能如愿，使人民不死不活，不死以供奴役，不活便不会造反。那原因，"便是：无法禁止人们的思想。"最后更引陶渊明的诗句"刑天舞干戚，猛志固常在"，说明"无头也会仍有猛志，阔人的天下一时总怕难得太平的了"。

这篇文章，引经据典，插入中外故事，引人入胜，曲折委婉，流畅跌宕，然而又不离主题。那深刻的见解、启人的道理，寓于知识故事之中，说到最后，那结论水到渠成，具有强烈的说服力。然而，那结论之表述，却既是自然达到，又出以幽默讥刺；既表达了作者的鲜明的立场态度，又具有很高的艺术魅力。

其他诸篇，如《灯下漫笔》等，也都具有这些突出的优异思想与艺术色彩，同时又都有自己的因题材、论旨不同而带来的特点。

（12）讲演体杂文。即《娜拉走后怎样》和《未有天才之前》。这都是鲁迅杂文中的名篇。本来，讲演并非文章，讲演录也不是杂文。然而，这两篇不仅因为收进了鲁迅的杂文集而被看作杂文，而且因为它们确具杂文风格，而确实成了杂文。前一篇，紧紧扣住易卜生剧本《娜拉》中的娜拉出走这个情节，层层深入地剖析，先说经济之重要，否则无法活，——"梦是好的，否则，钱是要紧的。"次论战斗的要义是韧性，再说牺牲精神之伟大，及自我感觉之快意。然而，紧接着便指出："群众——尤其是中国的，——永远是戏剧的看客。"又说：

> 可惜中国太难改变了，即使搬动一张桌子，改装一个火炉，几乎也要血；而且即使有了血，也未必一定能搬动，能改装。不是很大的鞭子打在背上，中国自己是不肯动弹的。

这篇讲演，从剧中人物谈到现实生活，从国外到国内，从艺术到生活，从古代外国优美动人的神话到中国现实生活中的群众，娓娓而谈，通篇严肃而诙谐、真诚而幽默，道理深刻而论证详确，富有情趣，寄托深沉，但又不故作姿态，寄沉痛于幽默，既具有深刻的历史与时代的内容，又不流于插科打诨；深刻的内容与引人的艺术魅力同时俱足，从而达到战斗的目的。此之为杂文艺术！

《未有天才之前》这篇讲演比较简短，紧紧地围绕着主题，着重地说明天才与泥土（群众）的关系，深刻地指出：

> 泥土和天才比，当然是不足齿数的，然而不是坚苦卓绝者，也怕不容易做；不过事在人为，比空等天赋的天才有把握。这一点，是泥土的伟大的地方，也是反有大希望的地方。

这里以充沛的感情和深刻的哲理，说明并歌颂了泥土精神，但又未轻忽天才；既论证了两者之关系，又给中国的群众以沉痛的批判：

> 这样的风气的民众是灰尘，不是泥土，在他这里长不出好花和乔木来！

这也是一篇极为精辟的、寓意很深的文字。虽然没有运用幽默，但叙事、状物、写人、论事都流畅、精确、形象、华美，使讲演"变为"杂文。

（13）还必须提到的是：序跋体杂文。在这两本杂文集中，计有：《华盖集》的《题记》与《后记》，《华盖集续编》的《小引》，《坟》的《题记》与《写在〈坟〉后面》，共五篇。这是杂文中的特殊体裁。它记叙本集文字产生之因由、经过及背景，抒一己之忧愤郁怒与理想志趣，感情曲折深沉，揭压迫者之禁令砍削，刺论敌之卑鄙低能，如此等等，信笔写来，直抒胸臆，感情真挚，文采飞扬，完全不是事务性的交代，更没有自我吹嘘或自我标榜之纤毫痕迹。这里要特别指出的是，除了前引《华盖集·题记》之外，还有《写在〈坟〉后面》这篇后记，在研究鲁迅思想的发展上具有重大的意义，在杂文艺术的发展上，也有重大意义。它记录了鲁迅对自己战斗生涯的过去的总结与将来的规划。在写作艺术上，它坦率真挚，感情浓郁，为文质朴中透着绮丽，于准确地表达思想中露出雅致清丽，美好地抒写了感情思绪。因此成为美文一篇，令人每每读之，感动异常。

以上，我们较详细地分类阐述了《华盖集》正续编和《坟》中的部分杂文，这是因为这部分杂文在鲁迅思想与杂文艺术的发展上具有划时期的意义，有里程碑性质，但是又具有过渡性质。这可以从几个方面来论述。

这时期，是反映鲁迅思想随着中国革命进程的深入、发展而向前推进的重要时期。从这部分杂文中看得很明显，鲁迅的思想在这时期发生了多方面的、重大的变化。但是，就像革命的高潮是在酝酿、发动中渐趋形成一样，鲁迅的思想也表现出这种轨迹，呈现出新质中留存着的旧的遗痕。最明显的是：第一，基本指导思想仍是进化论：坚信现在必胜于过去，青年必胜于老年。这在《华盖集》的几篇杂文中，表现得很突出。那"一要生存，二要温饱，三要发展"的话即主要证明。但是，在具体的论证中，对社会作分析时，鲁迅又明确指出：中国社会是一个排着人肉宴筵的厨房，号召"掀掉这筵席，毁坏这厨房"，"痛打落水狗"，等等，这都是突破了进化论藩篱的表现。

第二，一方面寄希望于青年，说创造第三样时代的责任落在青年身上；另一方面又指出泥土（即群众）的力量是伟大的，只有泥土才能产生天才，天下是由愚人造成的。在对革命依靠什么力量的问题上，大大地向前跨进了。但是，又视中国的泥土（即群众）为灰尘，不能产生好花与乔木，这又是思想中留存的旧迹。

第三，提出了创造第三样时代的思想。但这第三样时代是什么样的，却很不明确。这里交织着新质与旧质。

所有这些，表现了鲁迅思想的变化、发展，正在酝酿着质的转变。而这种状况正是中国当时的革命状况的反映：革命已经进入新的阶段，工农运动、青年学生运动已经蓬勃兴起，力量已经增强，但是反动力量仍然猖獗，斗争仍然激烈。

鲁迅的思想就是这样反映着中国革命发展与社会发展的。他的杂文，又生动、深刻、全面、丰富地反映了鲁迅的思想全貌。这正是鲁迅杂文的优秀品格和能够不朽的根本原因。

由此，鲁迅的写作杂文与鲁迅的杂文本身，都随着产生了相应的特点。

这个时期，鲁迅写作杂文比以前既勤且多了。《华盖集·题记》中说，收在《华盖集》里的1925年一年所写的杂文，"竟比收在《热风》里的整四年中所写的还要多"。而写于1926年10月的《华盖集续编》中的杂文数量，就与《华盖集》中一年所写的一样多。这表明当时战斗的尖锐激烈，需要进行抗争与批判，具有紧迫性。同时，也表现了鲁迅的战斗激情，为了战斗的需要，他的杂文也就越写越多了。这时，鲁迅除了教书、写作学术论著、创作小说之外，写作杂文占据的时间与精力越来越多了。

在艺术上，鲁迅这个时期的杂文已经成熟了，完全摆脱了《热风》期的那种随感的形式，而是展开视野，深入历史与实际，调动古今中外各种知识来开掘、剖析、阐述、论证，同时也调动了各种艺术手段，尤其是讽刺幽默的手段来从事战斗。这最后一点，是产生于战斗的需要和作家自身的战斗激情的。鲁迅杂文中使用了各种不同的艺术形式，如前所述有十几种之多，那是在应战中、在战斗生活中产生的，不是主观随意决定的。但是，它同样也表现出过渡期作品的特点，鲁迅杂文的基本形态此时虽然已经形成，但尔后的杂文特别是后期的杂文，又有了很大的发展与提高。

因此，总起来说，《华盖集》正续编以及《坟》中的部分杂文，是鲁迅跨越《热风》期而进入"直面惨淡的人生期"的作品，也是重要的过渡期的作品，已经有了重大的发展、提高与突破，而又酝酿着更大的发展与提高，酝酿着彻底的突破。

（三）四面作战期杂文

《而已集》和《三闲集》产生于1927—1929年这个历史的急剧转变时期，也是血雨腥风的时期。在这一时期，中国革命和反映中国革命的鲁迅思想以及文学创作都经历了重大的考验。这两本杂文集可称为四面作战期作品：鲁迅要同封建军阀、叛变革命的国民党、革命文学阵营内部的不同意见者和他自己的旧思想同时作战。这四条战线扭结交叉，互相牵制和影响，呈现出复杂的、曲折的、变幻的矛盾形象，其战绩在两本集子中都有反映。因此这一时期的杂文在艺术上显得风格不那么统一，有对过去的批判与总结，也有对于未来的展望与思虑；有笼罩心头的淡淡的哀愁，也有渴望新战斗的激情。有趣的是，这类内容集中体现在《写在〈坟〉后面》一文之中。在这篇名文中，他总结了自己的战斗经历，展望了未来的道路。

翻开《而已集》，赫然一首《题辞》呈现于眼前：

这半年我又看见了许多血和许多泪，

然而我只有杂感而已。

泪揩了，血消了；

屠伯们逍遥复逍遥，

用钢刀的，用软刀的。

然而我只有"杂感"而已。

连"杂感"也被"放进了应该去的地方"时，

我于是只有"而已"而已！

这首《题辞》写于1926年10月14日，正当编完《华盖集续编》之后，曾见于此书之后，后又见于《而已集》之首。《而已集》之名即由此而来。这里概括地描述了当时的形势：钢刀与软刀同挥，鲜血与热泪交织，面对屠刀，他写作杂感，然而杂感亦有时不得自由地写，令人不禁生"只有而已"之叹！

这时期，先是大革命的胜利进行，北伐节节胜利，鲁迅南下投身革命高潮，由厦门而广州。然后，是风云突变，革命阵营破裂，国民党背叛革命，鲁迅的生活，由从北京满怀希望来到厦门，到在厦门难度那沉闷的日月，然后又满怀希望到革命策源地的广州，开始热闹非凡，忙得连吃饭也没有时间。忽然降临了血与泪的考验，革命在受难，鲁迅也陷入了白色恐怖与思想痛苦之中，他的生活进入了大起大落的遽变时期。

鲁迅这一时期的杂文，在数量上不算多，然而内容却是变化了，深化了。在《答有恒先生》中，他说明写得少的原因时，说：

单就近时而言，则大原因之一，是：我恐怖了。而且这种恐怖，我觉得从来没有经验过。

在《三闲集·序言》中又说：

我先编集一九二八至二九年的文字，篇数少得很，但除了五六回在北平上海的讲演，原就没有记录外，别的也仿佛并无散失。我记得起来了，这两年正是我极少写稿，没处投稿的时期。我是在二七年被血吓得目瞪口呆，离开广东的，那些吞吞吐吐，没有胆子直说的话，都载在《而已集》里。……

以后，情况发生另一种变化，他来到上海，竟意外地遭到创造社、太阳社的围剿了。

> 那时候，我是成了"这样的人"的。自己编着的《语丝》，实乃无权，不单是有所顾忌（详见卷末《我和〈语丝〉的始终》），至于别处，则我的文章一向是被"挤"才有的，而目下正在"剿"，我投进去干什么呢。所以只写了很少的一点东西。

鲁迅所说的"恐怖"有两个方面：一方面是指敌人的白色恐怖。这种"恐怖"是对于敌人的仇恨，对于被杀戮者的同情，对于革命的忧虑。另一方面，这"恐怖"则属于内省的范畴。他一是说"我的一种妄想破灭了"，这就是：原来以为"老人渐渐死去，中国总可比较地有生气"，因为"青年胜于老年"。然而，现在发生的事实却是青年成了制造"血的游戏"的主角，而且更残酷。二是，"我发见了自己是一个""做醉虾的帮手，弄清了老实而不幸的青年的脑子和弄敏了他的感觉，使他万一遭灾时来尝加倍的苦痛，同时给憎恶他的人们赏玩这较灵的苦痛，得到格外的享乐。"这两种"恐怖"交织在一起，使鲁迅进一步认识了敌人，也认识了自己。他申明：

> 恐怖一去，来的是什么呢，我还不得而知，恐怕不见得是好东西罢。

> 倘若再和陈源教授之流开玩笑罢，那是容易的，我昨天就写了一点。然而无聊，我觉得他们不成什么问题。他们其实至多也不过吃半只虾或呷几口醉虾的醋。况且听说他们已经别离了最佩服的"孤桐先生"，而到青天白日旗下来革命了。……

> ……总而言之，现在倘再发那些四平八稳的"救救孩子"似的议论，连我自己听去，也觉得空空洞洞了。

斗争发展了，革命前进了，阵营更分明了：以无产阶级和人民大众为一方，以封建军阀和国民党新军阀联合的反动势力为另一方，展开了生死的搏斗。当时最迫切的任务是挽救革命，而不是单纯的"救救孩子"。鲁迅这时对于自己的过去的总结，表明他的思想已经随着客观形势的变化而发展、前进、提高了。

这反映在他的杂文上，便是思想上更明确、更坚定，以及马克思主义观点的运用，等等。在艺术上风格更明快、锐利，扫除了"淡淡的哀愁"，不再有"不知道明天如何，是否就光明"的疑问。

《写在〈坟〉后面》总结了过去，审视着现在，预示了将来。

这时期的杂文，已经融汇上一期杂文的各种形态，成为统一的而又多变的杂文型。由于斗争的激烈尖锐，《而已集》和《二心集》中的杂文，也多写得锐利激烈，不像《春末闲谈》《灯下漫谈》那样雍容雅致了。

《庆祝沪宁克复的那一边》表明了鲁迅思想所达到的高度与深度。他敏锐地感觉到当时革命阵营内部的分裂，反动势力的"工作也正在默默地进行"，他引证并同意列宁的话，由此得出结论说：

> 先前，中国革命者的屡屡挫折，我以为就因为忽略了这一点。小有胜利，便陶醉在凯歌中，肌肉松懈，忘却进击了，于是敌人便又乘隙而起。

他从前主张打"落水狗"。现在更进一步，提出不要陶醉于革命的人多，胜利的获得，要注意革命精神的不致浮滑、稀薄，表现了一个革命家的诤友的真挚与深沉。

从《而已集》的《卢梭和胃口》之后，开始出现了对于文艺上的资产阶级派别的批判，以后更展开了对革命文学阵营内部的论争，进一步为无产阶级文学发展开辟道路。鲁迅的思想也在这些斗争中不断发展、提高。

在这血雨腥风的岁月里，他写了《可恶罪》《小杂感》《拟豫言》那样直刺敌人的杂文。他直白地指控国民党反动派（"清党委员会"）把共产青年、"亲共派"诬为"反革命"，定罪、杀戮。然后写道：

> 我先前总以为人是有罪，所以枪毙或坐监的。现在才知道其中的许多，是先因为被人认为"可恶"，这才终于犯了罪。
>
> 许多罪人，应该称为"可恶的人"。

他以讥刺的反语，揭露和抨击反动派才是可恶的人、罪人。在《小杂感》中，他则连连地投出那犀利的"匕首"：

> 约翰穆勒说：专制使人们变成冷嘲。

而他竟不知道共和使人们变成沉默。

要上战场，莫如做军医；要革命，莫如走后方；要杀人，莫如做刽子手。既英雄，又稳当。

………………

世间大抵只知道指挥刀所以指挥武士，而不想到也可以指挥文人。

又是演讲录，又是演讲录。

但可惜都没有讲明他何以和先前大两样了；也没有讲明他演讲时，自己是否真相信自己的话。

………………

凡为当局所"诛"者皆有"罪"。

而在《拟豫言》中，他则说：

科学，文艺，军事，经济的连合战线告成。

………………

有公民某丙著论，谓当"以党治国"，即被批评家们痛驳，谓"久已如此，而还要多说，实属不明大势，昏愦胡涂"。

就是这些短文，集结起来，勾勒出了当时的反动武人与文人、统治者与走狗的嘴脸，像一幅漫画，形象而且逼真，明显地看出较之《华盖集》中类似体裁的作品在思想和艺术上都有了发展。

然而迫于形势，这类跳出"壕堑"的战斗毕竟是少数，更多的是含蓄隽永的讥刺。三篇关于香港的文章（《而已集》中的《略谈香港》和《再谈香港》，《三闲集》中的《述香港恭祝圣诞》）以调侃、雅谑之笔，边叙事边评议，风趣、幽默，对香港的社会相给予了有力的抨击。《匪笔三篇》《某笔两篇》则照录报刊奇文，加上寥寥数语，戳破歹徒的伪装，露其丑恶本质。这是对于半殖民地半封建社会相的一种揭露。

《略论中国人的脸》是这时期的一篇代表作。他对"同胞"的从内心到外表的落后昏庸，给予了有力的讽刺。它于叙事中寓意，将幽默与讽刺都"裹胁"于其中。这成为鲁迅杂文中的一种体裁的典范。在白色恐怖下所作的《魏晋风度及文章与药及酒之关系》，本是一篇学术讲演文章，但是其中叙事、状物、绘人，也同样蕴含着幽默，而且以古喻今，讽刺敌人。这表现了鲁迅思想的敏锐、艺术的高超。这篇名文"披着学术的华衮"，但却具有杂文的体式与功效。《老调子已经唱完》(《集外集》)和《无声的中国》也是讲演辞，然而讲的是今天的中国思想文化的大题目，连及历史的陈账和积垢，指明问题与症结，发出了中国要发出的新的声音的呼号。这两篇讲演，无论从思想的高度、见解的深度、学识的渊博，还是从结构的恢宏、语言的生动、气势的磅礴来讲，都远远超出了在北京时的那两篇著名讲演《娜拉走后怎样》和《未有天才之前》。

《而已集》和《三闲集》中批判资产阶级文艺思潮的杂文和关于革命文学的论争文章①，反映了鲁迅在"四面受敌"的战斗中一个重要方面的这些文章，写得泼辣、尖锐、深刻。作为理论，是言简意深的好文论；作为杂文，则是鲁迅的又一类型杂文的佳作。决定的因素在于：它艺术地阐述了文学理论；喜笑怒骂皆成文章，批判了对手。然而它的分寸掌握得很好。这种掌握也给他的艺术带来了特色：它不是愤怒激越地挥洒讽刺的利器，而是含着讥刺的笑容或是鄙夷冷笑，吐露出幽默的和讽刺的芒刺，使对方感到痛切而不受伤害。

几篇"一字题"杂文《扁》《路》《头》，都写得含蓄，"语焉不详"，"留有余味"。"不把话说尽"，不是"道尽真理"，而是"开辟认识真理的道路"，摆脱了《华盖集》诸篇中那种质直的痕迹而向前发展了。

《三闲集》中的序跋体杂文又有好几篇(《〈近代世界短篇小说集〉小引》《叶永蓁作〈小小十年〉小引》《柔石作〈二月〉小引》《〈小彼得〉译本序》)，也几乎成为鲁迅此类作品中的名篇。这些文章是文艺评论的佳作，又是杂文的精品。如《柔石作〈二月〉小引》，简赅、精粹、深刻、丰厚，既对作品的历史与时代背景有透彻分析，又有对于作品中人物的剖析、批判，更对作者给予了肯定和教诲；而行文又是那么简练，富于表现力，思想的内核披上了艺术的光彩。

这两本杂文集，真正表现了内容的"杂"。这正是鲁迅的四面作战期杂文的特色。

方向已经确定，坚冰已经打破，他已经抖落了过去的阴影，迈开步

---

① 包括《卢梭和胃口》《文学和出汗》《"醉眼"中的朦胧》等。

向前进了。他的杂文也就踏上了一个新的梯级。

（四）杂文艺术的高峰期

从《二心集》到《花边文学》，鲁迅的杂文进入艺术高峰期。这有几方面的意思。从他的思想来说，作为一个伟大的思想家，可以说早已经成熟，总是站在时代的前列，即使五四运动时期亦可作如是观，但就他思想发展的全过程来说，直到这时才成为一个成熟的马克思主义者。他的杂文，就总体说，在他走上文坛之日起就已卓越，而就他发展的过程来说，此时更臻成熟。这五本杂文集，真正是攻击时弊、剖析社会的佳作，它们目标集中，透辟深刻，出奇制胜，运用自如。

这个成熟期的艺术作品，具有艺术上的感人的魅力，具有丰厚深邃的思想理论和知识内涵。鲁迅在《二心集·序言》中说：

> 只是原先是憎恶这熟识的本阶级，毫不可惜它的溃灭，后来又由于事实的教训，以为惟新兴的无产者才有将来，却是的确的。

早在1932年的《三闲集·序言》中，他就曾宣布：

> 我有一件事要感谢创造社的，是他们"挤"我看了几种科学底文艺论，明白了先前的文学史家们说了一大堆，还是纠缠不清的疑问。并且因此译了一本蒲力汗诺夫的《艺术论》，以救正我——还因我而及于别人——的只信进化论的偏颇。

这里明确地宣布了他的立场向无产阶级的转变和对于马克思主义的学习与信奉。这成为他的这个艺术高峰期杂文的灵魂。

首先，他的战斗热情更加高涨，他的主要精力、时间，他的伟大的思想才能与艺术才能，都投入了、用之于阶级的与社会的战斗了，用之于为人民求解放、为民族求生存的艰苦卓绝的斗争了。这应是一个艺术家的最高境界。他的长久的艺术生命和不朽的声名，均奠基于此。鲁迅在《三闲集·序言》中说："恐怕这'杂感'两个字，就使志趣高超的作者厌恶，避之惟恐不远了。"而他自己更遭到"杂感家"的奚落。然而鲁迅的回答却是：写得越来越勤，越来越多了。后来，他主要的工作精力，差不多都用于杂文写作了。1918—1922年，他写的随感录集中起来才薄薄的一本《热风》①，外加《坟》中的两篇长篇杂文，仅此而已。而1925年所写的杂文就有《华盖集》一本，两倍于《热风》的篇幅。1926年又写《华盖集续编》中的杂文。1927年有《而已集》出版外，还写了被收入《三闲集》中的杂文七篇。1928—1929年，是他所说写得少的年月，仅有《三闲集》一本，且篇幅不多。其原因已如上述。1930—1931年之所作，收入《二心集》。1932年不算多，仅有收入《南腔北调集》中的九篇。然而，1933年却陡然增加，全年41篇杂文，被收入《南腔北调集》，它本身就足够单独出版一本杂文集的。而从同年1月到5月中旬在《申报·自由谈》上发表的杂文又出了一本《伪自由书》；同年下半年所写收集起来，又出了杂文集《准风月谈》，可以说是一年所写的杂文，出了三本杂文集。转过年的1934年，又是两本杂文集：《花边文学》和《且介亭杂文》。从这个简略的统计中我们可以看出，除了个别年份由于客观原因而杂文写作较少外，他写的杂文是逐渐增多的。这不是反映了他的战斗热情之高和战斗之频繁吗？当然，这只是从数量上说。在内容上，他的杂文创作也是反映着客观的社会斗争与革命进程的。

在这个数量中，我们可以深刻地体察到鲁迅为民族、为人民的一颗赤诚的心，他无私无畏地奉献了自己的生命、心血与艺术！他说过，在当时，除了在屠刀指挥下喊着"杀"声的刽子手文艺和为他们帮凶、帮忙、帮闲的各种反动文艺之外，还有苟全性命于乱世，或尚有一点小牢骚的躲在十字街头的"象牙之塔"中的文艺，也有"仰视着莎士比亚、托尔斯泰的尊脸"的"为艺术的艺术"。但他，却始终迎着屠刀，战斗于风沙中。他在《南腔北调集·题记》中说：

> 怪事随时袭来，我们也随时忘却，倘不重温这些杂感，连我自己做过短评的人，也毫不记得了。一年要出一本书，……以中国之大，世变之亟，恐怕也未必就算太多了罢。

在《伪自由书·前记》中说：

> 这些短评，有的由于个人的感触，有的则出于时事的刺戟，……。

---

① 收入《热风》中的杂文，1924年仅有一篇，即《望勿"纠正"》，此处不计。

在《准风月谈·前记》中说：

> 去年的整半年中，随时写一点，居然在不知不觉中又成一本了。当然，这不过是一些拉杂的文章，为"文学家"所不屑道。然而这样的文字，现在却也并不多，而且"拾荒"的人们，也还能从中检出东西来，……。

在《准风月谈·后记》中说：

> 内容也还和先前一样，批评些社会的现象，尤其是文坛的情形。

我们不厌其烦地在这里抄录的这些话，初看似乎平凡，只不过交代一下写作的因由，说明一下内容的概况而已，然而细品味一下，实有深意。我们看到的是一位平凡而伟大的战士和作家的形象，一位伟大的哲人与人民的"孺子牛"的形象。他确确实实做着那高超的艺术家所不屑为的事情，他确确实实不希求、不稀罕那不朽的声名、文坛的丰碑，而只是踏踏实实而又不畏艰险、怀着爱国拯民的炽烈情感而又不拒细屑琐事，战斗、工作、创作。他在《准风月谈·后记》中描述过当时文坛的黑暗与危险，那情形不过是政治黑暗、社会腐朽的反映：

> 文坛上的事件还多得很：献检查之秘计，施离析之奇策，起谣诼兮中权，藏真实兮心曲，立降幡于往年，温故交于今日……

他就在这样的压迫与陷害中工作和战斗。他在《准风月谈·后记》中又说：

> 因此更使我要保存我的杂感，而且它也因此更能够生存，虽然又因此更招人憎恶，但又在围剿中更加生长起来了。鸣呼，"世无英雄，遂使竖子成名"，这是为我自己和中国的文坛，都应该悲愤的。

这里，鲁迅一方面肯定了自己的战斗的意义和价值，并且欣慰地申明他的杂感能够生存，在憎恶与围剿中"更加生长起来了"，这是何等的欣幸与慰藉呢！但是，另一方面，他又不禁感慨万分，说自己似"竖子成名"而"冒充"了英雄，为此，他"为自己和中国的文坛"——他竟说：感到悲愤！

他说过他的批评时弊的杂文，没有像脓汁随着细菌的灭亡而一同灭亡一样，没有随着时弊的消除而消逝，这是他的悲哀。而今天，他又因杂文在憎恶与围剿中生存而且生长，他自己因杂文闻名于世，而为自己、为中国文坛感到悲愤！这是一种多么崇高的襟怀！

他的谦虚与无私，他的愿自己速朽，总之，他的伟大，在此完整而深刻、然而又是平易而亲切地表露给我们了。

他的杂文就是这样在斗争的环境中、斗争的需要下，也是在他的斗争的激情下产生的。它势必反映社会，反映斗争，反映人民的痛苦与心愿、民族的呻吟与怒吼。——这正是他的杂文发展的原因。由此，鲁迅的杂文，也就在革命前进、社会斗争发展的条件下，在他的不息的、频繁的、深入的斗争中，前进、发展、提高了，达到高峰了。

达到高峰期的鲁迅的杂文，无论思想和艺术，也都发展和丰富了。积十几年的战斗经验和创作经验，到这个时期，他总结了其中的规律。

他在《伪自由书》的《前记》中，说到自己的杂文时，写道：

> 然而我的坏处，是在论时事不留面子，砭锢弊常取类型，而后者尤与时宜不合。盖写类型者，于坏处，恰如病理学上的图，假如是疮疽，则这图便是一切某疮某疽的标本，或和某甲的疮有些相象，或和某乙的疽有点相同。

这段话总结了他的杂文的一种基本手法和它的功用，也就一个规律：论时事不留情面，砭锢弊常取类型。唯其不留情面，所以有揭露、有分析、有解剖、有透视、有比较，由此也得到细致、深入、透彻的效果，总体上做到了"深刻"二字。由于取类型，所以有概括、有共性、有归纳，因此勾勒轮廓、描绘共相、指出本质，使文章具有普遍意义。

在《准风月谈》的长篇《后记》中，他又再次说到自己的杂文，称：

> 我的杂文，所写的常是一鼻，一嘴，一毛，但合起来，已几乎是或一形象的全体，不加什么原也过得去的了。但画上一条尾巴，却见得更加完全。所以我的要写后记，除了我是弄笔的人，总要动笔之外，只在要这一本书里所画的形象，更成为完全的一个具象，

却不是"完全为了一条尾巴"。

如果说前一段所论，是杂文的总的手法即总体性规律，那么这一段则更侧重单篇杂文的写法和作用。可以说，他是不留情面地、取类型地来刻画或一形象的一鼻，一嘴，一毛。从单篇看，也许只见局部、肢体、器官，自然亦可由此及彼地想见其他部位和全体，但究竟还只是局部。如果合起来，就是一个类型的完整的具象了。

在另两处地方，鲁迅还说到杂文的品性，同时也是规律。一是在《花边文学·商贾的批评》中，他说：

> "杂文"很短，……不过也要有一点常识，用一点苦工，……。

二是在《集外集拾遗补编·做"杂文"也不易》中，他说：

> ……"杂文"有时确很象一种小小的显微镜的工作，也照秽水，也看脓汁，有时研究淋菌，有时解封苍蝇。从高超的学者看来，是渺小，污秽，甚而至于可恶的，但在劳作者自己，却也是一种"严肃的工作"，和人生有关，并且也不十分容易做。

短，小小的显微镜，照秽水、脓汁、淋菌、苍蝇，这种小小的透视、解剖、描绘，劳作者要有常识、下苦功，以从事严肃的工作的态度来做。这就规定了杂文的体态、品性，不仅"工作"的性质，而且方法、手法、技巧也都有了。

在《准风月谈·后记》中，鲁迅还写道：

> 这两位，一位比我为老丑的女人，一位愿我有"伟大的著作"，说法不同，目的却一致的，就是讨厌我"对于这样又有感想，对于那样又有感想"，于是而时时有"杂文"。这的确令人讨厌的，但因此也更见其要紧，因为"中国的大众的灵魂"，现在是反映在我的杂文里了。

鲁迅的杂文就是这样产生、这样创作出来，发生着这样的作用，具有这样的意义的：总起来是，以杂文为着中国的人生，在杂文中，反映着中国大众的灵魂！

何以见中国大众的灵魂？

因为，作者是站在人民的立场，做人民的代言人，用人民的眼光来看取中国的社会现实，来反映它的，即使对象是脓汁、秽水、淋菌、苍蝇，也要加以透视、研究、写照，给予厌恶与憎恨；至于那些人民英雄、智者、勇者、仁者，则加以赞美、歌颂，直接地照见了人民的灵魂。

鲁迅的这种总结，客观上可以看作他对自己的高峰期杂文的历史评价。他说自己过去的杂文"格局小"，常执着于某些人与某些事，甚至是"一两件小事"。如果拿后来的杂文比较，情形确是如此。如果承认这种"格局"之小、执着于几件具体事也有其大义即普遍性，那么，从发展上看，后来的杂文，其格局是大了，它直接地触及国家民族的大事件，其所论往往以小见大，关涉民族与人民的历史、现状与前途，它所涉及的，确是超越了一两件人和事，观社会百相、议人生千态。翻开《伪自由书》《准风月谈》《花边文学》这三本杂文集，一篇篇读下去，呵，可真是五花八门、三教九流、古今中外、天上地下、历史现实，思想、文化、道德、风俗、习惯，市井见闻、街谈巷议，真是应有尽有，把当时的中国社会、中国人生多方面地作了反映——包含着透视、描绘、揭露、剖析、评判。

当然，高峰期杂文的"高"，最根本的还在于鲁迅在这时期已经对于马克思主义作了认真的、有目的的、结合实际的学习，能够自觉地、自如地运用马克思主义了。用他的话说，就是能够熟练地"操马克思主义枪法"了。仅以《二心集》中的几篇杂文为例，从《"硬译"与"文学的阶级性"》《"丧家的""资本家的乏走狗"》《〈艺术论〉译本序》这三篇中，就可以看到鲁迅掌握马克思主义的广度与深度、运用马克思主义的纯熟与精到。前两篇贯穿着鲜明、具体而生动的阶级观点，他运用马克思主义分析阶级社会里各类错综复杂现象的基本线索，分析了文学和文学家，回答了资产阶级文艺家理论上的挑战，深刻地批判了他们的谬论，而且正面地阐述了马克思主义的文艺理论观点，把理论原则生动活泼地同社会实践与文学实践结合起来了。后一篇文章，介绍、阐述了马克思主义的基本美学观点。

在本集中，还有写于1931年的多篇论述文学问题、批判中国反动的资产阶级文学运动与流派的杂文，如《中国无产阶级革命文学和前驱的血》《黑暗中国的文艺界的现状》《上海文艺之一瞥》《"民族主义文学"的任务和命运》《答北斗杂志社问》《关于小说题材的通信（并Y及

T来信）》等。这些文章，都闪烁着马克思主义的思想光芒，成为中国马克思主义文艺理论体系的重要文献与奠基石。

以《二心集》中的《"友邦惊诧"论》开始，贯穿于以后四本杂文集（《南腔北调集》《伪自由书》《准风月谈》《花边文学》）中的一个鲜明、突出的主题还有：对于日本帝国主义的侵略和对于国民党反动派的卖国投降所进行的揭露、抨击、批判。这是鲁迅对于民族生存、人民解放的伟大事业所作的杰出贡献的重要方面。在这些文字中，跳荡着中华民族的灵魂，搏动着一颗爱国的心。这些文章激动着人民的心，唤醒他们、激励他们、鼓舞他们奋起斗争。当1936年鲁迅倒在他的岗位上时，上海人民代表全中国人民，把绣着"民族魂"三个大字的旗帜覆盖在他的遗体上，这是人民给予他的最高评价，对他来说，确是当之无愧的。当他逝世后三年，毛泽东同志称他为"伟大的民族英雄"，他也是当之无愧的。

在这个时期，他的政治的、社会的视野，更广阔了，他的历史的、理论的开掘也更深入了，他的剖析与讽刺也更深刻了。因此，其力量也更坚强，其效应也更强烈。政治、历史、思想、文化、科学、教育、文学、艺术等领域，他都涉及了，都进入他的论列范围。我们只要浏览一下这几本杂文集的题目，就会产生阅读着一部当时社会斗争史的感觉。

在杂文艺术高峰期的这五本杂文集中，特别是后四部杂文集中，鲁迅在原来的杂文艺术的基础上，又开拓、发展、创造了一种更有新意境和新艺术技巧的杂文。它们展示着种种社会相，而又给予贴切的深刻的分析；大都以大体相同的短小篇幅，抓住一二现象，联系历史、现状、中外、思想、文化、风俗、习惯、民性等事实和现象，给予深刻、周到、细密的分析，含蓄然而鲜明地透露出他的思想见解，读之不仅令人觉得舒畅痛快，而且受益匪浅。在这220多篇杂文中，他揭露、抨击国民党的"不抵抗政策"和他们的帮闲文人的嘴脸；剖析破落户子弟的种种丑相与社会本质，勾勒充斥社会的瞒和骗、爬和挤、撞和踢等可悲的人生相，对封建的、资产阶级的、小市民的种种心理状态予以深刻和毕肖的描画和批判；对当时社会的特殊产物——流氓，给予历史的、现实的、政治的、经济的分析，使人们不仅识其嘴脸，而且知其本质，用"刨祖坟"的方法对当时的流氓政治给予致命的揭露和打击；他从儿童、少女、妇女、娼妓、歌女、文人、学士、记者、商人、学生各色人等的心理构成中，钩稽剔镂，给予了深刻的讥刺、嘲弄与批判；他从文学、戏剧、新闻、出版等各种文化现象中，透视着社会结构、历史脉络，批判了资产阶级的思想文化、习俗礼仪；他还从种种腐朽、没落、落后、愚昧、怪诞、畸形的社会现象中，挖掘出它的历史的、现实的、民族的、外来的根源，于幽默的调侃与戏谑和含意深刻的讥刺中，给予入木三分的批判……总之，在他的短短的杂文中，描绘、刻画、映照着中国的历史与现状、社会与家庭、革命与反动、光明与黑暗、今天与昨天、人与鬼、生与死、友与敌，映照着中国的形象、民族的灵魂；其广度、深度、丰富性、多样性，都远远超出了他以前的杂文，而达到了一个高峰。

这无疑是鲁迅的一个伟大创造与伟大贡献。他以短小的篇幅，零散的篇章，取得了如此惊人的社会效应、认识价值和艺术效果。如果不是作品具有高度的思想性与艺术性，是不可能做到这一点的。关于这方面的成就，我们在以后的篇幅里，将专章讨论。这里必须提出的有这样几点。

第一，在他的那些理论性很强，不妨视为理论文章的杂文中，理论的阐述充足而鲜明，然而那阐述的方式与技巧，却大不同于一般的理论文章，其明晰、生动、形象，使文章成为一种特殊的艺术品，成为鲁迅的独创性的产品：杂文艺术。那段关于人的阶级性的论述，以《二心集·"硬译"与"文学的阶级性"》中的"穷人决无开交易所折本的懊恼，煤油大王那会知道北京检煤渣老婆子身受的酸辛，饥区的灾民，大约总不去种兰花，象阔人的老太爷一样，贾府上的焦大，也不爱林妹妹的"等这些对立性强烈鲜明的社会现象为例，说得生动、鲜明、准确，已经成为马克思主义关于文学的阶级性的理论的经典论述了。同一文中，还有这样的论述：

愿意这样①的"无产文学者"，现在恐怕实在也有的罢，不过这是梁先生所谓"有出息"的要爬上资产阶级去的"无产者"一流，他的作品是穷秀才未中状元时候的牢骚，从开手到爬上以及以后，都决不是无产文学。无产者文学是为了以自己们之力，来解放本阶级并及一切阶级而斗争的一翼，所要的是全般，不是一角的地位。

————————————

① 指与资产阶级文艺和平共处，满足于自己在文坛上的一席之地。

就拿文艺批评界来比方罢，假如在"人性"的"艺术之宫"（这须从成仿吾先生处租来暂用）里，向南面摆两把虎皮交椅，请梁实秋钱杏邨两位先生并排坐下，一个右执"新月"，一个左执"太阳"，那情形可真是"劳资"媲美了。

这段妙文的阶级分析，深刻得很，也生动得很，理论性强，形象性也强，理论借形象而更深入与鲜明，这正是艺术的理论之作。

在其他多篇有关文艺问题的杂文中，也都包含着这种思想性与艺术性高度统一的写法和成功的运用。

第二，在那些多种多样的社会批评与文明批评的杂文中，虽然没有这样一类文章的强烈的理论性，但是，那深刻的见解、观点、结论，却潜藏和蕴含在叙事状物、描风绘景以及幽默的夹叙夹议和简短有力的一刺中，那高超的技巧，反映了他的理论素养的精深、观察问题的细密、感情的炽烈以及把这一切融进了他的艺术的表现之中。在《准风月谈》的《推》《"推"的余谈》《踢》《爬和撞》这几篇杂文中，他对中国社会的人际关系作了非常形象、生动而深刻的扼要描述，其中渗透着深刻的马克思主义的分析，然而又写得那么泼辣生动，对于讽刺的运用，真是力透纸背。仅以《"推"的余谈》为例，千余字的文章，第二大段生动有趣地描绘了"三十年前"长江轮船上的"推"的情景，然后写道，"下等华人"被"推"到最近的码头下船，倒可以一个一个码头地"推"过去，"虽然吃些苦，后来也就到了目的地了"。接着便是一段妙文，简短有力，幽默中含着刺：

古之"第三种人"，好象比现在的仁善一些似的。

生活的压迫，令人烦冤，胡涂中看不清冤家，便以为家人路人，在阻碍了他的路，于是乎"推"。这不但是保存自己，而且是憎恶别人了，这类人物一阔气，出来的时候是要"清道"的。

这后面一段既指出了那种在人际关系的处理中把家人与路人当成敌手的错误和这种不幸现象的存在，又说明了社会上这种"推"的现象产生的一部分根源和不幸的社会实质；同时，更指明了这种由"推"别人而得以爬上去的人，一旦阔起来了，将会要更大规模地"推"——把人民推到水深火热中去，推到死亡线上去，妇孺老幼，一律被"推"进苦难的深渊。而且，这里的对于将来的推测，正反映着已经发生的现实：

那些现今的"清道"者，是在怎样地"推"人民于水火中！

像这祥的社会批评，在这几本杂文集中，所在多有，"满本玑珠"，美不胜收。

第三，在这个时期，鲁迅一方面坚定地、频繁地、劳作不息地以手中的笔战斗；另一方面又遭到白色恐怖的种种迫害、禁锢、压制，使他不能写、写出来的不能明说、说透，因此他像"戴着镣铐跳舞"，又要想出种种法来钻过那压制的网。——这样，在战斗中锻炼了他的幽默讽刺的才能，锐化了他的战斗的才思与诗情，并且为了适应报纸的限制（在篇幅与内容上），他创造了一种新类型的杂文，使它发展到精练成熟的高度。这便是《伪自由书》《准风月谈》《花边文学》中的杂文。它们都是发表在《申报·自由谈》上的。这是"日报杂文"的最佳形态。

"在围剿中更加生长起来了"——这是鲁迅在敌人及其帮凶、帮忙、帮闲和走狗的禁压下，为了"以他的文学，助革命更加深化，展开"而使自己的杂文在思想上、理论上和艺术上都达到了一个高峰。鲁迅说，这种现象，"为我自己和为中国的文坛，都应该悲愤的"。这话语，在当时是的确符合实际的。然而，从历史的眼光看来，到今天，他的杂文的留存与流传并被视为宝贵的思想、艺术的遗产，却已经完全不必悲愤，而应看作他的光荣、他的贡献、他的丰厚的收获了。

（五）新的高峰期杂文

新的高峰期杂文，包括从 1934 年至 1936 年的作品结集为《且介亭杂文》、《且介亭杂文二集》和《且介亭杂文末编》[①]。它们与前期诸杂文集直接衔接，保持了以前的优点和成就，而又有发展和提高，思想和艺术上都登上新的高峰，酝酿着新的发展、新的突破。如果他不过早地逝去，他将很快再一次突破。

在《且介亭杂文》的《序言》中，他再一次就杂文的品性、功用、价值，作了新的论证，他说：

> 况且现在是多么切近的时候，作者的任务，是在对于有害的事物，立刻给以反响或抗争，是感应的神经，是攻守的手足。潜心于他的鸿篇巨制，为未来的文化设想，固然是很好的，但为现在抗

① 后两本杂文集是鲁迅逝世后编辑出版的。

049　第二章　鲁迅杂文艺术的产生与发展

争，却也正是为现在和未来的战斗的作者，因为失掉了现在，也就没有了未来。

鲁迅在论及杂文时，总是拿"纯文学"与"战斗文学"、"为人生的艺术"与"为艺术而艺术"两者来做对比，也总是拿现在、今天与将来、明天作考校。而他的结论总是一致的：宁取为人生的艺术和战斗的文学，而失去艺术的永久价值和个人的声名令誉，同时，要为民族、人民的今天和明天而战斗。这里，也总是响着一位伟大哲人的心声，闪现着他崇高的灵魂。在民族危机日渐严重，一面是侵略者的铁蹄深入国中，而国民党反动统治者却唱着"诱敌深入"的调头实行彻底的投降卖国；另一面则是民族的新觉醒、人民的新奋起和新抗争。鲁迅毫不犹豫地以自己的笔，用杂文这个武器，加入了全民族的斗争行列，"对于有害的事物，立刻给以反响或抗争"，是民族觉醒的"感应的神经"，是人民斗争的"攻守的手足"。他没有"潜心于他的鸿篇巨制"——本来，他久已酝酿并且从事了实际的准备要写关于杨贵妃和中国四代知识分子的长篇小说，要从事中国文学史和中国文字变迁史的著述，他还有收集丰富的汉石刻画像需要整理，等等，然而他放弃了这些，牺牲了这些，去写那被人嘲笑、遭人攻击的杂文，只为了"为现在抗争"。他确实失去了在文化建设上可能做出的贡献，失去了在文化、学术上的建树和由此而来的现实的安闲与尊荣、与未来的声誉，而得到的却是禁锢、压迫、艰困、危险。然而，历史是公正的，他既然是"为现在和未来的战斗者"，他也就既得到了现在，也获得了未来！

在关于自己的杂文的论说中，鲁迅说：

当然不敢说是诗史，其中有着时代的眉目，也决不是英雄们的八宝箱，一朝打开，便见光辉灿烂。我只在深夜的街头摆着一个地摊，所有的无非几个小钉，几个瓦碟，但也希望，并且相信有些人会从中寻出合于他的用处的东西。

这里，鲁迅由于出自至诚的谦虚，有一句说得不确切的话：他的杂文"不敢说是诗史"。事实上，它正是一种特殊形态的诗史，这原因就在"其中有着时代的眉目"。这正是他的杂文的价值之所在：以小见大，这"小钉"足以刺死敌手，这"瓦碟"飞向敌阵，配合了全民族的抗争。

具有诗史般反映时代眉目的品性与高度。——这可以说是鲁迅最后这三本杂文集达到新的高峰的根本标志。

正是在这种战斗中和在这种思想境界的战斗中，鲁迅的杂文随着时代、斗争的发展而发展了，以如下一些杂文的名作而标志着鲁迅杂文达到了一个新的高峰：《关于中国的两三件事》、《中国人失掉自信力了吗》、《中国文坛上的鬼魅》、《病后杂谈》、《病后杂谈之余》（以上见《且介亭杂文》），《在现代中国的孔夫子》、《从帮忙到扯淡》、《"题未定"草》（一至九）（以上均见《且介亭杂文二集》），《写于深夜里》、《答徐懋庸并关于抗日统一战线问题》、《关于太炎先生二三事》和《因太炎先生而想起的二三事》（以上见《且介亭杂文末编》），以及附集中的《答托洛斯基派的信》、《论现在我们的文学运动》、《半夏小集》、《死》、《女吊》，还有几篇《立此存照》。

这些文章的共同特点是，在思想上又有新的发展，在杂文的类型和艺术技巧上又有了新的因素、新的品性，形成了一种新的杂文体态、格调。同时，也酝酿着新的突破。

这三本杂文集的作品尤其是上述这些名篇，具有一种恢宏的、高屋建瓴的、眼界开阔而深邃的气势。为了表达主题，展开思想，他总是放开手眼，联系到历史故事、古今掌故、百科知识，来开拓、引申、论证，由于他的深邃的学术修养、广博的知识、娴熟的艺术技巧和他自己独创的多样丰富、灵活精巧的杂文艺术手段，这一切他都运用得顺畅自如、浑朴自然，既展开了主题，展示了思想，又具有引人入胜的力量，令读者兴味盎然地读下去，从而接受他的思想的熏育和艺术的陶冶。确实，这些杂文，达到了思想的峻岭，艺术的化境。

在《关于中国的两三件事》中，他对日本帝国主义在中国的杀人放火、残暴统治，进行了曲折的然而是明确的谴责、抨击。他把历史与现实结合起来，引用历史、故事、民间传说、现实趣事，展开议论，旁敲侧击，富有幽默感地达到了自己的目的。在"关于中国的火"一节中，他从希腊神话中普洛美修斯的窃火说起，联系到中国发现火的燧人氏，以及火神、秦始皇焚书、项羽的火烧阿房宫、蒙古族的一路放火，在这些历史、传说、故事中都隐含着历史的类比和现实的谴责，富有启示的意义。而最后写道：

现在是爆裂弹呀，烧夷弹呀之类的东西已经做出，加以飞机也很进步，如果要做名人，就更加容易了。而且如果放火比先前放得大，那么，那人就也更加受尊敬，从远处看去，恰如救世主一样，而那火光，便令人以为是光明。

这把日本侵略者的欺骗宣传——什么"共存共荣"、建设"王道乐土"等，都戳穿了。救世主是一副豺狼相，光明不过是焚掠的火光。

《在现代中国的孔夫子》与上一篇具有同样的价值。他运用相同的艺术手法，把日本侵略者想以孔夫子这块招牌来欺骗、蒙蔽中国人民的罪恶目的揭露得很清楚，而且通过历史（历代弄权者利用孔子）与现实（中国人民最懂得孔子）的铁的事实与铁的逻辑，自然地证明了：日本侵略者将同中国的反动统治者一样，即使用孔夫子作"敲门砖"，也必然会倒在"幸福之门"的外边。他写道：

中国的一般的民众，尤其是所谓愚民，虽称孔子为圣人，却不觉得他是圣人；对于他，是恭谨的，却不亲密。但我想，能象中国的愚民那样，懂得孔夫子的，恐怕世界上是再也没有的了。

在现代中国的孔夫子已经不能再起什么欺骗作用了。中国人民最懂得孔子，知道他的"出色的治国的方法"，"都是为了治民众者，即权势者的设想的方法"。帝国主义者的妄想必定失败，这样的结论很自然地得出来了。这里饱含着对于人民的信任、对于敌人的轻蔑、对于历史的熟稔和对于现实的深刻观察。然而这一切都是运用特殊的叙事手法、特殊的结构、特殊的语言、特殊的色彩表现出来的。——此正其所以为杂文艺术！

这两篇杂文标志着鲁迅杂文达到了新的高峰。

《病后杂谈》和《病后杂谈之余》是另一体态、另一类型的杂文，它们从历史事实中剔出思绪，从"昨天"里吸取诗情，借古喻今，以古讽今，影射、暗示现实生活中的腐朽、罪恶、残暴、毒辣的黑暗事实，对其予以辛辣的谴责或讥刺。鲁迅的这类杂文也写得轻松自如，若行云流水，流泻舒展，毫无斧凿雕琢之迹。

《中国人失掉自信力了吗》代表了另一类杂文，它在内容上、思想上开阔、雄浑、坚定、自信，显示人民的力量、民族的自豪、阶级的信心，在行文上明白、畅晓、泼辣、高昂，那技巧的纯熟主要表现在明敏地看到了人民的力量、愿望，历史的前途（这表现了他的历史唯物主义的高度修养），用富有力度的、准确而深刻的优美语言表达出来，具有感人与鼓舞人的力量。在这篇杂文的末后，他写道：

> 我们从古以来，就有埋头苦干的人，有拼命硬干的人，有为民请命的人，有舍身求法的人，……虽是等于为帝王将相作家谱的所谓"正史"，也往往掩不住他们的光耀，这就是中国的脊梁。
>
> […………]
>
> 要论中国人，必须不被搽在表面的自欺欺人的脂粉所诓骗，却看看他的筋骨和脊梁。自信力的有无，状元宰相的文章是不足为据的，要自己去看地底下。

这样的思想和说出这思想的语句，都是富有力量，也给人以力量的。

序跋体、回忆散文体、散文体、短评体等这些类型的杂文，也都写得更精粹、更纯熟、更深刻了。《田军作〈八月的乡村〉序》《徐懋庸作〈打杂集〉序》《萧红作〈生死场〉序》《白莽作〈孩儿塔〉序》《忆韦素园君》《忆刘半农君》《死》《女吊》；《"题未定"草》以及《说"稿面子"》《拿破仑与隋那》《隐士》《文坛三户》《名人和名言》《我要骗人》等，都是有名的篇什，显示了鲁迅杂文艺术达到了新的高峰。

《立此存照》则是这时期鲁迅新创造的一种杂文类型。它以引证别人的文章中的论述、见解为主，仅以简短的几句话，寓庄于谐地给予讥刺和批判。这种杂感式杂文、评点式文字，灵活机动、生动活泼、深刻隽永，又是一种随时可用的轻便武器。《立此存照（四）》，先引《越风》上的一段文章，意谓明朝耿精忠、吴三桂等人降清，不但没有"配享太庙"，而且有的入《贰臣传》，有的"兔死狗烹"，颇不值得。于是引文之后仅以数语结尾：

> 这种训诫，是反问不得的。倘有不识时务者问："如果那时并不'鸟尽弓藏，兔死狗烹'，而且汉人也配享太庙，洪承畴不入《贰臣传》，则将如何？"我觉得颇费唇舌。因为卫国和经商不同，值得与否，并不是第一着也。

这短短的几句，一方面从逻辑推理上，揭出了那隐蔽的心理和立论的依据，另一方面也使把商人的"生意经"作为汉奸言行依据的丑恶相暴露出来了。

这确是一种高超的战斗艺术——其源则是深刻的思想见解，他能够一语中的、一针见血地命中要害。

鲁迅在逝世前的年月里，1936年，更加酝酿着新的突破、新的提高和发展。

他的学生兼战友冯雪峰，在后来写的《回忆鲁迅》中，专门写了两节《思想上又有新的发展的征象》，记叙、论述了鲁迅的这一思想状况，其中有一段写道：

> 我以为可以特别叙述的，是他这时候又在进行着一种很深刻的新的自省，又在思考着一些属于他的思想的问题，也可以说在进行着一种思想斗争罢，这种情况一直进行到他的逝世之日。但我觉得，他进行这种自省和思考问题，都在一种快乐的心情上，和他因病而来的心情成为一种明显的对照。我想，也可以这样说罢，病使他不得不时常躺在床上，这倒给了他一些时间想起各种问题，而有时又是为了赶走病所给他的苦闷而就多去想想各种问题的。这样，也可以说，病是刺激他自省和想问题，并使他有时间自省和想问题的原因之一。当然，主要的原因是新的政治形势。

> 他进行自省和思考一些问题，在心情上表现很愉快，根据他的谈话所触到的问题和他的精神看来，那确实是在新的政治形势和我党所提示的革命的远大胜利和前途照耀之下，他又觉得自己非有新的努力不可了的一种表示；也就是说，他在要求一种新的发展。

> 但是，他要求着新的发展，渴望更向前进，当然并不相同于一九二七年至一九二九年之间的情况，因为现在已经不是要从原来阶级的思想向新的阶级思想的跃进。照我看来，他当时的要求，就是要向已经站稳的、已经为它而坚决地不惜任何牺牲地战斗的那阶级的思想，即无产阶级思想，马克思列宁主义，更深入一步。同时，很明显，他的这种要向无产阶级思想更深入一步的要求和努力的具体表现，就是要求跟已经靠近的中国共产党更靠近一步。

在这两节文字的最后，冯雪峰写道：

> 所有这一切，我以为都可以说明，无论在思想上、工作上，他

都在要求着一个新的开始。

如果他不是很快逝世，那么，一个天才的思想家或作家的真正达到发展顶点的一般所说的晚年，在鲁迅先生是应该从这时候才开始的。

鲁迅的思想，正是在这种形势的变化中变化了，发展了，提高了。这正是日本帝国主义一心独吞中国、民族危机空前严重的时期，也是全民族在痛苦中、灾难中奋起反抗、拼死斗争的时期。"中夜鸡鸣风雨集"，"于无声处听惊雷"，全民抗战的前夕，民族的、阶级的斗争都酝酿着新的高潮；而鲁迅，作为中国人民的伟大思想家、伟大代言人，作为伟大的民族英雄，也跟随着，酝酿着新的突破。

这种提高与突破的主要标志，正如冯雪峰所说，是向马克思列宁主义更深入一步，向无产阶级思想更深入一步，向中国共产党更靠近一步。这带来了他对于自己思想上的旧的因素的进一步剔除与改造和新的思想因素的不断增长，巩固。

这一切，都必然反映到他的杂文中。

首先是，由于白色恐怖的高压和迫害带来他对战略战术的考虑、这种战斗中所形成的情绪和心理构成，以及他的杂文的特色，在新的形势、新的心境、新的思想已经产生并酝酿更向前发展的条件下，都在发生重大的变化。在这时期，当冯雪峰向他提到他的杂文中多用"我"而少用"我们"，而冯雪峰认为"有时候用'我们'来得壮旺些"之后，鲁迅在几天之后，显然是经过了思索和总结，说了这样一番话：

> 你那天说的话是不错的。对敌人，就要表示我们的力量；能够用大炮轰，就用大炮轰！……代表我们、代表真理，就代表我们、代表真理，毫不客气；……我一向显得个人作战，又多使用投枪，也仍然是散兵战。在我个人，和进攻的同时，还注意防御。……今后，也可以试用不同的战法的。

在这段简约的话语中，包含着思想、战法和艺术上的统一考虑，表明他更进一步明确不是个人作战，而代表"我们"即集体的力量，不仅用投枪进行散兵战，而且作集群的进攻，可以用大炮轰，可以毫不客气地代表真理、代表我们；因此，在艺术上也就如他自己所说的那种"心中的'鬼气'""顾忌""犹豫"都清除了，那种心理构成已经改变了，行文也就更有气势，更具威力，更明朗、开阔。冯雪峰对此作了精辟的分析，他指出，鲁迅的杂文向来是"所向无敌的"，"他是大无畏的"，然而，由于存在着严重的压迫，所以必须有最大的坚忍精神和种种的挣扎，这样，在战斗上和艺术上，"正和一切在黑暗时代的伟大的革命讽刺作家一样，一方面把讽刺的利器越磨越尖利，一方面总多少会存在着一些抑郁的精神的。"冯雪峰写道：

> 鲁迅先生本人的作品，一方面真是光芒万丈的；但一方面也同样不能不有其时代所给予的这类缺陷。从他成为马克思列宁主义者以后，这样的缺陷是差不多没有了；但现在，……他还在更高度地要求超出时代的限制。我觉得这种要求在他的精神上就引起很大的快乐。

这种要求，这种快乐心情，以及这种内涵所形成的心理状况，反映在他的杂文中，就是前面所说的更明朗、开阔、自信、坚定。正如冯雪峰所说：

> ……他对于社会和思想界，正有比他过去更大刀阔斧、更全面地、也就是更政治性地、痛痛快快和淋漓尽致地加以批判的要求。……总之，他有更广阔和更直接地向反动势力和各种阻碍前进的思想作战的要求。

这就反映出一种新的因素、气质和气势，为过去所没有，并预示着将来的更广大的发展。

第二，"曲笔"本是他的杂文艺术的一大特色，这特色同幽默与讽刺相结合，因有此结合而更放射异彩，获得战斗的效果。这本是高压下的战斗带来的由缺陷而引起的优点。但这时期，虽然环境依旧，"曲笔"仍要应用，但他感到必须突破，其实是新的战斗要求和新的思想促使他在一定程度上，改造这种"曲笔"笔法。如冯雪峰所形容的，鲁迅的《女吊》等几篇文章，"以极壮勇的情绪去描写被压迫者和被压迫者阶级的愤怒的感情与反抗和复仇的思想"，"锋芒不仅向着统治者阶级，而且也向着保守自私的小康者阶层和是非不辨、爱憎不分的某些小资产阶级知识分子。这段话很好地概括了鲁迅这时期的心境与杂文艺术的新特色。在《女吊》中，鲁迅那样生动引人地描绘了一个女性复仇者的形象，他写道：

> 被压迫者即使没有报复的毒心，也决无被报复的恐惧，只有明明暗暗，吸血吃肉的凶手或其帮闲们，这才赠人以"犯而勿校"或"勿念旧恶"的格言，——我到今年，也愈加看透了这些人面东西的秘密。

充满了信心，真挚地歌赞人民的反抗与复仇，并鄙弃那"人面东西"的鬼蜮伎俩。这确实是直接的痛痛快快、淋漓尽致的大炮轰击！

第三，由于上述的原因，他这时期的杂文便在思想上、艺术上都进到一个新的境界，其内涵是旧的杂质的继续清除和新质的增强，并且酝酿新的更深刻更广大的发展。——这同样又一次表现出过渡期的特点，当然，这是在更高的基础上的转变与过渡。

只是由于过早的逝世，这种新的突破、发展、提高，没有能够成为现实。

上面，我们记述了鲁迅杂文的发展过程。这个过程，有两点鲜明的特色。第一，它的发展过程与中国革命的发展过程，可说是同步相应的。文学创作作为社会生活的反映，必然会随着社会斗争、社会生活的发展而发展，这是一个普遍的规律，几乎可以说，文学创作"概莫能外"的。然而这种反映、这种相应的变化，其程度是各不相同的：有的快，有的慢；有的近，有的远；有的强，有的弱；有的充分，有的稀淡。鲁迅的杂文，在这个"结构中"，则光荣地居于最高层，它迅速地、强烈地、充分地反映着历史的脉搏、时代的脚步和人民的心声。这是杂文这个战斗武器具备的基本品性所决定的，而鲁迅作为伟大的文学家、思想家、革命家，独创地赋予了杂文这个品性。因此，从时代的前进，我们可以看到鲁迅杂文发展的轨迹，而从鲁迅杂文的发展过程中，我们也可以看到时代发展的痕迹。这也正是鲁迅杂文能够长久流传的原因之一。

第二，鲁迅杂文的发展，也是鲁迅思想发展的结果。鲁迅的思想随着革命的发展、时代的前进而发展前进，他借此来改进、发展自己的杂文创作，于是而引起他的杂文在思想上艺术上的发展。他的杂文是他的思想的结晶，也是他的艺术思想、美学思想和艺术技巧的结晶。这也同样反映了鲁迅思想的特色。时代前进，会引起作家艺术家的前进，这是普遍的规律，但却不是每一个作家艺术家都如此。有的却程度不同地落后于时代，或者始终停滞在一个阶段上，或者未能相应地发展。而鲁迅却最为充分而及时地在思想上、艺术上表现了这种"相应"性，从而使自己的杂文具有了长久的意义与价值。

关于鲁迅杂文的发展，不少同志作过研究，提出过自己的看法和概括，归纳各家所言，大体一致的意见可列为下表示之：

形式：随感录 —— 杂感 —— 杂文

内容：专 —— 杂 —— 更杂

艺术：诗 —— 诗 + 散文 —— 散文杂感诗 —— 散文的杂感 ——
直剖明示的散文风格

战斗：一般涉及时弊

—— 直接与旧势力短兵相接和直接向政权发出挑战

—— 以国民党反动政权为主要攻击目标，全面开展思想斗争、社会批判。

从这个不很准确地体现发展路径的"表"中，我们可以看出一个趋势：鲁迅的杂文内容逐步地向"杂"发展，而与此相适应的是诗的散文化。这原因在于他的思想不断向广阔、深入、全面发展，战斗的局面逐步展开，内容也就越发杂起来。内容引起形式的变化，诗情也就从诗的凝结形式向散文形态发展。这当然是从总体和总的发展趋势来讲，个别的少数的例外是存在的，也是不足为怪的。

当然，这里所作的这种概括，是很不够的，并不能充分地表述鲁迅杂文的发展轨迹。我们还需要由此前进。首先，我们应当肯定鲁迅杂文的发展，根本的原因还是随着中国革命的发展、社会的变动，他的思想也不断地变化、前进。学界向来都把鲁迅的思想分为前后两个时期，由此也把他的杂文分为"前期杂文"与"后期杂文"两部分，一般地说，这样分法是可以的吧。然而，无论从思想上，还是由此而及于他的杂文，仅仅这么分，还是不够的。事实上，我们几乎可以把鲁迅的杂文集按册来划分思想和艺术发展的阶梯。当然，这样做未免过于细微一些。我以为分三个阶段的做法，却是必不可少的，否则，不足以科学地、全面地认识鲁迅的杂文。为如实地反映其杂文的发展轨迹，我们可以分成这样三个阶段：

第一时期，《热风》和《坟》中的部分杂文（主要是《我之节烈观》和《我们现在怎样做父亲》）产生期。这正是"五四"前后几年，新的思想文化运动展开反封建斗争的最早斗争期。这时候基本的斗争任务就是反对以封建思想为核心的旧思想、旧文化、旧道德、旧风俗、旧习惯。鲁迅的杂文就是执行这个任务的。而他的基本指导思想就是坚定的、乐观的进化论。他坚定地相信人类世界、社会、中国都是要进化的。在《热风·四十九》中，他说"生命是乐天的"，"从幼到壮到老到死，都欢欢喜喜的过去"，老的甚至应该用自己的死去填平"路上的深渊"，让少的走过去，而且老的还要"感谢他们从我填平的深渊上走去"。这是再清楚不过的进化论了，而且是"乐天知命"，各自欢欢喜喜地向前进、向上发展的。

同这种思想、情绪相适应的，这时的杂文的基本格调，不管是《热风》中的短小的随感录，还是《坟》中的长篇大论，都是质直的、单纯的，而且是乐观的。短文则单刀直入，说理单一、简洁明快，长文则条分缕析，撮其要者逐一驳去。由于作战的对象主要是一般的、普遍的旧的思想文化，传统的腐朽没落一面以及一般的顽固保守势力，所以文章的主旨和气势，都带着平缓、舒展、雍容的格调。当然，由于鲁迅的禀赋，更由于他的炽热爱国、反封建的感情，其文章中总是流露着凌厉的气息，具有丰厚的内涵。

在文章的样式上，主要是随感录式的短论和初具杂文风格的说理文。当然，在随感录的"范围"之内，也尝试着多种样式，自此带来某些突破和预示着发展的前景。

第二时期是一个向广度和深度迅猛发展的时期，是一个各方面开拓的时期，是在艺术上臻于成熟而思想则趋向高峰的时期。在这个时期，中国革命和人民斗争的形势是由高潮进入低潮，又由低潮逐渐发展到高潮。在这迂回曲折的道路上，流淌着人民的血泪，呼啸着屠刀皮鞭的鸣声，响彻着斗争的呼号，滚动着无数被剥削被压迫的疲惫、孱弱的身影，但也活跃着成百上千、几万几十万人民群众搏斗的形象。社会斗争和阶级斗争都进一步开展了，进一步"发育成长"了。经过分化与组合，阵线更分明了，斗争更尖锐了，生与死、明与暗、友与敌，都展现得更为分明了。

鲁迅作为伟大的文学家、思想家和革命家，作为一个具有深刻丰富的思想而以进化论为基本思想指导的作家，以他独特的方式，迅速而及时地反映了这种革命形势的发展和阶级力量的消长，在思想上和作品上都是如此。在思想上，他开始认识和感到群众的力量、阶级的对立，由此也看到了光明的前景，并且逐渐地增长新的因素，消退旧的因素。像一面时代的镜子一样，反映了各种力量的此消彼长。在斗争上，阵线更加分明、目标更加集中、问题更加尖锐，但同时创作领域也有了新的开拓。这些，反映在他的杂文创作上，就是战斗的文字多数集中在同章士钊、陈西滢围绕着女师大事件和三一八惨案的斗争上，同时，又对顽固保守派、对封建思想文化展开了多方面的进攻。他的战斗是英勇而坚决的。他已经同封建军阀统治进行面对面的斗争。他的思想上新质与旧质的斗争与消长，也反映在文章之中。他的坦率真挚正是他的杂文吸引人、感动人的力量所在。

由于这些原因，他此时的杂文，在格调上，深沉、凌厉、泼辣、激越，有一种冲决一切的气势、感人至深的魅力。在这种统一风格中，也有两种样式：一种见于《华盖集》及其续编，这种风格很突出；另一种则见于《坟》中诸杂文，如《论雷峰塔的倒掉》《春末闲谈》《灯下漫笔》等，是在侃侃而谈、娓娓而言中，渗透着激越、凌厉的风格，于旁征博引中显出纵横捭阖的韵味。在文章样式上，则多端发展，新花朵朵，作了新的开辟和创造。

这里特别要指出的是，这时期的鲁迅杂文，由于其思想随着时代、社会急遽演变而迅速发展，新旧交替、杂陈，所以在思想、内容上，也表现出同样的情形，尤其因为新质的生长、发展而更具有一种冲杀、抗争的坚定、英勇的气势；另一方面，又因为旧质的负累而影响了他，使他不能对于胜利、对于未来的光明、对于如何以及依靠什么力量来达到"彼岸"而透露出犹豫、迟疑。这就是他自己所说的他身上的"鬼气"，文字的"曲折吞吐"。然而他对自己的犹疑，不仅仅是不满。而且，他又非常坦率真诚地写出自己的这一切，而并不想隐瞒，以骗得一个"青年导师""精神界领袖"的称号。由此而使他此时的杂文具有一种特殊的美学内涵，这就是：泼辣、凌厉的基本素质中又包含着曲折、隐衷、凄怨，像一枝屹立沙漠、迎风抗沙的凄艳的花。

第三时期是鲁迅杂文的顶峰期。在经过长期艰苦的斗争之后，在经过刀剑斧钺、血雨腥风的洗礼之后，特别是在人民群众、无产阶级显示了历史主人的伟大力量，但是却被打入了血泊中，遭到了暂时的失败的时候，鲁迅投进了无产阶级的队列，接过和举起了马克思主义的旗帜。他的思想起了根本性的变化。从1927年突变，到1936年去世，将近10年间，他向马克思主义突进、攀登，完成了自己的思想历程，反映了中国革命的本质方面。

他的杂文，作为他的思想的结晶，在这个时期，向广阔、纵深发展，完全摆脱了"鬼气"，不再留着"吞吐"的遗痕，高昂、坚定、自信，感觉到背后的人民的力量、心中的主义的支柱，将这一切贯注于原有的深沉、激越、凌厉的气势之中，在总体上形成一种浑厚、充实、有力的格调，挥洒自如，能放能收。在样式上，采用了极为灵活多样的形式，而又总是那么贴切，适应战斗的需要，能够取得最佳战斗效果。这时候的语言更为纯净，完全摆脱了"古文的气息"，成为一种鲁迅特有的富于表现力、感染力、理论性、形象性的杂文语言。

他的杂文在思想上和艺术上都光芒四射，成为思想的珍宝、艺术的名花。这是中国少有、世界罕见的特异的艺术之花。

我们在分段叙述之后，又综合地对鲁迅杂文的发展作如上的整体性描述。这也许有助于对于鲁迅杂文艺术发展的阶段性和内容、形式上的变化，形成一个轮廓概念。这种分析与归纳，还可以进行得更深入细致。但我们认为描写这样一个轮廓，概貌也就够了。这样也许便于从总体上把握鲁迅的杂文。

第三章 "古今中外"融汇于现实斗争与个性发展之中——鲁迅杂文艺术的渊源

> 纵观古今，横览欧亚，撷华夏之古言，取英美之新说，探其本源，明其族类，解纷挈领，粲然可观，盖犹识玄冬于瓶水，悟新秋于坠梧。
>
> ——《集外集拾遗补编·题记一篇》

鲁迅的杂文，作为一种具有特异质地的艺术品，它的产生，自然是时代、历史的条件和他的整个思想品质所决定的。这方面的情况已如上述。但是，仅仅这样估计还是不够的。艺术品作为一个时代的、历史的、民族的、个人的产品，还必须有它的历史资料，这包含远古的与近期的，也包含思想、感情、气质和审美特性等方面的内容。越是伟大的作家艺术家，越是伟大的艺术作品，越是需要这种"历史的营养"，越是具有这种"历史的营养"。

鲁迅不仅具有这样的"营养"，而且还把眼睛转向了外国。他在日本留学，前后九年，自然对于日本文化有所吸收，更以日本为跳板，以日语为主要工具，大量阅读、研习欧美作品，吸收了欧美文化，尤其是俄罗斯和东欧被压迫民族和国家的文学营养。这大量的"外国营养"，促使鲁迅的思想艺术之花开放得艳丽多姿。

鲁迅曾在《集外集拾遗·〈引玉集〉后记》中很自豪地说：

> 我已经确切的相信：将来的光明，必将证明我们不但是文艺上的遗产的保存者，而且也是开拓者和建设者。

我国学术界历来对于鲁迅杂文艺术之继承传统和借鉴外国，都是一致肯定的。既肯定其实践，又肯定其成就。但是，总的来说，这方面的研究仍然做得很不够，可以说还只是取得初步成果。对于鲁迅在这方面的独创性，即他如何在批判中继承、借鉴，又在继承、借鉴中发展、创造，更是研究得不够。恰恰在这方面，鲁迅是我们的楷模。

那么，鲁迅究竟怎样继承了传统、借鉴了外国，而且进行了发展和创造呢？我们在这里，愿在"鲁迅杂文艺术的渊源"的题目下，作一个总体探索。

一、纵观古今，撷华夏之精英，深深根植于民族优秀文化传统的沃土中

鲁迅的杂文艺术之发育成长，首先得力于对于民族传统和"异域"文化的总体继承和总体借鉴。这里所说的"总体"，有三方面的含义。一是指祖国传统与外国文化的总体，鲁迅对它作了总体性的领会、把握；二是鲁迅的杂文对于这两方面都作了总体性的吸收与运用；三是鲁迅通过创造，形成了吸收这两方面的丰富营养的总体性杂文艺术特征。这种总体性把握、运用和创造，我们可用四句话来概括它的精神，这就是：融会贯通，继承创新，百川汇流，为我所用。

正是在这种精神的指导下，鲁迅在杂文创作和杂文艺术上形成了他的特异色彩。这种总体特征的形成，鲁迅是经过了从幼年就开始的长期学习与修养的过程的。在这个过程中，他吸收了哪些中外古今哲人、学者、艺术家的思想、艺术营养，又怎样地"融会贯通，继承创新"的，我们很难从鲁迅的自述中获得大量材料，因为他的谦虚精神和长期投身于紧张的战斗，使他不愿意也不可能这样做。我们只能从他的一些有关的论述中获得蛛丝马迹，去探幽发微，寻求一些重要的线索。

鲁迅思想与杂文艺术的总体精神，是在中华民族数千年的优秀文化传统的基础上产生的，是这个深厚肥沃的文化土壤上生长开放的艺术奇花。吸取民族文化的精华，是鲁迅杂文艺术的根本特点。鲁迅在《且介亭杂文·中国人失掉自信力了吗》中说过："我们从古以来，就有埋头苦干的人，有拼命硬干的人，有为民请命的人，有舍身求法的人，……"鲁迅赞颂他们在中国历史上的光耀，称他们为"中国的脊梁"。他也曾经在自己的作品中歌颂了、评价了从屈原到曹雪芹的一代代才人的睿智才华，以及他们光昌流丽的艺术风格。鲁迅正是接受了他们的优秀传统，才使自己的思想艺术才华发育成长起来。

烈士品性哲人心，诗家气质才士身。这可以说是鲁迅创作杂文的总体精神和他的杂文艺术的总体特征。

大禹是鲁迅在少年时代就接触到的、在自己的故乡"埋骨"的古代圣哲。大禹陵以及关于这位传说中的古代人物的为民除害、艰苦卓绝、献身无私的精神，对于少年鲁迅就发生过影响。他在以后又曾经赞扬过这种精神，在后期更写了《理水》这篇历史小说，以深沉的感情、生动的形象、浑厚的笔触描写了大禹。在这里正寄托着鲁迅的道德理想，也寄寓着他自己的心性。鲁迅特别赞赏大禹的是他的为民治水、艰苦卓绝，以及"三过家门而不入"的无私地奉献自己一切的精神。这种精神正体现于鲁迅从事杂文创作的战斗中，也贯穿于他的杂文作品中。对于屈原和他的伟大诗作《离骚》，鲁迅是挚爱崇敬、终生不渝的。许寿裳曾经在他的《屈原和鲁迅》中作了探讨，并列举了例证，说明鲁迅是何等熟悉屈原的《离骚》，并且在自己的文章中征引或使用、化用其词汇、比喻与意境。这当然说明了鲁迅所受到的屈原及其《离骚》的影响。但是，不能不说，这种工作还只是初步的，说明的还只是浅层的影响。更深一层的、更重要也更带根本性的影响，还在于思想、精神和艺术气质与风格方面的影响。鲁迅把屈原归入摩罗诗人之列，这可说是屈原的殊荣。我国成百上千的诗人，为鲁迅所欣赏赞扬者亦不少，然而能够戴上"摩罗诗人"桂冠的却只有屈原一人。他对屈原及其作品的评价是：

> 惟灵均将逝，脑海波起，通于汨罗，返顾高丘，哀其无女，则抽写哀怨，郁为奇文。茫洋在前，顾忌皆去，怼世俗之浑浊，颂己身之修能，怀疑自遂古之初，直至百物之琐末，放言无惮，为前人所不敢言。

在这种对屈原的全面的、历史的评价中，有些内涵既是鲁迅对屈原的赞扬，也是鲁迅自己襟怀的抒写，并且也是他的杂文艺术的总体性特征。这就是：抽写哀怨，郁为奇文，怼世俗之浑浊，放言无惮，为前人所不敢言。我们想一想鲁迅的杂文《记念刘和珍君》《为了忘却的记念》《白莽作〈孩儿塔〉序》等，不就是"抽写哀怨，郁为奇文"的佳作吗？又如《无花的蔷薇》《"友邦惊诧"论》等文，不又是"怼世俗之浑浊"，"放言无惮，为前人所不敢言"吗？当然，这里所列举的一二典型例证，事实上，在鲁迅的大量杂文中，熔铸这些思想艺术特征于文章中者，所在多是。

鲁迅在《汉文学史纲要》中，在引证了《离骚》一大段概述平生、驰骋幻想的文字之后，又引一段"国无人，莫我知兮，又何怀乎故都？既莫足与为美政兮，吾将从彭咸之所居！"在此之前，加以评论说：

> 次述占于灵氛，问于巫咸，无不劝其远游，毋怀故宇，于是驰神纵意，将翱将翔，而瞻怀宗国，终又宁死而不忍去也。

对于屈原的怀恋故土、眷念宗国、宁死不忍去的感情，鲁迅极力表示赞美。这一点，又是鲁迅从屈原身上吸取到的乳汁之一，成为鲁迅的伟大深沉的爱国主义思想感情的内涵和营养。①

鲁迅对于屈原的直谏是很赞赏的。他赞扬屈原"被谗放逐，乃作《离骚》"。（鲁迅用扬雄说，认为"离骚"就是"牢骚"之意）特别称颂屈原的襟怀内美，重以修能，正道直行，遭谗被逐，就纾心明志，"因以讽谏"，"放言无惮"。他特别赞赏屈原那种为了自己的理想，为了正义与真理"虽九死其犹未悔"的彻底的执着的精神。因此他在《汉文学史纲要》中批评屈原之后而效之者如宋玉、唐勒、景差之徒，"虽学屈原之文辞，终莫敢直谏。盖掇其哀愁，猎其华艳，而'九死未悔'之概失矣"。

鲁迅是屈原精神的重要而忠诚的继承者、发扬者。他继承了屈原热爱乡土、眷恋故国的思想感情，维护理想的"九死未悔"的坚韧精神品德，以及坚贞不屈、浩歌当哭的性格与"创作态度"。当鲁迅在辛亥革命酝酿发动期从事文艺运动，呼唤着"精神界之战士"，"致吾人出于荒寒"时，他请出了屈原的亡灵，描绘了他的崇高优美的形象。当他讲授中国文学发展史时，他高度评价了这位诗人，在五四运动前后，他在自己的书室里，书写和悬挂屈原的诗句以自勉：

> 望崦嵫而勿迫　恐鹈鴃之先鸣

---

① 杨坚在《论鲁迅对屈原的"扬"与"弃"》（载《鲁迅研究文丛》第二期）的注文中指出："鲁迅没有把'爱国主义'，这种现代概念的桂冠加在屈原头上，象某些屈原研究者所做的那样，这是他的治学态度的严谨处。但是屈原的这种眷怀宗国、宁死不屈的思想感情，完全可以作为一种养料，在现代人身上培养出爱国主义的花朵，这又是他所确信的。鲁迅自己的爱国主义，就有着屈原陶铸的力量。"

鲁迅以屈原的佳词美句，以屈原的心性和形象来陪伴自己、鼓舞自己。当他在"五四"以后革命文化统一战线分化之后自己感到孤军奋战，不免彷徨时，他将自己的第二本短篇小说集命名为《彷徨》，并且在扉页题上了屈原的诗句：

> 朝发轫于苍梧兮，夕余至乎县圃；欲少留此灵琐兮，日忽忽其将暮。吾令羲和弭节兮，望崦嵫而勿迫；路漫漫其修远兮，吾将上下而求索。

他借屈原优美诗句的"酒杯"，来浇自己的块垒。这不仅说明了鲁迅对于屈原的挚爱受到他的诗的影响，而且表现了他对于屈原那种执着追求、"九死未悔"的精神的继承。

当1931年，文禁如毛，鲁迅身处危境，友人劝他出国时，他在1931年2月18日致李秉中的信中感慨至深地说：

> 时亦有意，去此危邦，而眷念旧乡，仍不能绝裾经去，野人怀土，小草恋山，亦可哀也。

此时此地，屈原"眷怀故国"的精神在感染着鲁迅，自然地流泻于笔端了。

1933年，压迫更甚，斗争更残酷，如鲁迅所形容"时危人贱，任何人在何地皆可死"。此时，鲁迅在给日本友人的信中说："只要我还活着，就要拿起笔，去回敬他们的手枪。"同时，他在1933年6月28日致台静农的信中说：

> 仆生长危邦，年逾大衍，天灾人祸，所见多矣，无怨于生，无怖于死，即将投我琼瑶，依然弄此笔墨，凤心旧习，不能改也。

"九死未悔"的精神跃然纸上。这又明显地看出屈原的影响。

在鲁迅的优美动人的诗作中，直接引用或化用《离骚》诗句者，或立意、意境、风格颇有《离骚》风者，也不少。《湘灵歌》《无题·洞庭木落楚天高》《无题·一枝清采妥湘灵》《悼丁君》《报载患脑炎戏作》等诗，都跃动着屈原的诗魂，回响着《离骚》的清音。

综上所述，鲁迅受屈原的影响是深刻而久远的，从青年到老年，终身服膺，历久不衰。但要郑重指出的是，鲁迅对于屈原的继承和所受的影响，不是片断的、枝节的、局部的，远不限于美人香草的比譬之类，而是在总体精神上，在思想品格和志趣情操的整体方面，继承和发扬了屈原的思想文化遗产，这些成为鲁迅精神的组成因素。

鲁迅以屈原的眷恋故国的思想感情为养料，改造而成为伟大的爱国主义思想的组成因素，吸取其耿介直谏的精神，改造提高而成为同反动统治者、守旧势力斗争而"九死未悔"的彻底革命精神。同时，还把屈原那种遭谗被逐发为浩歌、郁为奇文，写作《离骚》的行为，改造提高为替人民呐喊、战斗而创作杂文的伟大创造，总之，鲁迅精神体现的是现代社会生活，充满着革命内容，并且在后期以马克思主义作为指导。

鲁迅对于屈原也并非只是简单的继承，完全给予肯定，而没有实事求是的批评。他在《摩罗诗力说》中指出，屈原较之西方诸国的摩罗诗人，所缺的是反抗的精神。因此鲁迅对屈原和《离骚》提出批评说：

> 然中亦多芳菲凄恻之音，而反抗挑战，则终其篇未能见，感动后世，为力非强。

与此评价相对照，鲁迅在《汉文学史纲要》中，一面赞扬《离骚》"逸响伟辞，卓绝一世"，一面只肯定它"后人惊其文采，相率仿效"。评价的重点，放在了艺术成就方面。到后来，鲁迅又把《红楼梦》里骂主的焦大比作屈原，他在《伪自由书·言论自由的界限》中说："所以这焦大，实在是贾府的屈原，假使他能做文章，我想，恐怕也会有一篇《离骚》之类。"又在《从帮忙到扯淡》中说，《离骚》"只是不得帮忙的不平"。1929年鲁迅在上海暨南大学所作的题为《离骚与反离骚》的讲演中指出，"牢骚与反牢骚都不是社会的叛徒"。可见鲁迅对于屈原精神是批判地继承的。在这方面，鲁迅对于庄子是有好感，而受到影响的。他在《汉文学史纲要·屈原及宋玉》中称道庄子的"蔑诗礼，贵虚无"。这是积极的方面。他也曾在《坟·写在〈坟〉后面》中说："就是思想上，也何尝不中些庄周韩非的毒。"这是从反面的总结（这一点我们后面将另作说明）。

另一个在反对旧传统、反抗流俗方面给了鲁迅影响的是魏末"竹林七贤"之一的嵇康。竹林七贤，鲁迅在《而已集·魏晋风度及文章与药及酒之关系》中说："他们七人中差不多都是反抗旧礼教的。"在这篇文章中，鲁迅对于嵇康与阮籍作了好的评价，尤其对于嵇康，鲁迅认为他的论文"比阮籍的更好",好在"思想新颖,往往与古时旧说反对"。鲁迅特别称道的是嵇康在《与山巨源绝交书》中所提出的大胆的口号:"非汤武而薄周孔"。嵇康是不顾"于生命有危险"而作此书的。这反映了他的反抗精神。鲁迅对嵇康的赞赏主要原因也在这里。

在《而已集·魏晋风度及文章与药及酒之关系》中,鲁迅对于曹操表示"总是非常佩服他",认为他是一个"很有本事的人,至少是一个英雄"。至于在写文章方面,鲁迅喜欢的是:

> 在曹操本身,也是一个改造文章的祖师,……他胆子很大,文章从通脱得力不少,做文章时又没有顾忌,想写的便写出来。

这里对于曹操的赞语,也是从反对旧传统方面着眼的。"竹林七贤"的另一个代表人物阮籍,也是鲁迅所称赞的:对阮籍的反抗旧礼教,鲁迅很赞赏,而对他的反得不如嵇康坚决、彻底,则提出了批评,指出阮后来变"好"了,做到"不臧否人物",而嵇康则一直到死都"坏"。对于曹丕、曹植两人,鲁迅也十分欣赏。其着眼点,也是在于他们的思想开阔,气魄宏伟、文采熠熠,勇于反抗旧传统,勇于改革文章,敢于开一代新风。对魏晋风度与文章,鲁迅是很有心得的。有人说鲁迅是"托尼学说,魏晋文章",此说虽然片面,但魏晋文章(首先是其精神)对鲁迅的思想品性的影响甚深,却也是确实的。

晚唐的罗隐、皮日休和陆龟蒙,鲁迅曾几次提到;对于他们,鲁迅所赞赏的也仍然以抗争为重心。他在《南腔北调集·小品文的危机》中称道罗隐的《谗书》,就是因为它"几乎全部是抗争和愤激之谈"。他注意搜集会稽郡先贤的遗文,集成《会稽郡故书杂集》,其指导思想也在于王思任所说的"会稽乃报仇雪耻之乡,非藏垢纳污之地",立意之所在也是发扬报仇雪耻的抗争精神和除去人类污垢的心意。他在该书序言中写了自己集录此书之动机:

> 书中贤俊之名,言行之迹,风土之美,多有方志所遗,舍此更不可见。用遗邦人,庶几供其景行,不忘于故。

鲁迅自幼热爱民间艺术,接触之广,涉及民间故事、戏曲、传说、唱本、画纸等许多方面,感触之深,以至于终身念念不忘。在这种对于民间艺术的爱好和所受的熏陶中,他所吸取的主要的内涵之一,也是反抗复仇的精神。他在《论雷峰塔的倒掉》中，以神往之情，优美地记叙了那位为了维护自己的纯洁爱情和和平生活的白娘子，如何激情地反抗法海和尚的破坏行动这个动人的民间故事。在他逝世前不久写的《女吊》中，他以重病垂危之身，却欢悦地记起和优美地描绘了人民塑造的复仇的女性形象，把自己的颂扬和愤恨分别送给复仇者和压迫者。在这篇优美无比的散文中，他提出了与同时期所写的杂文《死》中相同的思想：对压迫者、反动统治者的罪恶决不宽恕，不听信什么"中庸""犯而勿校"的说教，此情此心至死不渝。这表现了鲁迅的一贯的硬骨头精神。

综上所述，我们可以看到，鲁迅对于民族文化遗产的继承有几个特点。首先是择其优者而从之；其次，他的择取的重点，是至死不渝的爱国爱民的反抗斗争精神；第三，他是总体性继承的。他把中国历史上的杰出人物的思想品德，经过自己的融会贯通，形成一个总体，然后吸收。鲁迅杂文的渊源，在继承祖国优秀文化遗产上，首先的和主要的表现在这方面。

正因为是这种情况，所以我们可以说，鲁迅的杂文不是零枝碎叶地从我国民族文化传统中摘取资料，也不是浮光掠影地吸收一点皮相的东西，而是经过广采博收，深入钻研，经过咀嚼消化，经过改造，然后按时代之所急、历史之所需和自己之所爱加以汲取。正是在这个意义上，我们说，鲁迅的杂文，是我国优秀民族文化遗产的结晶，是他在对于我国优秀文化传统的高度素养的基础上产生的。

因此，也是在这个意义上，我们说，学习鲁迅的杂文，对于提高我们民族的思想文化，对于培养一代又一代人才，对于建立我国社会主义精神文明，都具有十分重要的意义。当然，我们说鲁迅对于祖国几千年优秀思想文化遗产的继承，是总体性的，是首先的和主要的；但是，却不能忽视他在艺术方面的继承与发扬。思想和艺术两个方面，本是祖国优秀文化遗产的有机构成部分，是不可分的。只是为了行文和述说的方便，为了眉目的清晰，我们才将两者分开来说。现在，我们就来看看鲁迅在艺术上是如何继承和发扬了民族文化传统的。

鲁迅在《汉文学史纲要》中，盛赞《离骚》的艺术风范。他拿《离骚》与《诗经》对比，指出：

较之于《诗》，则其言甚长，其思甚幻，其文甚丽，其旨甚明，凭心而言，不遵矩度。

又在记叙和论述《离骚》之产生与其艺术特色时指出：

其辞述己之始生，以至壮大，迄于将终，虽怀内美，重以修能，正道直行，而罹谗贼，于是放言遐想，称古帝，怀神山，呼龙虬，思佚女，申纾其心，自明无罪，因以讽谏。

鲁迅在这里对于《离骚》的艺术特质既有思想评价又有美学评论。他认为这部远古诗歌杰作的审美特色就是"其言甚长，其思甚幻，其文甚丽，其旨甚明，凭心而言，不遵矩度"；就是"放言遐想"，古帝神山，龙虬佚女，或称或怀，或呼或思，借这种神思幻想来寄怀放言。这既是一种具有优美动人、鲜明特色的审美格调，又是一种达到奇诡变幻、芳菲凄恻审美效果的艺术手段。

鲁迅在这里对于《离骚》艺术特征的概括是非常准确的，言长，思幻，文丽旨明，凭心而言，不遵矩度，这是它的美的构成，"称古帝，怀神山，呼龙虬，思佚女"是思幻而不遵矩度的艺术手段，其闻上天下地入海，神鬼人兽，芝芷桂椒，都扮演各自的角色，体现各自的内涵。这些，是对于《离骚》的概括评价，既是一种赞颂，也体现了鲁迅之所爱、所思、所慕与所学。在鲁迅的为数不多的旧体诗中，正体现了这样的艺术特征，有的直接脱胎于《离骚》。而在杂文写作上，言长、思幻与旨明，是一个普遍的特色，他的许多杂文"凭心而言"，坦诚真挚，直刺鸪的，不留情面，"不遵矩度"，样式多样。古帝神山，龙虬佚女，虽不常用，但神驰天外，心游八荒，天上人间地下，花木鸟兽鱼虫，确也十分活跃，扮演着匕首投枪式的角色，使他的杂文饱含着热情又闪着凛冽的寒光。鲁迅对于屈原的才思与《离骚》的美文，可谓心领神会，运用入化，首要的是把握住了它的美学规律，即内诚于中，郁为奇文，驰骋幻想，放言无惮。因而鲁迅的杂文艺术也体现出诗的美。

鲁迅对于庄子的文采，也是颇为称赞的，他说庄周"尤以文辞，陵轹诸子"。他具体地论述了庄子"文辞"之特点：

庄子名周，……著书十余万言，大抵寓言，人物土地，皆空言无事实，而其文则汪洋辟阖，仪态万方，晚周诸子之作，莫能先也。

鲁迅两次提到庄子为诸子之冠,说明他对庄子评价之高。按照鲁迅的总结与概括,庄子之高,在于运用寓言,空灵阔大,汪洋辟阖,仪态万方。这与屈原既有相通相似之处,又另有特色与个性。鲁迅的杂文中,曾广泛运用寓言故事,这是他吸收《庄子》艺术手法与美学特征的一种表现。空灵阔大的气象,是《庄子》的特色,鲁迅的杂文中,多论时世、品人事,但也确有不少杂文显示了空灵阔大之姿。鲁迅的杂文,题材之广泛,论题之众多,社会生活面之繁复,学科之驳杂,样式体裁之丰富,确实也够得上汪洋辟阖、仪态万方了。鲁迅常常为说明一个道理、为揭露一件恶行,而从各个方面,运用各种知识,征引各种故事来反复说明,层层深入。就单篇说,也够得上仪态万方了。

鲁迅对于《庄子》中的寓言故事也借取引用。其中对于"涸辙之鱼,相濡以沫"的故事,用得最多。或谈友谊,或抒爱情,引用再三。[①]庄子那个"蝴蝶梦、梦蝴蝶"的寓言,鲁迅也很爱好。他用这个故事写了小说《起死》,他也用这个故事写杂文,见于《南腔北调集·"论语一年"》:

> 我们虽挂孔子的门徒招牌,却是庄生的私淑弟子。"彼亦一是非,此亦一是非",是与非不想辨;"不知周之梦为蝴蝶欤,蝴蝶之梦为周欤?"梦与觉也分不清。生活要混沌。如果凿起七窍来呢?庄子曰:"七日而混沌死。"

此外,引用庄子之语句、词汇者,还有许多,在郭沫若的《庄子与鲁迅》中,列举得很多。

郭沫若说,庄子"立意每异想天开,行文多铿锵有韵,汉代的辞赋分明导源于这儿,一般的散记文学也应该推他为鼻祖。"这见地是颇深刻的。异想天开言立意,铿锵有韵称行文,《庄子》的艺术特点确乎在于此,鲁迅杂文之妙也有此种因素。不过"异想天开"对于鲁迅来说,则是见人之所未能见,想人之所未必想,言人之所未敢言。铿锵有韵,虽是杂文也往往对仗工整或四六相间,或长言短句,朗朗上口。这也是鲁迅杂文语言上的特点。

---

① 鲁迅有诗赠许广平,云"十年携手共艰危,以沫相濡亦可哀。"又送所译《毁灭》给叶圣陶时,曾致函说:"聊印数书,以贻同气,所谓相濡以沫,殊可哀也。"

在《汉文学史纲要》中，鲁迅虽然认为比起庄子来，"晚周诸子之作，莫能先也"，但是，他并不完全鄙薄诸子。韩非是鲁迅自言曾经中过他的毒的①，自然是受到了影响的。韩非作为战国时期最后一位思想家，博采诸家之要旨，形成独具特色的刑名法术之学。他主张要刚强有为，宣称"我不怕昏君权臣，宁愿遭死亡的祸害，一定要替众庶百姓谋利益"。

这，大概即鲁迅归纳为"峻急"的内容了。韩非著述，以峻急为内容，然而也喜用寓言、故事（"涸泽之蛇""守株待兔"的故事就是《韩非子》中的著名寓言与故事）来帮助说理，这一点先秦诸子都如此，庄子最突出，而韩非子与荀子也颇出色。《韩非子》中的文章，也往往运用艺术手段来申说道理，既富文采，亦具论理，其行文论说，"逻辑谨严，结构严密，分析深入，文字丰赡"②，也是颇有美学成就的。鲁迅既爱《韩非子》，自然要受其影响，吸取其论说行文之长，以助自己的杂文创作。鲁迅杂文的议论风生、说理透彻、分析深入、文字丰赡，得益于《韩非子》也是一个方面的因素。

孔孟虽为鲁迅所反对、批判，他在《坟·写在〈坟〉后面》中说过："孔孟的书我读得最早，最熟，然而倒似乎和我不相干。"然而这里无论是"不相干"，还是反对，都是指思想上的关系。至于艺术上、技巧上，正由于读得最早、最熟，仍然受其影响。鲁迅一贯主张要向任何人包括敌人学习。他在《准风月谈·由聋而哑》中甚至说即使是浊流，"但蒸溜了浊流的一部分，却就有许多杯净水在"。鲁迅对于孔孟之书，在"蒸溜了"他们的"浊流"之后，何尝没有汲饮"净水"？比如《论语》《孟子》都是长于说理的，或比譬形容，或微言大义，或"声东击西"，或寓言喻意，有的刻画了人物的神情语态，有的议论风生，富于形象性。尤其孟子，既长于运用寓言故事，又能阐述义理，并且感情充沛，简约含蓄，蔚为大观。孟子的这些优点，也是为鲁迅所吸收了的。鲁迅杂文在议论上的逻辑严谨细密，感情充沛昂扬，语言犀利泼辣，也受到了孟子的影响。

---

① 他在《坟·写在〈坟〉后面》中说："就是思想上，也何尝不中些庄周韩非的毒，时而很随便，时而很峻急。"

② 中国科学院文学研究所、中国文学史编写组：《中国文学史》，人民文学出版社，1962，第90页。

此外，先秦诸子的雄辩，扬己之长、贬人之短，"以子之矛攻子之盾"，以故事喻理，以哲理服人，理而情、情而文，等等，均可说是统一的风格、共同的成就。鲁迅熟读经史，耳濡目染，自然也会得其教益，受其熏陶，而融进自己独具的艺术个性之中。

魏晋风度与魏晋文章不可分，文如其人，一代风范体现于文章之中就成为一代文风。除了嵇、阮之外，这整个"一代风流"，鲁迅也都是继承了的。鲁迅对于魏晋文学有较深的研究。这大概与他少年时代之境遇喜好有关。他少年时代家道中落，又处于社会动乱的时代，再加上他的艺术气质，自然地喜爱《离骚》，也喜爱"乱世文章"。后来，他更受业于非常推崇魏晋文章的章太炎先生，受到甚深的熏陶。他对于这一代文风的清峻、通脱、悲凉、慷慨知之甚深，他的杂文，也颇具这种气息。

在鲁迅的杂文艺术中，还蕴含着我国民间艺术、民间文学的影响。他从小热爱民间艺术，受过很深的熏陶。在少年时代，他的最初的文艺兴趣，就是受民间文艺的启发产生的。《山海经》的海天奇闻、《白蛇传》的优美传说、《老鼠招亲》的有趣图画、各种小说绣像的生动人物形象、迎神赛会上的活无常等，都给他以启发，有些成为他后来创作的素材和写杂文的资料。

民间戏曲对于鲁迅的杂文创作的影响也是不可忽视的。在《女吊》中，他细述了一个复仇女性的形象，那着笔的细腻、优美、生动，那形象的感人，即源于少年时代感交之深。在《门外文谈》中，鲁迅对于目连戏中插演的《武松打虎》等短剧的诙谐幽默与讽刺，给予了很高的评价，认为与伊索寓言相比，也不逊色。可以想见，鲁迅对民间艺术赞赏备至了，以至成为日后孕育他自己行文的艺术特色的一个因素。

鲁迅杂文在语言上的杰出成就，是同继承我国优秀文学语言分不开的。犹如在思想、风格、意境、审美特性等方面有所选择一样，他的择取是《离骚》、《庄子》、魏晋文章、"竹林七贤"、晚唐三名家（罗隐、皮日休、陆龟蒙）的语言精华，主要是在气势、格调、韵味、文采，以及遣词用句的技巧方面。总之，鲁迅的杂文从思想与艺术两个方面都继承了我国民族文化的优秀传统。

我们在研究鲁迅杂文艺术的民族、民间渊源时，不能不提到他在这方面的几个特点。

这几个特点是:

（1）以掌握气势为主。鲁迅学习、精研民族文化传统，注意的是掌握其气势。这在他的文章、言论中是说得很多的。他在评论曹丕时指出:

> 曹丕做的诗赋很好，更因他以"气"为主，故于华丽以外，加上壮大。

接着，他又说:

> 归纳起来，汉末、魏初的文章，可说是:"清峻，通脱，华丽，壮大。"

这里，鲁迅所论曹丕的特点，就是它的气势，并且由此归纳了汉末魏初的文章的特色。

所谓气势，可以说就是文章的风格、气韵、势派，它是作者的思想、感情、志趣、文采、美学理想的统一体。鲁迅在对《离骚》《庄子》等的评语中，都是提纲挈领地总揽其气势的。

同时，鲁迅的运用传统，也是以气为主，得其精神，用其气韵，而不是枝节皮相的仿效。

（2）以独创为贵。鲁迅在《华盖集续编·不是信》中说:

> 诗歌小说虽有人说同是天才即不妨所见略同，所作相象，但我以为究竟也以独创为贵;……

鲁迅的杂文，可贵的就是他的独创性，不与任何人的文章略同和相像，不是仿造与赝品，而是独创的精品。他之所以能做到这一点，是同他的以掌握气势为主分不开的。唯其以学习运用传统的气势为主，所以能够做到独创佳作，而不与人雷同。

（3）在学习、吸收的过程中，在民族形式中注进了时代内容与社会内容。无论是雄辩也好、驳难也好，还是抒情也好、记叙也好，也无论是慷慨、悲凉、通脱、激越、清峻，还是讽刺、幽默、诙谐、调侃、戏谑，都响着时代的声音、人民的声音、社会生活的声音。《记念刘和珍君》的慷慨悲歌、凄切悱恻之中，充满了对年青一代的敬与爱，对屠杀者的仇与恨;《灯下漫笔》《春末闲谈》等杂文的娓娓而谈，层层深入，文意隽永，言旨鲜明，内中都蕴含着对于封建思想文化的批判、抨击。像《我要骗人》《"友邦惊诧"论》《论秦理斋夫人事》等类杂文，放言无惮，慷慨激越，都渗透着对反动统治者的揭露抨击，对社会历史尘垢的剖析批判。在《"题未定"草》《病后杂谈》这类杂文中，抨击时事、臧否人物之意，寓于谈史说书、叙述精妙之中。而在《无花的蔷薇》《小杂感》这类短小的杂文中，于精练、泼辣、冲决无忌中，显出了对当面之敌的深仇大恨。这些，都是那些历史上久负盛名的作家们笔下所没有，也不可能有的。从这里，也就产生了鲁迅对于传统的改造、提高与发展。因此，也使他的杂文有着超越前人的创造性。

（4）鲁迅从传统中所摘取的是最优秀的部分。这种取，不是出于个人兴趣的随意而为，而是体察革命的需要、时代的脉搏、改革的要求，有选择地阅读、欣赏和吸取民族文化的精华，培育了自己的民族文化的艺术思想与美学理想这一点，这正是鲁迅区别于他的同时代人的地方。胡适、周作人、钱玄同、刘半农等名震一时的五四新文化运动的干将们，对于自己民族的传统文化，何尝没有知识、没有研究、没有爱？何尝没有吸取、采摘和运用？他们的作品，也同样具有民族的风格和特点。然而，他们或者曾经赞助、推动改革，后来又脱离改革甚至反对改革；或者向来就只言改良，而不欲革命；或者曾经对古代文化以形而上学态度对之，有时彻底否定，完全反对，有时又迷恋骸骨，食古不化；有的出于名士气，偏好文化传统中的消极东西，或者出于反动政治需要和文化需要而弄烂古文，把肉麻当有趣，以玩笑为正经。总之，在根本上，他们学习、钻研、采取、运用的是民族文化传统的另一部分，或者并非主要的精华，或者甚至是糟粕。周作人醉心明人小品，在"杀人如草不闻声"的动乱危殆年月里大谈闲适，终于自身堕落，遭到唾弃。兄弟异道，这是最明显的例证了。

二、横览欧亚，取英美之新说，采外国之良规，融会贯通，创民族之新声

鲁迅在《且介亭杂文·〈木刻纪程〉小引》一文中说："采用外国的良规，加以发挥，使我们的作品更加丰满是一条路；择取中国的遗产，融合新机，使将来的作品别开生面也是一条路。"这里所谈的虽然是美

术问题，但其原则，也适用于文学。鲁迅的杂文，正是择取中国的遗产，融合新机，而别开生面的作品。但同时，他的杂文的渊源，也还有着对于外国文苑精华的借鉴。其方针也正是"采用外国的良规，加以发挥"，使自己的作品更加丰满。

鲁迅在借鉴外国方面，也同继承传统方面一样，是取己所需的；而其需也与继承传统相通：是以爱国爱民、反抗斗争、放言忌俗、文情并重为重点。早在他介绍摩罗诗人，并借摩罗诗人之"酒杯"，抒爱国重文之"块垒"时，他就明确宣言他的所需所取是什么。他在《坟·摩罗诗力说》中说：

> 今则举一切诗人中，凡立意在反抗，指归在动作，而为世所不甚愉悦者悉入之，……凡是群人，外状至异，各禀自国之特色，发为光华；而要其大归，则趣于一：大都不为顺世和乐之音，动吭一呼，闻者兴起，争天拒俗，而精神复深感后世人心。绵延至于无己。
>
> …………
>
> 上述诸人，其为品性言行思惟，虽以种族有殊，外缘多别，因现种种状，而实统于一宗：无不刚健不挠，抱诚守真；不取媚于群，以随顺旧俗；发为雄声，以起其国人之新声，而大其国于天下。

鲁迅所注目的，仍然是他们的品性言行这个总体性的内涵。他承认他们的民族特点和自身的个性，但又指出他们是"统于一宗"的。他所赞赏而且要取法的，正是这些摩罗诗人的爱国爱民、刚健不挠、发为雄声的性格。在《摩罗诗力说》中，他对拜伦、雪莱、勃兰兑斯、裴多菲、莱蒙托夫、果戈理、密茨凯维兹、尼采等人，都各有颂词评语，所突出的也是诸诗人的这方面的特点。日后，他仍然不时提起，这些诗人曾经如何使自己感奋，自己如何受到他们的影响。他在《坟》的《题记》中说："其中所说的几个诗人，至今没有人再提起，也是使我不忍抛弃旧稿的一个小原因。他们的名，先前是怎样地使我激昂呵，民国告成以后，我便将他们忘却了，而不料现在他们竟又时时在我的眼前出现。"这段写于1926年10月的文字，不仅追忆了这些摩罗诗人们曾经怎样使他激昂，而且诉说了今天（他正在从事艰苦斗争的时期）他的眼前又常常出现这些摩罗诗人的形象了。于此可见，他受这些诗人影响的深而且远，更说明他所取于这些诗人身上的是反抗斗争、发为雄声的精神。鲁迅之写作杂文以及他的杂文艺术之成就，就有着这些摩罗诗人的诗情与品性、思想与文采。

鲁迅特别赞美拜伦的精神品性、道德文章。他在《坟·摩罗诗力说》中说：

> 乃超脱古范，直抒所信，其文章无不函刚健抗拒破坏挑战之声，……。索诗人一生之内閟，则所遇常抗，所向必动，贵力而尚强，尊己而好战，其战复不如野兽，为独立自由人道也，……故其平生，如狂涛如厉风，举一切伪饰陋习，悉与荡涤，瞻顾前后，素所不知；精神郁勃，莫可制抑，力战而毙，亦必自救其精神；不克厌敌，战则不止。而复率真行诚，无所讳掩，谓世之毁誉褒贬是非善恶，皆缘习俗而非诚，因悉措而不理也。

后来，鲁迅在1925年写的《坟·杂忆》中，再次提起拜伦时，重忆并阐述了他之喜爱拜伦的原因：

> 有人说 G. Byron 的诗多为青年所爱读，我觉得这话很有几分真。就自己而论，也还记得怎样读了他的诗而心神俱旺，尤其是看见他那花布裹头，去助希腊独立时候的肖像。

> ············

> 其实，那时 Byron 之所以比较的为中国人所知，还有别一原因，就是他的助希腊独立。时当清的末年，在一部分中国青年的心中，革命思潮正盛，凡有叫喊复仇和反抗的，便容易惹起感应。

从这两段回忆与论述中我们清楚地看到，鲁迅对于拜伦的诗魂与诗情所感应的是什么、所择取的是什么。鲁迅在这里对拜伦的评语，不就是鲁迅一生思想言行的写照吗？不就是鲁迅杂文艺术的思想艺术特征的很好概括吗？

榜样与楷模，往往如此：他被后人所认识，他的精神品性被后人所概括、提炼、归纳，形成一种思想道德精神的规范，为人所景仰、敬慕、吸收、学习、仿效，更使之发扬光大。它像火，点燃后继者内心的火苗；它像油，浸渍后继者的身心，渗出自身的油汁。拜伦之于鲁迅，正是这样的。这正是鲁迅创作杂文从外国借鉴、吸收营养的最主要的方面。

鲁迅曾经多次拿莎士比亚作比，说他不愿同诗人一样去陪莎士比亚吃黄油面包。此处并无丝毫轻侮莎士比亚之意，事实上，他对莎士比亚是尊崇的、评价很高的，在《摩罗诗力说》中，他曾经为了评价雪莱之热忱雄辩而以莎士比亚比之，可见对莎氏的尊崇。鲁迅这样说时，主要是以"诗人们"虚拟吹嘘的莎氏形象作比，来表达他的宁可在风沙中搏斗而不肯去进"艺术之宫"里陪大作家见上帝吃糖果的决心。鲁迅在这里不仅表明了他对拜伦的价值之所在的看法，更重要的是：他对自己规定了一条为拜伦所曾走过，而且为之作出牺牲了的道路；这条道路就是为民抗争、为国捐躯、将个人生死置之度外的献身祖国与人民的道路。鲁迅从事杂文创作的道路就是这样一条道路。

鲁迅还在《坟·摩罗诗力说》中称赞英国另一早逝的诗人雪莱，说他的诗之所函，"有无量希望信仰，暨无穷之爱，穷追不舍，终以殒亡"。他赞美雪莱早年即"早萌反抗之朕兆"，以后"性复狷介"，"不得不与社会战"，"终于壮龄而夭死"。鲁迅称赞波兰爱国诗人密茨凯维兹的，是他"所为诗，有今昔国人之声"，"诸凡诗中之声，清澈弘厉，万感悉至，直至波兰一角之天，悉满歌声，虽至今日，而影响于波兰人之心者，力犹无限"。后来，鲁迅在《集外集·〈奔流〉编校后记（十一）》中回顾这段文字之写作时，又曾说：

> A Mickiewicz（1798—1855）是波兰在异族压迫之下的时代的诗人，所鼓吹的是复仇，所希求的是解放，在二三十年前，是很足以招致中国青年的共鸣的。我曾在《摩罗诗力说》里，讲过他的生涯和著作，后来收在论文集《坟》中；……

而在《〈"题未定"草〉（三）》中，他则说：

> "绍介波兰诗人"，还在三十年前，始于我的《摩罗诗力说》。那时满清宰华，汉民受制，中国境遇，颇类波兰，读其诗歌，即易于心心相印，……

对于俄罗斯诗人，他称赞普希金的"文特富丽"，以及他对于俄罗斯文学的奠基者的作用，但是，却责他后来"立言益务平和，凡足与社会冲突者，咸力避而不道，且多赞诵"。并且，拿来同莱蒙托夫比较，责普氏之"终服帝力，入于平和"，"而来尔孟多夫①则奋战力拒，不稍退转"。鲁迅对于果戈理，则称赞他的"以不可见之泪痕悲色，振其邦人"。

综合上面鲁迅对于欧俄诸诗人的评论，足见他所取法于这些伟大的"摩罗诗人"的是什么精神品德，其重点与核心仍然是刚毅雄健、反抗斗争、献身人民。这与鲁迅向民族传统文化所吸收的，在总体上是相通的、一致的，出发点与归宿是同一的。然而这些异域诗人的大不同于本国诗人的、特异丰赡的生活经历、思想品性、创作方法与风格，又给予鲁迅新的素质、新的启发、新的形式、新的境界。这些方面的所得，不仅被鲁迅纳入自己的思想艺术个性之中，而且特别通过他的杂文艺术，突出地表现出来。

当然，鲁迅对于这些伟大诗人的择取，主要的也同样是立意、气势、神韵、总体技巧这些方面。这使得他的创作杂文，不仅站在中外文化素养的很高的基础上，而且站在中外文化的思想品格的很崇高的境界中；同时也就使他的杂文艺术，成为这种中外文化的结晶，而表现为一种文化素质很高、立意很深、内涵极丰的作品。他当然不能直接从拜伦、雪莱、莱蒙托夫、裴多菲、密茨凯维兹这些诗人和他们的作品中去吸取杂文写作的技巧，然而他确实从这些伟大诗人的人格和作品中学到了创作杂文和创造杂文艺术的精华与魂灵。鲁迅之高出于其他作家，这是一个重要的因素，鲁迅杂文的杰出成就之取得，这也是一个重要的因素。

然而，鲁迅还不止于此。他还从不少外国作家和作品中，汲取了可以直接用于杂文创作的营养。鲁迅在《华盖集·忽然想到（二）》中说过：

> 外国的平易地讲述学术文艺的书，往往夹杂些闲话或笑谈，使文章增添活气，读者感到格外的兴趣，不易于疲倦。但中国的有些译本，却将这些删去，单留下艰难的讲学语，使他复近于教科书。这正如折花者，除尽枝叶，单留花朵，折花固然是折花，然而花枝的活气却灭尽了。

① 来尔孟多夫，即莱蒙托夫。

鲁迅在这里提出了一个一般性艺术原则：为了增添文章的活气，使读者感到兴趣，不生厌倦，有时需要在文章中夹着些闲话和笑谈，他认为，这种技巧在外国的平易地讲述学术文艺的书中，是常有的，运用得很好。他认为译这类书而将这种闲话或笑谈删去，是折花去枝，使花枝丧尽活气，使文章失去吸引力。他的这种赞赏，也就是一种学习的表示。他在杂文写作的实践上，也确是这样学习和运用了的。他在总结自己的杂文创作时，在肯定了它的特点也是优点时，也同时指出了它的这种特点带来的缺陷。他先说："自己好作短文，好用反语，每遇辩论，辄不管三七二十一，就迎头一击。"这是他的杂文的特点和优点。但是，由于这些特点的存在，有时也就不能很畅达。而他认为"畅达也自有畅达的好处"。他以钱玄同的文章为例说："例如玄同之文，即颇汪洋，而少含蓄，使读者览之了然，无所疑惑，故于表白意见，反为相宜，效力亦复很大。"而对比起来看，他自己的文章的特点，优点之外，又有其弱点，这就是："我的东西却常招误解，有时竟大出于意料之外，可见意在简练，稍一不慎，即易流于晦涩，而其弊有不可究诘者焉……。"①

正因为鲁迅有这样两方面的看法和创作的感受，所以他一方面注意吸收外国作品中的这种长处，另一方面，也用来改革自己的文章。他的杂文中，有一种类型，就是常常夹杂一些"闲话或笑谈"的，这里面，有故事、有笑话、有典故，初看往往是无关紧要的，但是，却使文章增添了活气，具有吸引力。这往往成为鲁迅杂文的特异色彩和优长于同类作家和同类作品之处。当然，他的这种技巧，总是用于那些篇幅较长、主题较丰、议论较多的杂文中。在《坟》中的几篇独具格调、风彩特异的杂文中，这一技巧的运用是很多的、比较突出的。如《说胡须》，一开头说到游西安、回来后朋友们打听印象；然后转入胡须长了、将它剪为"一"字，再回到游西安、曾见古代帝王像上的胡须是"上翘的"和同行者的议论，自己的感想等，由此逐渐进入正文与主题，而后来又插入自己十六七年前自日本回来时因为留着上翘胡子而被视为洋人的一段遭遇。在这些文字中，"闲话""笑谈"确是不少的，然而却于闲谈中从容进入主题，于叙谈中以"闲话与笑谈"抓住了读者。在《论照相之

---

① 以上引文均见《两地书》（1925 年 4 月 14 日）。

类》中，此类闲笔，似乎满篇皆是，然而读来却令人兴味盎然，而且社会生活的风貌亦见于其中。《看镜有感》与《春末闲谈》，一个从古镜及其上的"蒲陶与海马"谈起，一个从细腰蜂的负青蝇开头，有典故、有故事，古今中外的文史知识、科学常识，都在其中。《灯下漫笔》一文的漫谈性质也很浓，同样是故事、知识随处皆见，夹着闲话与笑谈。至于《论"他妈的!"》，那闲话与笑谈就更多了。

鲁迅这样写，使得文章生动活泼，跌宕多姿，文词丰赡，具有一种自然的吸引力。在这种地方，固然有从我国古代文章中所得的益处，但这种流丽畅达、开阔庞杂、旁征博引的做法和技巧，肯定也是得益于他所称赞的这类外国作品的。当然，这样做，一是不容易。它要求作者有广博的知识、高深的学识。二是不易做得好。鲁迅信笔写来，兴之所至，涉笔成趣，似乎是信手拈来，随意而言，但却能放得开收得拢，无枝蔓拖沓之嫌，也无啰唆累赘之弊，而是恰到好处，生花显采，给人以艺术享受。这却是一般作家所难做到的了。三是不落调笑滑稽、插科打诨、嬉皮笑脸、耍贫嘴、掉书袋、卖弄才学的庸俗格调。鲁迅的杂文作品，却是完全没有这样弊病的。比如前举《坟》的几篇杂文，虽然有许多笑谈、故事、典故、文史科学知识等，但都运用得恰到好处，不枝不蔓，不拖泥带水或漫无边际，而是有放有收、有节有制，而且叙述得生动活泼、文采斐然。这些，更是鲁迅的高超之处，也是值得我们从他的杂文艺术中认真学习体会的。

鲁迅受俄罗斯文学的影响是很深的。冯雪峰曾在《鲁迅的文学道路》中说："鲁迅和俄罗斯文学的关系，是和他的文学活动相始终的。鲁迅是最早以革命的动机及目的，介绍和翻译俄罗斯文学的人。"他所受俄罗斯文学的影响，当首推果戈理。鲁迅从始至终对这位异国作家怀着敬佩之心，并且要把他介绍给国人，把他的作品翻译到我国来。在写《摩罗诗力说》时，他就给了果戈理很高的评价，以后又移译多种果戈理的作品，直到晚年还费很大力气去译《死魂灵》。鲁迅对果戈理的喜爱，正如他在《坟·摩罗诗力说》中所说，首先是因为果戈理一生"以其不可见的泪痕悲色，振其邦人"。这一艺术立意与艺术特色，都是符合鲁迅的思想与美学理想的。这句鲁迅评价果戈理和他的作品的话，我们同样可以用来评价鲁迅和他的作品。同时，果戈理的讽刺大师的作用和才华，也是为鲁迅所十分赞赏而受到其影响的。鲁迅讲过，讽刺的生命是真实。而鲁迅认为果戈理的第一大特点，就是他的写实的本领和这种本领所创造的作品的无比的真实。鲁迅在《译文序跋集·〈鼻子〉译者附记》中指出：

> 果戈理（Nikolai V. Gogol 1809—1852）几乎可以说是俄国写实派的开山祖师；他开手是描写乌克兰的怪谈的，但逐渐移到人事，并且加进讽刺去。奇特的是虽是讲着怪事情，用的却还是写实手法。

鲁迅在《〈死魂灵百图〉小引》中说，他"不得不叹服他[1]伟大的写实的本领"。鲁迅自己同样具有"伟大的写实的本领"。这本领自然并非无本之木、无源之水，这本源之中，也就有着果戈理的影响在。

鲁迅在1935年5月17日致胡风的信中说：讽刺的本领是"精炼"与"夸张"。[2]而果戈理的本领，正如鲁迅所称赞："他的讽刺是千锤百炼的。"果戈理的讽刺与写实的独特与优秀，还在于鲁迅在《几乎无事的悲剧》中所指出的："那独特处，尤其是用平常的事，平常的话，深刻的显出当时地主的无聊生活。"于平常处见人之所未能见，以平常事、平常话而能写出深刻的不平常的作品。这正是鲁迅的本领、本色。鲁迅与果戈理实可媲美。然而他又超过了果戈理。青出于蓝而胜于蓝。鲁迅确曾受到果戈理的影响，师法过果戈理，然而，无论是小说《狂人日记》，还是杂文，鲁迅的作品，都超过了果戈理的作品。

日本小品随笔以及一般讲学术文艺的文章，独具特色，颇有民族风格。它们行文晓畅清顺，言事从容透迤，亦时有诙谐、幽默夹杂其间，有的常有忍俊不禁的讽刺的微笑。总之，文章是颇有风致的。鲁迅在日本留学多年，读了大量日本作品，回国以后，也仍然大批购读日本书籍，并且翻译日本作品不辍。他对日本小品随笔以及一般学术文艺论说文章是喜爱的，并且颇有研究。因此也就自觉地择取和吸收，还有不自觉的潜移默化的影响。鲁迅对于日本的许多作家都颇熟悉和赞赏，而注目的重点也同样在于这些作家的违世抗争之精神品德和闪耀着才华的艺术技巧。他在《我怎么做起小说来》这篇文章中回忆自己学习外国的经

---

① 指果戈理。

② 《且介亭杂文二集·什么是"讽刺"？》："有意的偏要提出这等事，而且加以精炼，甚至于夸张，却确是'讽刺'的本领。"

历时，曾经说，他的总立意是："所求的作品是叫喊和反抗。"在此范围之内的，除东欧、俄罗斯之外，他说："日本的，是夏目漱石和森鸥外。"夏目漱石的作品富有讽刺和批判的精神，他的代表作《我是猫》揭露了当时日本社会的黑暗，中篇《哥儿》对于教育界的腐败给予了辛辣的讽刺。鲁迅在《译文序跋集·〈现代日本小说集〉附录关于作者的说明》中称赞这些小说"是明治文坛上的新江户艺术的主流，当世无与匹者"。对于森鸥外，鲁迅欣赏的是他的作品通过讲故事"借来影射他的本国"。他在《译文序跋集·〈壁下译丛〉小引》中称赞长谷川如是闲说："此人观察极深刻。"对于片上伸，他则在《译文序跋集·〈现代新兴文学的诸问题〉小引》中说："我总爱他的主张坚实而热烈。"他赏识武者小路实笃的《一个青年的梦》，在《译文序跋集·译者序》中说道："将他看完，很受些感动：觉得思想很透彻，信心很强固，声音也很真。"他特别加以称赞的是厨川白村，在《译文序跋集·〈出了象牙之塔〉后记》中，称他是"辣手的文明批评家"，是"敢于这样地自己省察，攻击，鞭策的批评家"。他在1933年11月2日致陶亢德的信中说，他认为厨川死于日本大地震之后，日本"随笔一类时有出版，阅之大抵寡薄无味，可有可无，总之，是不见有社会与文艺之好的批评家也"。综合这些评论，我们可以看到鲁迅注目、赞赏，因而也是注意学习、会要受到影响的，是日本进步作家们的对于社会黑暗的深怀不满、观察深刻、思想透彻、意欲改造，使用文学这武器，运用讽刺的手段，来揭露和批判；他爱他们的声音之真诚、心情之热烈、态度之坚实。这是鲁迅于立意在反抗、心系于祖国的指导思想下，伸手向东土邻国文苑所要采摘的特殊花朵，向它们吸取的散发异番的蜜，并以此融汇于从世界艺苑中吸取的花露鲜蜜，酿造了他的总体思想与艺术的"百花蜜"。他对于厨川的称赞，正可以作为他自己的概括："辣手的文明批评家"，"敢于这样地自己省察，攻击，鞭策的批评家"。鲁迅曾翻译厨川白村的《苦闷的象征》和《出了象牙之塔》以及鹤见祐辅的《思想·山水·人物》。他对这两位日本作家和他们的作品是欣赏的。他对于他们的赞赏在于两个方面，一是他们对于自己国家和人民的缺点、弱点以及社会文明的消极面的不留情面、内热外冷的揭露与抨击。鲁迅在《出了象牙之塔·后记》中称赞厨川白村和他的《出了象牙之塔》说："但从这本书，尤其是最紧要的前三篇看来，却确已现了战士身而出世，于本国的微温，中道，妥协，虚假，小气，自大，保守等世态，一一加以辛辣的攻击和无所假借的批评。"又说："作者对于他本国的缺点的猛烈的攻击法，真是一个霹雳手。"又评价《从灵向肉和从肉向灵》说："这也是《出了象牙之塔》里的一篇，主旨是专在指摘他最爱的母国——日本——的缺陷的。"于此可见他着眼和会心的是厨川出自爱国之心的对于本国缺点的揭露。

第二个方面是："他山之石，可以攻玉。"鲁迅想借这些外国的批评，来惊醒自己的国人。他说，对于厨川白村对他本国的批评，"就是从我们外国人的眼睛看，也往往觉得有'快刀断乱麻'似的爽利，至于禁不住称快"。又说："这就是所谓'痛快'罢？我就是想借此先将那肿痛提醒，而后将这'痛快'分给同病的人们。"他说到厨川白村的批评时还曾说："他所狙击的要害，我觉得往往也就是中国的病痛的要害，这是我们大可以借此深思反省的。"又说："多半切中我们现在大家隐蔽着的痼疾，尤其是很自负的所谓精神文明。现在我就再来输入，作为从外国药房贩来的一帖泻药罢。"①对于鹤见祐辅，他在《译文序跋集·〈思想·山水·人物〉题记》中称赞他的杂文《北京的魅力》说："爽爽快快地写下去，毫不艰深，但也分明可见中国的影子。"

鲁迅这样激赏厨川白村和他的作品以及这激赏的原因，突出地表明他看重的是厨川的以"现战士身出世"，对于自己所"最爱的母国"的缺点，给以辛辣的攻击和无所假借的批评。他是猛烈攻击本国缺点的霹雳手。激赏之情，就是一种学习之心的感情表现。他是很自然而又很自觉地接受厨川的这种影响的。他把这些作品翻译过来，既是从外国药房贩来一帖泻药，也是要吸取其精神与技巧，自己来"炮制"这泻药。鲁迅翻译这些作品，正是他写作《华盖集》及续编中诸多杂文，处于杂文创作的第一个开辟期，那影响，首先可以在他以战士之身向旧社会、向古文明、向人民自身的弱点开战的战斗精神上；而题材和战斗领域的开拓，是第二个方面。正是从此时期开始，鲁迅打出了"社会批评"与"文明批评"两面旗帜，在他这时期的杂文中，在揭露抨击反动统治者的倒行逆施的同时，互相渗透与结合地揭露、抨击、批判了他"最爱的母国"的"微温，中道，妥协，虚假，小气，自大，保守等世态"。确

---

① 以上均引自《鲁迅全集·译文序跋集》。

实，那含着泪的讥刺，也是十分辛辣、很是猛烈的。以后，他一直坚持了这一做法，对旧中国的落后、愚昧、保守、腐朽的人情世态作无情的揭露与批判，这在他的后期杂文中是一以贯之的，尤其在《南腔北调集》《伪自由书》《准风月谈》《花边文学》这几本杂文集中，更表现得明显而突出。从鲁迅对于日本诸作家艺术特色的评价中，可见他的美学见解和他对于外国作家所欲择取的艺术花粉是什么。他在《译文序跋集·〈现代日本小说集〉附录关于作者的说明》中赞赏夏目漱石作品的"以想象丰富，文词精美见称"，文笔"轻快洒脱，富于机智"。在《译文序跋集·〈沉默之塔〉译者附记》中，他称赞森鸥外"讽刺有庄有谐，轻妙深刻"。在《译文序跋集·〈苦闷的象征〉引言》中阐述厨川白村的艺术成就时，他赞叹地说："非有天马行空似的大精神即无大艺术的产生。"鲁迅的这些评语是非常妥切的。日本写得好的随笔小品和讲学术文艺的文章，确是或者轻快洒脱，富于机智；或者轻妙深刻，讽刺有庄有谐；有的文字，开阔恣肆，天马行空。这些文章大都形成一种枝叶伸展、轻曼飘荡，如行云流水，缓淌轻泻的风韵。或有讽刺，亦庄亦谐，不见剑拔弩张之势，颇具笑里藏刺的韵味；或有幽默，娓娓而言，不着痕迹，自然隽永。这些读起来都是颇有味道的。

从鲁迅的杂文作品中，可以发现这种文学风格上的日本文学的影响。这有两种情况。一种是在整体艺术构成中，潜存着这种因素。它们不是很明显的，但确实存在。另一种则是单篇的作品，比较集中、突出、明显地表现出这种日本文学，特别是日本随笔小品的影响。属于前一种的，我们能够比较明确指出的，就是鲁迅杂文中有一批作品以叙事之中夹着议论，或以揭露批判社会生活中的落后、黑暗面为主的，或以揭示和批判民众身上存留的落后面为主的，不是抗争、战斗、驳难为主的杂文，在叙事状物、描写故事人物中，侃侃而谈，娓娓动听；有含情的讥刺、有以幽默出之的委婉的批评，其中，有时确乎流露出日本小品的影响。这在《坟》中的几篇杂文中，以及后期的这类品格的杂文中，都是体味得出来的。后一种情形，则表现于几个方面。一是在那些以日文写作的杂文中，表现得特别明显。这大概因为鲁迅能够娴熟地运用日语思考、构思和写作，很自然地便带来了日本文学的深厚影响。当翻译出来时，自然现出这种影响的痕迹。同时，由于同样的原因，在表现方法、格调以及遣词用句方面，也自然地具有了日语风味。当然，鲁迅既然用日语为日本读者写作，也就要有意地采取这种日本读者熟悉的风格来表现了。这些文章有《看萧和"看萧的人们"记》《关于中国的两三件事》《内山完造作〈活中国的姿态〉序》《在现代中国的孔夫子》《〈中国小说史略〉日本译本序》《陀思妥耶夫斯基的事》《我要骗人》《"中国杰作小说"小引》等。它们都是先用日语写就，然后回译的。那风格之与日本随笔小品一致处，是很明显的。像《关于中国的两三件事》中，便有这样的描述、议论：

> 那"信"，在满洲出版的杂志上，是被译载了的，但因为未曾输入中国，所以像是回信的东西，至今一篇也没有见。只在去年的上海报上所载的胡适博士的谈话里，有的说，"只有一个方法可以征服中国，即彻底停止侵略，反过来征服中国民族的心。"不消说，那不过是偶然的，但也有些令人觉得好像是对于那信的答复。

平易的叙事中，含着尖锐的讥刺，对于胡适向敌人赠送征服本国本民族的建议这种可耻言行，隐隐地给予了深刻的揭露和抨击。
又如：

> 现在是爆裂弹呀，烧夷弹呀之类的东西已经做出，加以飞机也很进步，如果要做名人，就更加容易了。而且如果放火比先前放得大，那么那人就也更加受尊敬，从远处看去，恰如救世主一样，而那火光，便令人以为是光明。

这段文字，对于日本侵略者烧掠中国，也给予了狠狠的讥刺，但他好像只是在叙事而已。

另一种体现在鲁迅的日文书信中。这是用日文写给日本人收看的信，由于这种原因，很具有日本文学风格。在这批信中，有的思路慧敏、行文流畅、语言诙谐，颇有杂文味道，是一种不是杂文的杂文。而其风格则明显地流露了日本随笔小品的风韵。最为突出的，可以数那一批给日本友人山本初枝夫人和学生兼朋友的增田涉的信。

在鲁迅的作品中，有时引用一些日本小品随笔和讲学术文艺的论文的片段，或者日本的故事、笑谈和社会生活中的人事，拿来做立论的资料或引导议论的"引子"，有时借取其中的议论，或赞同或反驳，或引申、转化，这些也都既明显地在表面上体现了受日本作品的影响，又在

"内里"渗透着这种影响。《而已集》中的《略论中国人的脸》，便是借取了长谷川如是闲的《猫·狗·人》中论及中国人的脸的议论，引申转化而发议论的文章。长谷川如是闲在他的文章中列出了一个算式：

人＋兽性＝西洋人

鲁迅说："他借了称赞中国人，贬斥西洋人，来讥刺日本人的目的，就这样达到了。"这是长谷川的高妙精巧的讽刺手法。鲁迅则借此而言，中国人的脸上缺乏"兽性"，却是没有反抗精神的表现，但是长谷川没有说明"这兽性的不见于中国人的脸上，是本来没有呢，还是现在已经消除"。鲁迅于是发议论道：

> 如果是后来消除的，那么，是渐渐净尽而只剩了人性的呢，还是不过渐渐成了驯顺。野牛成为家牛，野猪成为猪，狼成为狗，野性是消失了，但只足使牧人喜欢，于本身并无好处。人不过是人，不再夹杂着别的东西，当然再好没有了。倘不得已，我以为还不如带些兽性，如果合于下列的算式倒是不很有趣的：
>
> 人＋家畜性＝某一种人

鲁迅借了称赞西洋人，批驳对于中国人的奴性的称赞，来讥刺某种侵略者所驯顺的中国人的目的，就这样达到了。在这里，立论的主旨是从长谷川的文章中导引来的，立论的机巧、讥嘲的手法是从长谷川文受到启发的。当然，文章的灵魂是它的"论"，即对于中国人中殖民地顺民根性的批判和对于反抗斗争品性的赞颂，是鲁迅的思想与精神品德所决定的，是长谷川所没有也不可能有的。这又是鲁迅的发展、提高。

在《且介亭杂文·说"面子"》中，鲁迅又引用了长谷川如是闲的话：

> 中国人要"面子"，是好的，可惜的是这"面子"是"圆机活法"，善于变化，于是就和"不要脸"混起来了。长谷川如是闲说"盗泉"云："古之君子，恶其名而不饮，今之君子，改其名而饮之。"也说穿了"今之君子"的"面子"的秘密。

长谷川如是闲关于古今君子对"盗泉"的做法，是俏皮的，隐含着芒刺。鲁迅借过来一掷，对于"今之君子"和他们的"面子"的道貌岸然的面貌，也一戳而破了。

鲁迅还通过大段地引证有岛武郎的《著作集·与幼者》中的言深情挚的话，来发挥他的呼唤"对于幼者的爱"和"救救孩子"的思想，那文笔也颇有风致类似处，——这种情况出现在紧接着摘引原文后写下的文字中，是很自然的。《热风·六十三"与幼者"》中说：

> 有岛氏是白桦派，是一个觉醒的，所以有这等话；但里面也免不了带些眷恋凄怆的气息。
>
> 这也是时代的关系。将来便不特没有解放的话，并且不起解放的心，更没有什么眷恋和凄怆，只有爱依然存在。——但是对于一切幼者的爱。

还有另一种情形：引用了鹤见祐辅的《北京的魅力》中的一段称赞中国的文明的记事和感想。那文笔是流畅而优雅的，然而那思想却真实地透露了侵略的民族对于被侵略者奉献玉食的优越感和统治民族的潜在的嚣张，鲁迅在《坟·灯下漫笔》中写下了自己深思的诤言：

> 我们的古圣先贤既给与我们保古守旧的格言，但同时也排好了用子女玉帛所做的奉献于征服者的大宴。……西洋人初入中国时，被称为蛮夷，自不免个个蹙额，但是，现在则时机已至，到了我们将曾经献于北魏，献于金，献于元，献于清的盛宴，来献给他们的时候了。……待到享受盛宴的时候，自然也就是赞颂中国固有文明的时候；……所以倘有外国的谁，到了已有赴宴的资格的现在，而还替我们诅咒中国的现状者，这才是真有良心的真可佩服的人！

最后，鲁迅在翻译时，是主张输入句法和表现手法的，他宁可担不顺的名，也要这样做。这样，在翻译作品时，自然地会受到影响，而且既然自己是做的输入工作，当然也会自觉地采取可用者而用之。这也是鲁迅的杂文在行文和风格上受到日本小品随笔和一般文学作品的影响的一个方面。

鲁迅对于欧美文学研究与关心的程度较低。这是很自然的。他注目的是被压迫民族与被压迫国家的文学。在欧美文学中，鲁迅对于英国文学更为注意一些，早期曾爱读林琴南所译司各特著的小说，以后是对于拜伦、雪莱的激赏，其所受影响已如前述。后来，对于英国的随笔也有所涉猎，受到一定影响。值得提出的是对于萧伯纳的看法。他曾经在

《南腔北调集·看萧和"看萧的人们"记》中说明过他喜欢萧伯纳的原因:

> 我是喜欢萧的。这并不是因为看了他的作品或传记,佩服得喜欢起来,仅仅是在什么地方见过一点警句,从什么人听说他往往撕掉绅士们的假面,这就喜欢了他了。还有一层,是因为中国也常有模仿西洋绅士的人物的,而他们却大抵不喜欢萧。被我自己所讨厌的人们所讨厌的人,我有时会觉得他就是好人物。

话说得明白,原因就两条:一是萧伯纳常常撕掉绅士们的假面;二是中国的绅士们不喜欢萧。由此,他也赏识萧伯纳的观察力:"我实在佩服其观察之敏锐。"鲁迅赞美道:"他笑中有刺,刺着别人的病痛。"他在《南腔北调集·"论语一年"》中说:"萧可不这样了,①他使他们登场,撕掉了假面具,阔衣装,终于拉住耳朵,指给大家道,'看哪,这是蛆虫!'连磋商的工夫,掩饰的法子也不给人有一点。这时候,能笑的就只有并无他所指摘的病痛的下等人了。在这一点上,萧是和下等人相近的,而也就和上等人相远。"鲁迅注意和赏识的是萧伯纳的观察的深刻,他的警句,他的笑中有刺(果戈理是笑中含泪),撕下了绅士的假面。而且,他当场揭穿,毫不留情,不留退路,使绅士们汗颜无躲处。这些,我们在鲁迅的杂文中,都是能够领略到的。鲁迅曾经在《华盖集续编·我还不能"带住"》中毫不留情地撕下了陈西滢等人的绅士假面具:"用绅士服将'丑'层层包裹,装着好面孔,就是教授,就是青年的导师么?"他说:"在中国,我的笔要算较为尖刻的,说话有时也不留情面。""所以要常用,尤其是用于使麒麟皮下露出马脚。"这也许是大量接触和研究萧伯纳的作品以前,其见地和实践已经相通,而当见识和研究萧氏作品之后,他就更有意地择取、吸收相类的思想与手法,而更进一步丰富自己了。

尼采对于鲁迅的影响,是大家已经谈论得很多的了。不过,大都限于思想方面。在杂文艺术的创造方面又如何呢?应该说,在两个方面,即抗俗与文采方面,是接受了尼采的影响的。鲁迅称赞尼采"力抗世俗"。尼采站在垄断资产阶级的立场上,对资本主义社会的腐朽与没

---

① 指与易卜生不一样,他只是提出问题让绅士淑女们想一想,还可以从容地回家。——引者

落、虚伪与罪恶作了无情的揭露，他高喊要"重新估价一切"、"上帝已经死了"，俨然以旧学说、旧文化、旧世界的破坏者和新的世界的创造主的"天才""超人"现世。他的表达方式是抽象而又形象、奇诡而又绮丽的，语言颇有表现力，反动的哲理用美的语言与形式来倾诉，抽象的思想用形象的手法来表现。鲁迅曾经误以为他就是新世纪的思想家，而首肯他的"超人"学说，但后来即在《热风·四十一》中指出"尼采式的超人，……太觉渺茫"。但是，对于尼采的对现实的有力揭露和抨击，鲁迅却加以改造与运用，不过在出发点与归宿上，都根本变化了。鲁迅曾经借取过尼采的思想的有用部分——然而也是经过了思想之光折射，实际是改造了之后的运用。他在《热风·四十一》中说：

> 我又愿中国青年都只是向上走，不必理会这冷笑和暗箭。尼采说："真的，人是一个浊流。应该是海了，能容这浊流使他干净。""咄，我教你们超人：这便是海，在他这里，能容下你们的大侮蔑。"（《札拉图如是说》的《序言》第三节）

> 纵令不过一洼浅水，也可以学学大海；横竖都是水，可以相通。

鲁迅借取了尼采的比喻：心胸"应该是海"，容得下"大侮蔑"！意在鼓励青年们不理会攻击者的冷笑和暗箭，只是向上走，向前进。这比喻和意思都很好，但立意同尼采的以"超人"自居，傲视鄙睨"庸众"的内涵，却根本不同了。但鲁迅是欣赏尼采的表现方法和奇瑰的文采的。鲁迅在《热风·四十六》中引尼采对于恭维者的怒嘲：

> 他们又拿着称赞，围住你嗡嗡的叫：他们的称赞是厚脸皮。他们要接近你的皮肤和你的血。（《札拉图如是说》第二卷《市场之蝇》）

然后，称赞说："这样，才是创作者。"孙伏园在《鲁迅先生二三事·鲁迅先生逝世五周年杂感两则》中说："鲁迅先生却特别喜欢他的文章，例如《萨拉图斯脱拉语录》，说是文字的刚劲，读起来有金石声。"的确，鲁迅曾两次翻译尼采的这个作品。他自己的语言也有不少是刚劲作金石声的。这在《热风》《华盖集》时期表现为直接的吸取，痕迹较显著；而后期的杂文，形象地表现抽象的哲理，警策语、刚劲的金石声，无情地撕破虚伪的假面，使对方无所遁其形，等等，都达到炉火纯青的境界，虽然肯定会有吸取尼采的高超技巧的因素，但已化为己有而了无痕迹了。

研究探索鲁迅杂文的渊源，还有一个不可忽视的方面，这就是佛教经典的影响。

鲁迅对于佛经的喜爱是很深的，其钻研的程度也是很深的。在辛亥革命失败、袁世凯窃国擅权的时期（基本上是1912—1915年），鲁迅大量购置佛教书籍，在抄古籍、临碑帖之外，就是钻研佛学了。当然，鲁迅之钻研佛学，并非诵经拜佛，也毫无皈依佛门的意思，他是把佛教作为人类思想史上的一种思想资料、一种解除人类悲痛和解答人生真谛的思想学说来研究。因此，他的钻研是深入而又能脱颖而出，却不受拘泥束缚的。他的所得，有很重要的两点，一见之于他的文章，一见之于他与别人的谈话。他在文章中写过，他认为佛教的祖师释迦牟尼"真是大师"，人生许多重大问题，他都涉及了，做出了他的解答了。释迦牟尼关心世人，试图解救世人的苦难，并且用他的学说在精神上慰藉过芸芸众生，使他们得到一种精神上的解脱，怀着对幸福的一种渺茫的希望。对于这一点，鲁迅是持分析态度的。一方面他肯定这种热爱众生、想要拯救众生，探索和解答人生真谛的宏大博爱的心愿，并且肯定它的触及广泛的人生问题，提供了一种人类思想史的深刻哲理。但是，另一方面，鲁迅又否定这种"深入山林，坐古树下，静观默想"，离人间远遥，当天人师的过于脱离尘世具体问题而失之阔大空疏的救世药方与道路。因此他对章太炎的欲以佛法救国是不赞同的。他在1936年9月25日给许寿裳的信中说："得《新苗》，见兄所为文，甚以为佳，所未敢苟同者，惟在欲以佛法救中国耳。"

鲁迅的第二个结论性意见是：佛教理论已经死了，是历史的陈迹了，它作为解决救世济民问题的药方已经不中用了。许寿裳在《亡友鲁迅印象记》中说，鲁迅曾对他说："佛教和孔教一样，都已经死亡，永远不会复活了。"这就是说：佛教经典是伟大的；但佛教已经死亡。它是伟大的历史化石。

由于这两点，鲁迅虽然身入佛门经典，但在思想上，丝毫不受其影响。这是主要的，应当肯定的。但是，鲁迅却从佛经中取得了另一种积极的东西。他对佛教祖师的那种对于人生难题的深研与解答，感到敬佩而且颇受启发，对佛教祖师的普救人世的宏大博爱的心愿和为了这种目的而献身的精神品德是赞佩的。这与他自己的"我以我血荐轩辕""俯首甘为孺子牛"的宏愿伟志是相通的，因而他在大量阅读和深入了解中，会从中吸取可用的因素，而丰富自己的理想、志愿和身体力行的精神。鲁迅一生以杂文为武器，为祖国兴盛和人民解放而不畏艰险劳苦、战斗不息，那精神品德、行洁志高，在他的杂文创作中是贯彻始终的。

另外，鲁迅还吸取了佛经的艺术营养。他取《百喻经》之故事刻印，还曾为王品青所编《痴华鬘》写"题记"，给予了美好的赞颂。记云："尝闻天竺寓言之富，如大林深泉，他国艺文，往往蒙其影响。即翻为华言之佛经中，亦随在可见，……。"佛门说教，取喻比譬，用寓言、用故事阐述思想哲理，生动深刻，深入浅出，引人入胜，这手法是颇有艺术风采的，这是鲁迅所赞赏而且在杂文中经常运用的手法。佛经中的故事本身，深刻隽永，简洁明晰，颇有思想韵味，这也是鲁迅所喜爱，而且予以运用的。鲁迅的杂文中，有不少处引用佛家故事或经典来助论证，分析问题。他几次提到革命队伍中混进了投机者，不是队伍的加强而是削弱与变质。在《庆祝沪宁克复的那一边》中，他写道：

> 革命的势力一扩大，革命的人们一定会多起来。统一以后，我恐怕研究系也要讲革命。去年年底，《现代评论》，不就变了论调了么？和"三一八惨案"时候的议论一比照，我真疑心他们都得了一种仙丹，忽然脱胎换骨。

然后，便以大乘教作比，以加强论证，写道：

> 我对于佛教先有一种偏见，以为坚苦的小乘教倒是佛教，待到饮酒食肉的阔人富翁，只要吃一餐素，便可以称为居士，算作信徒，虽然美其名曰大乘，流播也更广远，然而这教却因为容易信奉，因而变为浮滑，或者竟等于零了。

接着又说，"歌呼"革命的人一多起来，"革命精神反而会从浮滑、稀薄，以至于消亡，再下去是复旧"。这个结论，因有大乘佛教的事实为证，而显得确定有力了。此外，还有些佛经中的故事，亦曾为鲁迅所引用，成为他阐明自己要说的哲理、思想的好材料。再次，佛经故事的讲述，生动活泼、语言简洁，颇富有艺术风致，其特点是清顺、隽永、极简洁、富韵律感。这种风格自然同佛经的翻译有关。鲁迅对中国汉唐两代的佛经翻译成就是很称赞的。鲁迅杂文中的叙事与语言的高超艺术，肯定从诵读佛经中也获得了助力。

前面我们用了不小的篇幅来探讨和论证鲁迅杂文的思想与艺术以及技巧的渊源。从这里我们应该得出的结论是什么呢？自然，绝不是以此来证明或自然地形成一种结论，以为鲁迅是邯郸学步地趋人之后尘，或杂取百家地将古今中外的东西杂糅于一起，五花八门、五彩斑驳，然而混沌一方。绝不是这样的。鲁迅之所取，为精华，而非糟粕。特别是他根据时代的、历史的、战斗的需要，而取法异域，因此不是简单的摘取，而是有取舍、有轻重、有缓急，特别是有所改造，有所发展，有所提高。同样重要的是，鲁迅是采得百花，又经酿造，使成新物，从自己独特的思想、艺术、技巧的需要和性质出发，来吸收和酿造。因此，因素虽然是多方面的，但又具有独自的特色，取之于他国异域，又具有民族固有的特色。

总之，鲁迅的所作，是多样而统一的，学习借鉴与独创相结合。

第四章 碎金细玉筑成的思想大厦——

鲁迅杂文的思想成就与历史价值

"鲁迅思想"的载体，除了小说和《坟》中的早期的几篇论文，就是他的杂文了。我们说到鲁迅思想，研究鲁迅思想，主要就是指鲁迅的杂文，就是研究鲁迅的杂文。当然，鲁迅还有《中国小说史略》等学术著作，但这些不仅所占数量不多，而且其思想基本上属于小说史范畴内。因此，鲁迅思想可以说主要的成分是他的杂文。作为一位伟大的思想家，鲁迅不同于其他思想家，他不是以系统的、大篇幅的专著来阐述他的思想，而是以短小的、零散的杂文为载体，输入了他的思想，蕴含着他的思想，这就好比用碎金细玉组成的思想之塔。

鲁迅散在于杂文中的思想，都是反映现实生活的，是在参与当时各种斗争中产生的，它反映了当时人民的思想和情感、愿望和理想，是人民的心声。如果我们把人民的思想愿望比作燐火，那么，鲁迅的思想便是这种燐火集中起来的火炬。

鲁迅一生写了600多篇杂文，总字数有100万之多，以短小篇幅的文章为主的杂文创作，能达到这个庞大的数字，足见鲁迅在杂文创作上用力之深、用功之勤了。当然，主要的还不在数量，而在它的质量，尤其在于这些杂文在社会、历史上所发挥的作用。一位作家和一种文学作品，能够发挥的作用之大、之广、之深，在鲁迅身上，最突出地表现出来了。对于自己的国家、民族、人民的解放与新生，对于人民的革命事业，对于文化思想的建设，能够以文学之力，以作家之身，做出这么多和这么大贡献的，在中国文学史上，鲁迅是首屈一指的，在世界文学史上也是罕见的。

文学是社会生活的反映，在这个文学的"命运之网"中，文学总是要跟随着，而且曲折地或直接地反映社会生活。而作为执行这个文学的

"命定"任务的作家，在自己的文学生涯中，或者走在前面，斗争于旋涡中，或者居于后面，在旋涡的周围以至远区活动，或者居于不前不后、不左不右的中间地位，与当时的阶级斗争、革命发展，没有太深的关系、太多的联系。这种情况随着时代的不同而不同，在社会发生大变动、大动荡、大革命的时代，在斗争尖锐复杂，人们卷入斗争的数量在全民中占多数，在民族灾难深重、面临生死存亡的关头，在历史巨变的时代，总之，在国家、民族、人民都面临斗争或死亡的尖锐重大课题面前时，作为人民中最敏感的一部分的作家，所能作出的抉择，所能采取的态度，是非常重要的。人民和斗争都以特别关注的目光射向他们，审视他们，并且记住他们在这种考验中的表现。人民和历史由此而决定对他们的去取。当然，作家之中大抵有几种情况。或者是自觉的斗士，或者是自觉不自觉的"隐士"，或者是自觉不自觉的"第三种人"，也有不少是几乎"与世无涉"地在"艺术之宫"中，或沉醉徜徉，或逍遥躲避，或"安分守己"，……，各有不同。但是，历史总是要结算总账的。谁对历史和人民做出的贡献最大、发挥的作用更大，在当时的社会，时代的"荧光屏"上，在当时人民的心里，是反映得清清楚楚的，是会作出道德的、政治的公允评价的。不过，愈到后来，时间洗刷了历史的陈迹，这些便会愈加淡漠下去，时光冲淡了人们对于斗争的记忆和了解，和平的生活使人们忘记或者不愿去记忆鲜血的颜色。而人们却自然地在文学方面和艺术成就方面的注目多起来了。在视野中突出了，在认识上地位也升高了。这不仅是自然的，而且有合理的一面。但是，如果忘记了过去，抹杀了过去，甚至以过去人们的艰险的斗争与实践为多事，为"误会"，而且认为今天的论者把作家和他的作品放到一定的历史范畴来考察和评价是多事、是错误，那就不能不遗憾地说：这是错误的。在理论上是错误的，在历史的评价上来说，则是对不起那些曾经抛头颅洒热血的先烈、那些曾经斗争过的可敬的先辈们。历史主义的态度是不能割断历史，更不应该忘记历史的。而且，在这里，文学上的作用、成就和地位，是不应该离开历史因素和人民的心意的。但是，却有些人（中外都有）喜好用抽象的、非历史主义的、似乎是"纯文学"的眼光来看待鲁迅的杂文，他们也许并不重复那些20年代、30年代到80年代对于鲁迅杂文的攻击，但是却判定鲁迅杂文是"心浮气粗的产物"，是"个人之争"、"宣泄私愤"的东西，因而是没有文学价值的，他们以此否定鲁迅杂文以至鲁迅本人在文学史上的地位。这里表面上似乎是一个文学观念的问题，实质上却具有深刻的原因。对于国外的研究者来说，他们可能是不能够或无意于了解中国人民的感情和中国人民艰苦搏斗的历史，但对于我们自己，则不免令人联想到民族感情和人民感情问题。

国外有些学者，把鲁迅的杂文说成"泄愤的工具"，甚至咒骂这是："生命的可耻的浪费。"另有一些人则认为鲁迅的杂文中充满了"虚荣"与"诡辩"。应该说，这些论者，至少是对于中国历史、中国的民族感情、中国人民的灾难命运与斗争历史，都是处于严重的隔膜中，处于严重的不了解、不理解的状态中。稍微知道一点中国现代历史的人，都决不会认为鲁迅是在拿杂文来泄私愤，是浪费了自己的生命，是为了虚荣而写作、争论、战斗，是进行"诡辩"。当人民处于水深火热之中，外国侵略者的炸弹大炮可以任意屠杀中国人民、铁蹄任意践踏锦绣河山的时候，当反动统治者任意压迫、剥削、逮捕、杀戮人民的时候，当那些为虎作伥、与民为敌的帮凶、帮忙、帮闲的人以刀笔损伤、荼毒、戕害人民的时候，鲁迅提起笔来，作出巨大的自我牺牲，以杂文为武器，为民族生存呼号、为人民解放抗争、为祖国新生战斗，难道能够是什么泄私愤、是为了虚荣吗？他揭露、解剖、抨击那些以与人民为敌的事业为自身事业的人们的所谓"道理""真理"，难道不正是伸张了民族的正义、倾诉了人民的心声、喊出了历史的真理吗？而不是什么"诡辩"么？当然，鲁迅在战斗中有不少时候是针对着一些人、团体、政党、流派的。但这都是代表某个政治派别、反映统治阶级利益的人或团体，与他们之间的怨愤仇恨，是人民与人民之敌两者间的矛盾、对立、斗争，不是私愤，不是一己之仇。在这里，各说各的理，但真理只有一个，在人民看来的至理名言、真理之声，在人民之敌看来，就是"不讲理"、"诡辩"。

怀着这样的思想感情来评价鲁迅的杂文，自然既不能懂得他的杂文的思想价值，又不可能理解他的杂文的艺术成就。

鲁迅关于自己为什么坚持不懈地写杂文和关于杂文的作用，说过许多既富义理又很动感情的话。这是我们大家所熟悉的。那些话，至今读起来，还是令人顿生感动、油然而生敬意的。

我们从鲁迅历次在他的杂文集的序跋中所说的话中和他的几十年的

实践中可以清楚深刻地看到，鲁迅执笔写杂文是为人民争命立言，为历史前进披荆开路。凡是经历过从"五四"到30年代这段中国历史的人，都能理解到人民曾经怎样在苦水里挣扎，在刺刀下牺牲，在搏斗中追求自身的解放、民族的新生，以及在这个血与火、刀与剑的长期艰苦斗争中，鲁迅怎样同他们在一起受难、一同战斗，为人民解放斗争做出自己的贡献。他本来能够以一个著名学者和教授之身，或以一个伟大小说家的身份，在斗争旋涡的周围以至远区，治学讲课、著书立说、功成名就、安静享乐。但他却放弃了这一切，拿着笔走进了斗争的行列，担当了一个方面军的主将和旗手，战斗到最后一刻。我们难道能够忘记这一切吗？能够抹杀这一切吗？应该说，这不仅是鲁迅的伟大和光荣，而且是中国现代文学的伟大和光荣，这光荣，主要闪着鲁迅杂文的光辉。历史本不应该无视这种光荣的文学的贡献；文学也不应该抹杀鲁迅的这一段光荣的历史，而以所谓纯文学来规范他的杂文。

一方面是可以既安享功名利禄，又以著作等身流芳百世；另一方面则是相反，既劳苦奋战，艰危度日，又以短篇时论，遭忌于当世，速朽无名于今后。这种强烈的对比，两种不同的结果，是很现实地摆在面前的，也是每天都遇到的，这对于一位学者、作家来说，不能不说是一种严峻的考验。在当时和后来，也不乏其人，走了前一条路。他们也确实功成名就，平安一世，于人民无损害，于学术有增益。但是，就对人民、国家、社会、文化的贡献来说，不能否认，他们究竟未能与鲁迅比。鲁迅以后又曾多次谈到这种人生利害的冲突和他自己在去取之间的思考与抉择。在《华盖集·题记》中，他的话，依然是动人而诚挚：

> ……我的生命，至少是一部分的生命，已经耗费在写这些无聊的东西中，而我所获得的，乃是我自己的灵魂的荒凉和粗糙。但是我并不惧惮这些，也不想遮盖这些，而且实在有些爱他们了，因为这是我转辗而生活于风沙中的瘢痕。

他是拿自己的生命来从事这个小小的杂文的写作的。这态度的严肃、认真，这自我牺牲精神的体现，都是十分突出的、动人的。

在厦门期间，他处在人生的岔路口，何去何从，再一次遇到考验，难以抉择。他是怎么想、怎么决定的？《两地书·六六》中说：

但我对于此后的方针，实在很有些徘徊不决，那就是：做文章呢，还是教书？因为这两件事，是势不两立的：作文要热情，教书要冷静。……看外国，兼做教授的文学家，是从来很少有的。我自己想，我如写点东西，也许于中国不无小好处，不写也可惜；但如果使我研究一种关于中国文学的事，大概也可以说出一点别人没有见到的话来，所以放下也似乎可惜。但我想，或者还不如做些有益的文章，至于研究，则于余暇时做……

这里很明确地提出了做教授搞研究和写东西当作家两种选择之间的对立。他考虑的是，前者，他"可以说出一点别人没有见到的话来"；而后者，则是"于中国不无小好处"。一是于自己有成就、得好处；一是对国家有好处。

这种"私心"私情的流露，反映了人生道路的选择。鲁迅最后的选择，是更艰苦的战斗、更彻底的献身、更无私的牺牲，整整十年，他放弃了长篇小说的创作和文学史理论巨著的著述，不仅仆仆风尘，而且艰危险阻，手握着笔，写作那一篇篇在他当时看来是完全只攻击时弊而必然速朽的杂文，直到停止呼吸的一天为止。这是何等炽烈而持久的热情，何等坚贞而诚挚的决心。

在我们认识、探讨鲁迅杂文的思想成就和历史意义时，是决不能忽略这一点的。这是鲁迅杂文的生命力之所在，也应是我们评价鲁迅杂文的最基本标尺。

鲁迅正是为了这样的目的，在这样的历史条件与社会环境下，以这样的精神来写作杂文的，因此，他的杂文便具有许多突出的特别的成就和意义。

那么，鲁迅杂文的主要贡献与成就应该从哪几个方面去估价呢？

一、反映"时代眉目"的杂文诗史

1925年，年末，当鲁迅为他的第二本杂文集《华盖集》写《题记》时，他对自己的写作杂文，除了表示了我们前面引证过的献身的深情话语外，还做了一番检讨。当《热风》出版时，他说明他对付的是《新青年》的围攻势力中的一小部分。这时，他又谦称自己的"眼界小"了。他说：

> 然而只恨我的眼界小，单是中国，这一年的大事件可以算是很多的了，我竟往往没有论及，似乎无所感触。

鲁迅很明确地说他的杂文是要反映中国的大事件的。因此，他的杂文，正如他自己在《且介亭杂文·序言》中所说，其中有着"时代的眉目"。又如他在《准风月谈·后记》中所说，中国大众的灵魂反映在他的杂文之中了，他又曾经从五四时期开始，就举着两面旗帜：社会批评与文明批评①。这两个方面对于社会的弊病的揭露与批判和对于人的灵魂的揭示与剖析，很好地概括了他的杂文的根本内容和品性。有人说鲁迅的杂文是一代诗史。确是如此。又有人说，鲁迅的杂文主要是写"世情人心"的。当然，这是一部旷古未有的诗史，这是一部体态特殊的"世情小说"。它对于历史面貌的反映，对于世态人情的描绘，在内容和题材上的特点，主要是反映社会面貌和思想文化、人的心灵。一方面，在这段历史中的主要事件，从"五四"到"五卅"，从国共合作到四一二反革命政变，从国共分裂到农村革命深入，从反动派的血腥镇压到革命者的浴血奋战，从国民党的卖国投降到抗日高潮的逐渐到来，等等，在他的杂文中，都有反响与反映，都有对反动势力的揭露批判和对革命力量的鼓舞歌颂。另一方面，又如他在《集外集拾遗补编·做"杂文"也不易》中所说，他以杂文这个"显微镜"去"照秽水"、看"脓汁"、"研究淋菌"、"解剖苍蝇"，对于反动腐朽势力和社会弊害的极细微处，加以揭示、透视、放大，以小见大，由浅入深，写出了历史的面貌，反映着时代的眉目，描绘了世态风情、人民的心灵。

这里，我们先从鲁迅杂文的史的发展中来看一看鲁迅杂文中所反映的"时代的眉目"，看一看这部杂文诗史的面貌。

第一部杂文集《热风》，以其短小的随感录，从一个特定的角度，反映了五四运动从酝酿发动到运动高潮过后的历史时期的风貌。呼唤着改革，同反改革的顽固守旧派斗争，揭露国粹派的嘴脸和他们的"国粹"（民族文化中的糟粕）对社会与人民的危害，那抨击的重点是明确

---

① 他在《华盖集·题记》中说："我早就很希望中国的青年站出来，对于中国的社会，文明，都毫无顾忌地加以批评……"

的，所反映的正是当时的"时代主题"。而后，1925年的一篇《题记》，指出了改革运动的跌宕，如何在反改革者的态度和面貌上反映出来：

> 自《新青年》出版以来，一切应之而嘲骂改革，后来又赞成改革，后来又嘲骂改革者，现在拟态的制服早已破碎，显出自身的本相来了，真所谓"事实胜于雄辩"，又何待于纸笔喉舌的批评。

这可算是这一段历史的从某个特定角度的总结：嘲骂改革者终于在历史潮流面前被嘲弄了。

写于同时期的《坟》中有两篇杂文：1918、1919年写的两篇杂文《我之节烈观》和《我们现在怎样做父亲》，较之匕首式的随感录，可以称之为"投枪"。它们所写的是对于恋爱、婚姻自由和对于"孩子的解放"的追求，反映了那时社会意识上的重大争论和新旧道德观、伦理观的斗争。

紧接着是《华盖集》和续编、续编的续编。它们可以说是火辣辣地反映了当时火辣辣的社会斗争：对于帝国主义，对于封建主义（主要的是在思想文化教育领域的表现）的披荆斩棘的斗争。人民大众与封建军阀展开了浴血的斗争。五卅运动、三一八惨案，在他的杂文中得到了反映与反应。他所写到的时代的状貌、历史的主题，是鲜明而生动的。这部杂文集，可以说是当时反帝反封建的思想文化斗争的历史记载。更多的篇章似乎"执滞"在"几件小事"上和章士钊、陈西滢等几个人的身上，然而这"小事"却是思想文化教育战线上民主主义与封建专制的斗争中的大事，是女师大事件、三一八惨案这些大的历史事件的历史浪花。鲁迅的杂文，集中地反映了这段历史，而且，生动、具体、形象、深刻，有事件、有过程、有人物、有人的思绪与心灵，这是活的历史的记录与评断。如果说《华盖集》比之《热风》，斗争已经具体化了、深沉了，但还是一般社会斗争的反映，那么，续编、续编的续编，却是直截的、面对面的、血与火的斗争了：直接指斥与愤怒谴责。他在《华盖集续编·无花的蔷薇之二》中说："现在，听说北京城中，已经施行了大杀戮了。"／"假如这样的青年一杀就完，要知道屠杀者也决不是胜利者。"／"中国要和爱国者的灭亡一同灭亡。"／"如果中国还不至于灭亡，则已往的史实示教过我们，将来的事便要大出于屠杀者的意料之外

——这不是一件事的结束，是一件事的开头。"

在《记念刘和珍君》中，他说："惨象，已使我目不忍视了，流言，尤使我耳不忍闻。我还有什么话可说呢？我懂得衰亡民族之所以默无声息的缘由了。沉默呵，沉默呵！不在沉默中爆发，就在沉默中灭亡。"《无花的蔷薇之二》中说："墨写的谎说，决掩不住血写的事实。" /"血债必须用同物偿还，拖欠得愈久，就要付更大的利息！"《记念刘和珍君》中则说："苟活者在淡红的血色中，会依稀看见微茫的希望，真的猛士，将更奋然而前行。"

这些力透纸背、铿锵作金石声的深刻而富于感情的语言，用泪与血，写下了当年的历史，映照着历史的面目、时代的风貌，至今读起来还有如看见已逝的历史的画面。而那些对于事件、历史、未来的评论，又是深刻的、准确的。

这样的文艺性历史的记载，还不曾有过，同时代人的笔下，也不曾如此集中、系统而深刻地书写过。

收在《坟》中的从《娜拉走后怎样》到《论"费厄泼赖"应该缓行》等16篇杂文，更多的是对于当时社会上反对改革的思想言行的揭露与批判，对于中国社会积存的历史污垢的剖析和对于中国改革之途的探索以及改革之后的前途的瞻望。

这些杂文，把那时的社会心理和社会状貌反映得清晰深刻，批判得淋漓痛快，这简直就是史书的精彩片断，如《坟·再论雷峰塔的倒掉》中说：

> 岂但乡下人之于雷峰塔，日日偷挖中华民国的柱石的奴才们，现在正不知有多少！
> 瓦砾场上还不足悲，在瓦砾场上修补老例是可悲的。
> 我们要革新的破坏者，因为他内心有理想的光。

《坟·看镜有感》中说：

> 遥想汉人多少闳放，新来的动植物，即毫不拘忌，来充装饰的花纹。唐人也还不算弱，例如汉人的墓前石兽，多是羊，虎，天禄，辟邪，而长安的昭陵上，却刻著带箭的骏马，还有一匹驼鸟，则办法简直前无古人。现今在坟墓上不待言，即平常的绘画，可有人敢用一朵洋花一只洋鸟，即私人的印章，可有人肯用一个草书一

个俗字么？许多雅人，速记年月也必是甲子，怕用民国纪元。不知道是没有如此大胆的艺术家；还是虽有而民众都加迫害，他于是乎只得萎缩，死掉了？

一面是略有破坏，就又加修补，甚至在瓦砾场上去可悲地修补老例：就这么阻碍着改革；中国革命遭到阻滞，社会缓慢地前进。另一面则是在新时期而要保持旧事物，即使有大胆的改革者，也遭到迫害而萎缩死掉了！

这就是当年的"时代的眉目"！

不翻寻历史，很难想象当年竟会是如此情状；而鲁迅的杂文，却以精练、形象、深刻的语言，概括了这个历史面貌。他的文艺性史笔，给了我们对中国、对中国现代史的深刻认识。

在《春末闲谈》中，他提出了一个发人深省的历史与现实的课题：古之圣君、贤臣、圣贤、圣贤之徒，曾经想要使人民不死以贡献玉帛、为牛作马；不活以免心怀不轨犯上作乱；其理论即"唯辟作福，唯辟作威，唯辟玉食"，"君子劳心，小人劳力"。但鲁迅指出：二十四史而每至二十四，就是他们失败的铁证，因为终究还是不断地有皇朝终结了生命，由新的朝代来代替。这不断的改朝换代，证明了民心并不会治死。

今人则不同，他们想出了新花样，叫作"学者的进研究室主义，文学家和茶摊老板的莫谈国事律，教育家的勿视勿听勿言勿动论"，然而，仍是不能使人民不死不活，因为对人并不能像细腰蜂对小青虫那样，人，"知觉一失"，老实固然老实了，但是，"运动也就随之失却主宰，不能贡献玉食，恭请上自'极峰'下至'特殊智识阶级'的赏收享用了"。于是学外国，但"仍不外乎不准集会，不准开口之类"，这"和我们中华并没有什么很不同"。于是，鲁迅写道：

> 于是我们的造物主——……就可恨了：一恨其没有永远分清"治者"与"被治者"；二恨其不给治者生一枝细腰蜂那样的毒针；三恨其不将被治者造得即使砍去了藏着的思想中枢的脑袋而还能动作——服役。三者得一，阔人的地位即永久稳固，统御也永久省了气力，而天下于是乎太平。今也不然，所以即使单想高高在上，暂时维持阔气，也还得日施手段，夜费心机，实在不胜其委屈劳神之至……。

再进一步，如果都砍掉脑袋而又能服役呢？"不至于再闹什么革命，共和，会议等等的乱子了"，然而，这种美妙的幻想仍然不妙：陶渊明就写了没有头的刑天舞干戚而斗。"连这位貌似旷达的老隐士也这么说，可见无头也会仍有猛志，阔人的天下一时总怕难得太平的了。"

从现实回顾历史的陈迹，从历史的失败论证现实的必然失败，这种文艺性史笔，反映了当时的时代课题，又透露了对于人民的反抗意识的存在与发展的肯定，并且歌颂了它。这正是1925年中国人民已经比以前更广泛深入地发动起来，酝酿着新的斗争的时期。鲁迅的杂文从本质上反映了历史的本质。正是在这样的历史时期，在作者这样的思想状态下，才能写出象这样的历史号召。他在《坟·灯下漫笔》中说：

> 自然，也不满于现在的，但是，无须反顾，因为前面还有道路在。而创造这中国历史上未曾有过的第三样时代，则是现在的青年的使命！
>
> …………
>
> 这人肉的筵宴现还排着，有许多人还想一直排下去。扫荡这些食人者，掀掉这筵席，毁坏这厨房，则是现在的青年的使命！

在《杂忆》中，鲁迅在回忆了历史种种之后，结尾写道：

> 总之，我以为国民倘没有智，没有勇，而单靠一种所谓"气"，实在是非常危险的。现在，应该更进而着手于较为坚实的工作了。

接着，他提出了"打落水狗"的口号，论证了从不打落水狗这个历史教训中得出的历史结论。

着手较为坚实的工作，打落水狗，"即以其人之道还治其人之身"，这是新的历史阶段、新的人民斗争开展前夕的现实民心与要求的反映，是将要到来的新的斗争开展的预言！

1925年的12月，岁尾年末，他发出了这样的呼号。呼唤历史的新风暴！

鲁迅的杂文就这样反映着那时的现实即今天的历史，就这样感应和推动着历史的前进！

篇数不多，篇幅不长，然而反映着历史的主流与本质。

以后，是《而已集》，记录了那血与火的时代、血与火的斗争及在血与火之中的鲁迅的思想激荡与变化。一首《题词》，以

> 这半年我又看见了许多血和许多泪，
>
> 然而我只有杂感而已。
>
> 泪揩了，血消了；
>
> 屠伯们逍遥复逍遥，
>
> ……

之句，描出了四一二反革命政变之后那一段血雨腥风的历史轮廓。集中的文字，以《可恶罪》《小杂感》这样匕首式的杂文，戳破了新军阀身上纸糊的伪装，让人们看见他们身上血污的黑色的心。在《答有恒先生》中，鲁迅直白地指出：

> ……我尤其怕看的是胜利者的得意之笔："用斧劈死"呀，……"乱枪刺死"呀，……。我其实并不是急进的改革论者，我没有反对过死刑。但对于凌迟和灭族，我曾表示过十分的憎恶和悲痛，我以为二十世纪的人群中是不应该有的。斧劈枪刺，自然不说是凌迟，但我们不能用一粒子弹打在他后脑上么？结果是一样的，对方的死亡。

在这里，鲁迅毫不留情地记下了这笔历史的血债，给予了愤怒的谴责。

《魏晋风度及文章与药及酒之关系》这样的学术讲演也举出了历史上的以"可恶罪"杀人的血的陈迹，借此讥刺了现实的鲜血淋漓。

集名"而已"，也以"我只有杂感而已""我只有'而已'而已"的题句，忠实地记录了1927年这段血的历史。

《三闲集》的前面几篇，是1927年杂文的遗绪，鲁迅称为《而已集》续篇。一篇《无声的中国》同收入《集外集》的《老调子已经唱完》，都是在香港的讲演，它们以广阔的历史视野和深刻的现实眼光，总结中国思想文化发展的历史，提出今天的任务。封建的、守旧的、落后的老调子已经唱完了，应该唱完了；而革命的、前进的、新的调子应该唱起来了；然而，现在中国却是"无声的"。有声还是无声，就看是

否摆脱了老调子的羁绊，如果仍然是老调，则有声犹如无声——这是呼唤历史新声的声音，彻底否定旧调子的新声音。它本身正是无声的中国的新声音。革命的炮声、爆炸声和工农群众的咆哮声已经响起来了，人民的心声也发出来了。鲁迅的这两篇讲演以及他的杂文，正是这种新声的号角。

《三闲集》的其他文章展现的是大革命失败后，军事革命深入和思想文化革命深入的历史阶段的状貌。《文艺与革命》（并冬芬来信）、《铲共大观》和《流氓的变迁》直接或间接地对国民党反动派的屠杀政策和新军阀统治的阶级实质进行了揭露和批判，而更多的篇幅则是关于文学革命的进行和革命文学的建设的斗争和论争问题，既有对于资产阶级文学流派的剖析，又有对于革命文学阵营内部的错误思想的批判，这些具有文献性的文章，虽属论争的杂文，然而又是历史的深刻记录，反映了革命文学前进的脚步。其中，《文学的阶级性》、《现今的新文学的概观》以及《新月社批评家的任务》均已成为现代文学史上的名篇。

《二心集》中的《"硬译"与"文学的阶级性"》《对于左翼作家联盟的意见》《"丧家的""资本家的乏走狗"》《中国无产阶级革命文学和前驱的血》《黑暗中国的文艺界的现状》《上海文艺之一瞥》《"民族主义文学"的任务和运命》，也都已成为中国现代文学史和中国文艺理论批评史上的名篇。它们鲜明而深刻地记载了中国无产阶级革命文学在同反动的、资产阶级的文学流派的斗争中前进的脚步。读着它们，就是研究着中国现代文学史上的重要的、必读的篇章。

这是《二心集》作为文艺性史书的一部分。另一部分则是关于抗日救亡主题的杂文。1931年九一八事变之后，民族矛盾日益严重，中华民族存亡问题摆到了全国人民面前，鲁迅以他的杂文投身于这场伟大的民族斗争之中。日本侵略者的铁蹄，在国民党反动派的"诱敌深入"的卖国借口的掩护之下，步步深入。鲁迅对这种背叛民族的行径也展开了斗争。这是服务于民族斗争的阶级斗争。爱国主义主题逐渐成为鲁迅这时期的杂文的占据主要地位之一的主题。著名的《"友邦惊诧"论》，以民族大义，凛然斥责反动派：

> 好个"友邦人士"！日本帝国主义的兵队强占了辽吉，炮轰机关，他们不惊诧；阻断铁路，追炸客车，捕禁官吏，枪毙人民，他们不惊诧。中国国民党治下的连年内战，空前水灾，卖儿救穷，砍

头示众，秘密杀戮，电刑逼供，他们也不惊诧。在学生的请愿中有一点纷扰，他们就惊诧了！

好个国民党政府的"友邦人士"！是些什么东西！

············

可是"友邦人士"一惊诧，我们的国府就怕了，"长此以往，国将不国"了，好象失了东三省，党国倒愈象一个国，失了东三省谁也不响，党国倒愈象一个国，失了东三省只有几个学生上几篇"呈文"，党国倒愈象一个国，可以博得"友邦人士"的夸奖，永远国去一样。

几句电文，说得明白极了：怎样的党国，怎样的"友邦"。"友邦"要我们人民身受宰割，寂然无声，略有"越轨"，便加屠戮；党国是要我们遵从这"友邦人士"的希望，否则，他就要"通电各地军政当局"，"即予紧急处置，不得于事后借口无法劝阻，敷衍塞责了"！

这段檄文，始终保持着鲜红的历史的颜色，这是民族的声音、人民的声音，在当时的卖国声中，这斥敌的吼声是何等的可贵！

《南腔北调集》的内容颇有点像它的名字，显得比较杂，然而仍然集中在社会批评与文明批评方面，从这两方面的批评中，反映了当时的世情人心与社会相。两篇关于第三种人的文章（《论"第三种人"》《又论"第三种人"》）和《答杨邨人先生公开信的公开信》，反映了同资产阶级文学流派的斗争，这是前段斗争的继续。《辱骂和恐吓决不是战斗》是对革命文学阵营中"左"倾错误的批判；此外还有关于小品文、关于连环画、关于文学创作、关于他自己的小说作品、对于革命战友的悼念，以及关于外国文学作品和翻译等问题的文章。所有这些反映着那时的思想、文化、文学界的斗争和前进的步伐。

同时，爱国主义主题继续在书中占着重要的位置。《论"赴难"和"逃难"》《学生和玉佛》《九一八》《漫与》等，都记录着同卖国投降主义的斗争。而《经验》《谚语》《上海的少女》《上海的儿童》《世故三昧》《谣言世家》《捣鬼心传》等篇，则剖析着世情人心。通过这些杂文我们看到：我们曾经有过这样的社会、这样的世道、这样的人心。它逝去了，被摧毁而且被取代了。然而，它又未完全被取代，留着残渣，遗着尸毒。这是历史的陈迹与负累。它的存留，更增加了我们对于鲁迅的杂文诗史的价值的估定。

《伪自由书》是一部在刀枪镇压、十分不自由的环境下，为争取民族自由而写下的不自由言论的作品。爱国主义、揭露日本侵略者和投降卖国的国民党反动派、抗日救国成为它的第一主题。正如本书前记中几次提到的："这些短评，有的由于个人的感触，有的则出自时事的刺激。"——"个人感触"也有不少是由"时事的刺激"而来。他还说："其时讳言时事而成的文章却常不免涉及时事。"而且，"论时事不留情面，砭锢弊常取类型"。这样，这些迅速反映时事的杂文，便成为当时的历史的活的记录；今天则成为历史的文艺性记载，生动的史料。他在《观斗》中说：

> 但我们的斗士，只有对于外敌却是两样的：近的，是"不抵抗"，远的，是"负弩前驱"云。……"负弩前驱"呢，弩机的制度早已失传了，必须待考古学家研究出来，制造起来，然后能够负，然后能够前驱！

在《逃的辩护》中说：

> 但我们想一想罢：不是连语言历史研究所里的没有性命的古董都在搬家了么？不是学生都不能每人有一架自备的飞机么？能用本国的刺刀和枪柄"碰"得瘟头瘟脑，躲进研究室里去的，倒能并不瘟头瘟脑，不被外国的飞机大炮，炸出研究室外去么？
>
> 阿弥陀佛！

这都是对于国民党反动派卖国投降政策及其丑恶嘴脸的揭露与抨击。还有：古物古得很，所以搬走，那，北平并没有两个，而且比一切古物都古，"为什么倒撇下不管，单搬古物呢"？因为"它在失掉北平之后，还可以随身带着，随时卖出铜钱来"（《崇实》）。愿防空队"一，路要认清；二，飞得快些"；"三，莫杀人民！"（《航空救国三愿》）还有对于所谓"战略关系"的卖国理论的明白的揭露和辛辣的讽刺，对于"预定着打败仗的计划"的"民族英雄"的嘴脸的戳破；对于胡适的"出卖灵魂的秘诀"（忠告日本侵略者"征服中国民族的心"）的揭露，对于日本侵略者和卖国者内外同炸的罪行的揭露；对于"攘外必先安内"反动口号的揭露，以及对于吴稚晖的"新药"作用的鞭辟入里的抨击，等等，这些对于时事的记录、剖析和评论，都成为当时的人民斗争的反映、民族救亡工作的成绩和历史前进的艰辛脚步的印记。最后，是一篇长长的"画尾巴"的《后记》，给这一段历史白描了一个轮廓。

《伪自由书》就这样同其他杂文集一样，发挥着史书的作用。

"但有趣的是谈风月的人，风月也谈得，谈风月就谈风月罢，虽然仍旧不能正如尊意。""想从一个题目限制了作家，其实是不能够的。"被要令和勒令莫谈国是而只谈风月之作，谈的却都是国是："发出的箭石，不要正中了有些人物的鼻梁，因为这是他的武器，也是他的幌子。"这是《准风月谈·前记》中的话。"在这种明诛暗杀之下，能够苟延残喘，和读者相见的，那么，非奴隶文章是什么呢？"这是《花边文学·序言》中之所言。这便是那时鲁迅杂文产生的背景。这样写下来的文字，自然要以它自身的状况，直接呈现出那时的社会和政治状况，而每篇作品，又用它所论的内容来反映时代、生活、社会、民情、人心，给我们看见一个纷繁复杂色彩斑驳的社会图景。在这里，反动统治者的丑恶与罪孽，反动、下作文人、记者的丑行，文艺界的丑恶现象，社会种种秽闻恶行，比比皆是，他无不给予了有力的讽刺、揭露与抨击。

1934—1936年，国土沦丧、民族危亡，日本帝国主义的侵略势力，步步进逼，中国逐渐走向当时流行的救亡歌曲所说的情景："中国，恰象暴风雨中的破船"；"中华民族到了最危险的时候"。人民胸中充满了悲愤与怒火，抗日的洪流逐渐形成，新的革命高潮快要来到了。但这时却仍处在暴风雨来临的前夕：于无声处听惊雷。这段历史的面貌，在鲁迅后期达到杂文艺术高峰的三部杂文集《且介亭杂文》《且介亭杂文二集》《且介亭杂文末编》中得到了反映。对于日本侵略者，他的杂文如《关于中国的两三件事》《在现代中国的孔夫子》，给予了直接的抨击，并且从历史到现实，揭露了他们玩弄王道骗局，想用化石孔丘来做敲门砖的用心和必然失败的命运。在其他一些杂文中，鲁迅也间接地给予了抨击。对于国民党反动派的黑暗统治，他用杂文给予了概括、剖析、揭露、抨击。对于当时社会上的种种腐朽现象，特别是思想文化和意识形态方面的丑恶现象，他也都进行了生动而深刻的揭示、分析和批判。他以他的杂文，概括了这个时期的友与敌、生与死、光明与黑暗、败亡与兴盛的斗争和斗争的情形。他的一系列凌厉无比的杂文，如

《中国人失掉自信力了吗》《我要骗人》，反映了在民族斗争高潮到来前夕，人民对于历史与现实的无比坚定的信心！这是历史的结论。

我们概述了鲁迅杂文艺术中所反映的时代眉目、历史面貌的状况。即此可见鲁迅的杂文，的确是一部诗史，其中包含着社会史、思想史、文化史、文学史的珍贵的史料、事实、思想和识见。

我们可以从几个方面来看待这部特殊的史书。

鲁迅这部杂文诗史，首先是为了当时的现实而进行的战斗和抗争。因此，这部诗史的最本质的特点就是它的现实感和历史感。它象感应的神经、攻守的手足那样，灵敏、锐利、及时地反映现实。在社会生活中发生的政治、经济、军事，特别是思想文化的大事，在他的杂文中都有迅速的反映。虽然它并没有作综合的、总体的概述，而只是一鼻一口一手一足，然而集而纳之，归拢起来却成为一个整体。

同时，由于鲁迅对现实的观察和探索，总是回顾历史、追求其历史的渊源，又瞻望未来，寻觅推断、预测明天的前景，因此，他的最有现实感的杂文诗史，又同时具有强烈的历史感。我们从中可以感受到历史的发展线索、历史前进的脚步和中国历史面貌的总体形象。因此我们可以说，要更好地懂得中国历史、中国社会和中国的发展轨迹，就应当读鲁迅的杂文。

鲁迅那些评论世情的杂文，无论是《坟》中的《春末闲谈》《灯下漫笔》等谈古论今的随笔体杂文，《南腔北调集·谈金圣叹》《准风月谈·四库全书珍本》《且介亭杂文·儒术》《且介亭杂文二集·隐士》这样论古人谈古书的论说杂文，还是《准风月谈》中的《推》《"推"的余谈》《爬和撞》《且介亭杂文·说面子》《且介亭杂文二集·论人言可畏》等这样触及社会风情的凌厉、透彻的"世情杂文"，所有序跋类杂文，以及《而已集·魏晋风度及文章与药及酒之关系》、《南腔北调集·由中国女人的脚推定中国人之非》这样或是"正牌"学术论文式的杂文，或是寓庄于谐、谐中有庄的调侃文字，等等，虽然类型有别，内容不同，主旨各异，写法亦殊，但都将历史与现实紧密地结合在一起。谈古论今或从今及古，具有现实感与历史感的融会之功。这样的诗史，既给予人们历史的活知识，又提高人们知人论世的眼力。

在鲁迅的这部"杂文诗史"中，不仅有对于历史大事的形象的反映，而且有历史人物的特殊的传记或速写。在从"五四"到抗日战争前夕的这段历史时期中，活跃在中国政治、思想、文化舞台上的知名人物如孙中山、李大钊、陈独秀、瞿秋白以及蒋介石、戴季陶、吴稚晖、汪精卫、胡汉民等人；还有思想文化界的钱玄同、刘半农、胡适、陈西滢等人，无论正面的还是反面的，在他的杂文里都有反映和描绘。许多篇章都具有司马迁《史记》人物描写的风貌、品格和成就，有的则堪称史笔佳作，比如《南腔北调集·〈守常全集〉题记》中对于李大钊的刻画勾勒，在《二心集·知难行难》中对于胡适的形象的描写以及在《忆刘半农君》中对于刘半农的描写，都是栩栩如生而又生动深刻的。

《南腔北调集·〈守常全集〉题记》描述：

> 他的模样是颇难形容的，有些儒雅，有些朴质，也有些凡俗。所以既象文士，也象官吏，又有些象商人。这样的商人，我在南边没有看见过，北京却有的，是旧书店或笺纸店的掌柜。一九二六年三月十八日，段祺瑞们枪击徒手请愿的学生的那一次，他也在群众中，给一个兵抓住了，问他是何等样人。答说是"做买卖的"。兵道："那么，到这里来干什么？滚你的罢！"一推，他总算逃得了性命。

《二心集·知难行难》中对李大钊的形象的描绘：朴实、生动、鲜明、确切。看作人物传记，完全合适。

> 当"宣统皇帝"逊位逊到坐得无聊的时候，我们的胡适之博士曾经尽过这样的任务。见过以后，也奇怪，人们不知怎的先问他们怎样的称呼，博士曰："他叫我先生，我叫他皇上。"

这是对于胡适的速写，几笔勾下一个没有骨气的投机文人的丑相。

对于刘半农的描绘则是另一种手法：夹叙夹议。《且介亭杂文·忆刘半农君》中描述道：

> 但半农的活泼，有时颇近于草率，勇敢也有失之无谋的地方。但是，要商量袭击敌人的时候，他还是好伙伴，进行之际，心口并不相应，或者暗暗的给你一刀，他是决不会的。倘若失了算，那是因为没有算好的缘故。
>
> …………
>
> 不错，半农确是浅。但他的浅，却如一条清溪，澄澈见底，纵有多少沉渣和腐草，也不掩其大体的清。倘使装的是烂泥，一时就

看不出它的深浅来了；如果是烂泥的深渊呢，那就更不如浅一点的好。

在这些"人物传记"中，有典型刻画如前所列举；也有群像、类型的勾勒。

像《且介亭杂文·忆刘半农君》中这样的群像描写，寥寥几笔，互相对比，穿插交叉，以群像衬托"单像"，以"单像"有机地构成群像：

> 《新青年》每出一期，就开一次编辑会，商定下一期的稿件。其时最惹我注意的是陈独秀和胡适之。假如将韬略比作一间仓库罢，独秀先生的是外面竖一面大旗，大书道："内皆武器，来者小心！"但那门却开着的，里面有几枝枪，几把刀，一目了然，用不着提防。适之先生的是紧紧的关着门，门上粘一条小纸条道："内无武器，请勿疑虑。"这自然可以是真的，但有些人——至少是我这样的人——有时总不免侧着头想一想。半农却是令人不觉其有"武库"的一个人，所以我佩服陈胡，却亲近半农。

对于每个人都只勾勒几笔，然而都令人如见其人，如闻其声，具有史笔风范。

史书的价值在于史识，即在于作者对于历史事实的本质、意义、作用、发展前景与路径，作出符合事实、符合客观真理的评断。史书的骨干是对于历史经验的总结。鲁迅的"杂文诗史"，虽无长篇的、集中的、条分缕析的对于历史的品评、论断和对于历史经验的总结，但是，却有着生动的、深刻的、在总的指导思想照耀下散见于各篇的历史经验的反映和总结。鲁迅的史识和对于历史经验的总结，表现于几个方面。一是对于历史、历史科学的认识、理解和深刻的见解；一是对某些历史事件的意义的深刻认识、理解和经验总结。如他指出："叫人叫不着，自己顶石坟。"即没有充分发动群众和"不打落水狗"是辛亥革命失败的根本教训。这个结论的正确与深刻，与后来的共产党人对辛亥革命的经验总结达到了同等高度。以后，在四一二反革命政变前后，他又进一步总结了中国革命的经验，指出革命要永远进击，不能因追随者多而昏了头脑，以后又告诫说，要敢于面对黑暗、面对群众落后的状况。要了解实际，否则左翼很容易变成右翼等，都是深刻的革命经验总结和革命家的诤言。

二、"无声的中国"的新声与号角

鲁迅的杂文是在中国几千年来的"老调子已经唱完"的历史时期，唱出来的新声音。这是时代之声，又是历史之音。那里面，响着久远的、历史的民族传统之音，更响着切近的、时代的、人民的新的音响，无论是在思想上还是在艺术上都是如此。同时，它也是"无声的中国"处于被压抑、遭摧残而喑哑、沉闷时代的战斗之声。早在日本留学时期的20世纪初，鲁迅就把祖国比作荒寒的莽原，寂寞无声，而且无人来破此荒寒。直到十几年后，他在被外国侵占的国土香港，又发出了"无声的中国"的感叹。但他的杂文却正是这种无声中的巨响和号角。他诅咒过那赞赏中国固有文明的侵略者的诔辞，他鞭挞了那"联翩而至"的中国优秀文化的盗挖者，他呼喊要敢哭敢笑敢怒敢骂，在这可诅咒的地方，击退了可诅咒的时代。他提出并实行了"拿来主义"，一方面肯定了延续数千年之久的优秀民族文化传统，并着手整理了精华部分（这活动是多方面的），也对糟粕作了深入的批判（这同样是多方面的），……这是真正的"老调子"之外的新的民族之声。

当鲁迅逝世后，上海人民在葬仪中把写着"民族魂"三个大字的旗帜覆盖在他的身上。这是反映了全国人民共同心意的准确的评价。他是中华民族的灵魂！这个评价的获得，主要的就是在从五四运动到30年代的十几年中，中国人民和革命的每一个斗争的关头，他都用他的血性文章，呼喊出了人民的心声。在这个血与剑的斗争年代，在思想文化战线上，始终存在着两种民族的"调子"的斗争，即"老调子"和"新调子"的斗争。一种是从古以来的老调子，一种是革命的新调子。孔孟之道，尊孔读经，从袁世凯到封建军阀、到蒋介石都是提倡这一套，唱这一套老调子；然而，要改良、要革新、要革命的人们，在斗争之光和斗争的整个过程中，都要同这种老调子斗争，唱出一种新调子来。鲁迅继承了严复、章太炎、康梁们的新调子，又继承和发扬了李大钊、陈独秀唱出的新调子，代表了民族文化的方向。

鲁迅在杂文中所蕴含的精深博大的思想，作为一种人民的心声、民族文化的新调子，有几部分重要的内容。第一，彻底抛弃老调子，唱出时代的、自己的新调子。鲁迅在《集外集拾遗·老调子已经唱完》中说：

"唯一的方法，首先是抛弃了老调子。旧文章，旧思想，都已经和现社会毫无关系了。"又在《三闲集·无声的中国》中说："我们要活过来，首先就须由青年们不再说孔子孟子和韩愈柳宗元们的话。"在这方面，鲁迅在留日时期（1907—1909），特别是在五四运动以及这以后的长时期中，一直是走在最前面的。他主张并实行彻底地批判和抛弃旧文化、老调子，而提倡新文化、唱出新调子。他的从《热风》、《坟》到《且介亭杂文末编》的十几本杂文集，从总的方面来说，便是贯穿着这样一个精神：对旧文化的批判、否定和对新文化的提倡、建设。这是鲁迅杂文思想成就的总括，也是我们掌握和体会鲁迅杂文中的思想的钥匙。

第二，对于旧思想、旧文化，鲁迅特别指出，它的危害的严重性在于这是把"软刀子"，而"软刀子杀人不觉死"。鲁迅在《集外集拾遗·老调子已经唱完》中说：

> 然而古老东西的可怕就正在这里。倘使我们觉得有害，我们便能警戒了，正因为并不觉得怎样有害，我们这才总是觉不出这致死的毛病来。因为这是"软刀子"。这"软刀子"的名目，也不是我发明的，明朝有一个读书人，叫做贾凫西的，鼓词里曾经说起纣王，道："几年家软刀子割头不觉死，只等得太白旗悬才知道命有差。"我们的老调子，也就是一把软刀子。

鲁迅的杂文，在"社会批评"和"文明批评"两个旗帜下，对于旧文化这种软刀子性质和它的"杀头不觉死"的危害性，进行了多方面的、深入的、深刻的和彻底的揭露和批判。这是鲁迅杂文的思想文化价值的重要方面。

第三，鲁迅在《三闲集·无声的中国》中号召青年人勇敢地讲话，把中国变成一个有声的中国。他说：

> 青年们先可以将中国变成一个有声的中国。大胆地说话，勇敢地进行，忘掉了一切利害，推开了古人，将自己的真心的话发表出来。

鲁迅特别强调了"真"字，他又说：

> 但总可以说些较真的话，发些较真的声音。只有真的声音，才能感动中国的人和世界的人；必须有了真的声音，才能和世界的人同在世界上生活。

鲁迅强调的是发出民族的真的声音，这种声音能够感动中国人民，也能感动世界人民，并且，只有发出这种民族的真的声音，才能使中国立足于世界民族之林，有自己独自存在的价值，有参与世界事务的资格和能力。鲁迅在杂文中所发出的声音，正是这种民族的真的声音。

我们要对鲁迅杂文的思想价值作整体性的把握，便需要抓住这三个方面去理解和体会。我们对鲁迅的杂文集的思想贯穿线，也可以从这三个方面去梳理。

鲁迅的杂文在中国现代文学史上的重要地位，还在于他创造了一种古已有之但后来又有创新的战斗文体——杂文。它的篇幅短小，但是容量极大，它的形式灵活多样，而其作用则深沉重大。这都是鲁迅的创造。根据我们前面所述的种种方面的内涵，我们可以说，鲁迅以他的杂文艺术，为中国现代文学史、中国文学史竖立了一块丰碑，也为世界文学史贡献了艺术的珍宝。这是鲁迅的光荣，也是我们民族文化的光荣。

鲁迅的杂文具有巨大的认识价值。它的内容广泛的作品，能够帮助读者提高对于世界、社会、人生、历史的认识能力、观察力和理解程度，从而提高人们的认识能力、思维能力。这是鲁迅杂文的更值得重视的价值。

比如，前面曾经说到过，在《华盖集·忽然想到（二）》中，他谈到"外国的平易地讲述学术文艺的书，往往夹杂些闲话或笑谈，使文章增添活气"；他指出，我们有些翻译却将这些删去，使活气减杀。他批评这是折花而"除尽枝叶"，因此把花的活气也灭尽了。这就从一个翻译上的现象提出了一个写作技巧上的一般性规律；而且，他更进一步指出：

> 人们到了失去余裕心，或不自觉地满抱了不留余地心时，这民族的将来恐怕就可虑。

他还指出这种没有余裕的心，虽然表现在翻译这等细小事情上，"但究竟是时代精神表现之一端"。这种论述，一层层地深入，对于社会发展、民族、历史、时代精神，都提出了一个共同性的认识和规律：余裕之心的有无和它的意义。从人们反对禁用阴历的现象中，他想到了人民群众的"多数的力量"，他说这力量是"伟大的，要紧的"，由此得出有志于改革的人必须"深知民众的心，设法利导，改进"，又进而论及风俗、习惯——它们是多数力量的反映，所以"倘不将这些改革，则这革命即等于无成，如沙上建塔，顷刻倒坏"。他在《二心集·习惯与改革》中说：

> 倘不深入民众的大层中，于他们的风俗习惯，加以研究，解剖，分别好坏，立存废的标准，而于存于废，都慎选施行的方法，则无论怎样的改革，都将为习惯的岩石所压碎，或者只在表面上浮游一些时。

这种对于群众力量和风俗习惯改变的重要意义的认识，至今对于我们还保持着重要意义。

对于中国人的迷信思想的分析，鲁迅达到了十分深刻的程度。在《且介亭杂文·运命》一文中，他从日本人的对于"夙命"不可解除的迷信中，说到中国的"命硬""命凶"都可以"禳解"，由此指出："中国人的确相信运命，但这运命是有方法转移的。"因此迷信中虽有"信"，但却"很少'坚信'"：

> 我们先前最尊皇帝，但一面想玩弄他，也尊后妃，但一面又有些想吊她的膀子；畏神明，而又烧纸钱作贿赂，佩服豪杰，却不肯为他作牺牲。崇孔的名儒，一面拜佛，信甲的战士，明天信丁。宗教战争是向来没有的，从北魏到唐末的佛道二教的此仆彼起，是只靠几个人在皇帝耳朵边的甘言蜜语。风水，符咒，拜祷……偌大的"运命"，只要化一批钱或磕几个头，就改换得和注定的一笔大不相同了——就是并不注定。

在别的地方，他还说到过，火神是烧房子的祸首，于是便祭火神，"表示感谢"，收买他，使他不去为害；灶王是要上天去言好言坏说三道四的，人们就在他规定上天的那一天，摆几块胶牙糖供奉他，他一吃就胶住了牙，什么也说不了。总之，是信而不坚，"这也就是所谓'无特操'"。这种分析，确实抓住了问题的实质。这对于我们认识历史的以至现实的我们民族中的弱点，是很有教益的。

鲁迅杂文中这种对于社会现象和民族性格、各种人物的精到分析，所在多有。人们爱读他的杂文，他的杂文具有吸引力，这是重要原因之一。因为这种提高人们认识能力的作用，能够使读者思想上获得教益，精神上获得愉快。

三、认识的价值与知识的力量

　　鲁迅杂文是一部特殊的百科全书式的作品，在这些看似零散片断的短小篇幅的文章中，包含着哲学、历史、教育、美学、文学、艺术等学科的深刻的、具有独特意义的思想观点体系。当然，这是一种非常特殊的百科全书。这表现在两个方面。第一，说它是百科全书式的，并不是实指它所包含的学科具有科学的种种科目，而是形容它的内容的广泛和丰富多样；事实上，虽然鲁迅的这种杂文体裁的百科全书学科并不全，但是，它却又有正规学科中所不包含的类别和内容。比如，社会问题中，鲁迅杂文中固然有妇女问题、儿童问题、婚姻家庭问题等，然而像《上海的少女》《上海的儿童》这样的问题和这样的论述，像《论秦理斋夫人事》这样的剖析，在任何社会问题著作中都是没有的。又如《论面子》《推》《爬和撞》这样的论述的主题和解剖，在同类论题的著作中也是没有的。还有《二丑艺术》、关于破落户子弟的分析，等等，也都是别的有关这类问题的著作中所没有的。鲁迅关于文学艺术的观点，系统地体现在他的许多杂文之中，这大体有几部分。一是见之于直接谈论文学艺术问题的，如那些有关文艺问题的讲演、对于许多文学流派的批判和介绍都是；二是见之于他的大批的序跋之中，在这些杂文中，他的美学观点和文学艺术的思想体系，体现于他对为之作序的作品的评价与分析中。这些，在已经出版的鲁迅论文学艺术这类著作中都已经作了集中的辑录，还有不少专著系统地论述过了。

　　第二，鲁迅的这些多学科的、广泛的思想观点体系，大都不是专论，甚至不是直接的论述，而是体现于具体的分析、论证之中，是流露出来的，是渗透于其中的。因此，是生动的、具体的、活泼的，具有生气与生机，当然，同时也不免颇有点"隐蔽性"，不易为人所领略和体味。这些，都是他的杂文百科全书区别于辞书、工具书、教科书、学术论著等类著作的；然而，这也正是它的杂文的特点与优点。

　　这里，反映了鲁迅作为一位学术大师而创作杂文的特征和优越性。他的杂文的"百科全书式"的品性和这种"品性"的高深，都是鲁迅的"学者灵魂"与学者的丰富所决定的。他的杂文为其他杂文作者所难于企及，其原因也还在于他作为学者的渊博与深沉，这也是为他的同时代人和学生所难企及的。他的同时代人、战友如李大钊、陈独秀、胡适、钱玄同、刘半农、周作人等，毫无疑问也都是学者，有的亦堪称学术大师，他们有的人在自己所专长的方面以至别的一些方面有所建树，有的甚至在素养方面要高于鲁迅，但是，他们或者不写杂文，因此不能在这方面与鲁迅相比；或者也写作杂文，但是由于其他方面的条件，如思想的丰富深刻，战斗性格的坚强，战斗精神的韧性，对于以杂文为武器，为人民、为民族、为国家而战斗的激情等方面，都远远不及鲁迅，所以纵有学识的装备，仍不能以杂文来与鲁迅媲美。在他的晚辈与学生中，有些杂文家如聂绀弩、徐懋庸、唐弢以及曾得到鲁迅称赞的他的学生徐诗荃等，一方面他们也颇有学识，也以学者身份而写作杂文，并且取得了相当大的成就，但是，他们在学识上究竟不能与鲁迅相比，因此除了其他条件，学识水平也成为他们的杂文艺术水平不及鲁迅之所作的原因。特别是鲁迅的亲密战友瞿秋白，在马克思主义理论修养上，在对中国社会的马克思主义分析上和对中国革命的理论认识和实践上，都有优于鲁迅之处，而且他在古典文学、美学、文艺理论等方面也颇有造诣，在才华上也是我们民族精英中的佼佼者，他的杂文与鲁迅的作品编在一起，几乎达到了可以乱真的程度，鲁迅甚至愿意不加申明而把这些作品编入自己的杂文集中，但是，他究竟不是学者，不像鲁迅那样渊博，因此，他的杂文与鲁迅的作品相比，仍不免显出浅露的弱点来。

平心在《人民文豪鲁迅·一九四六年重刊献词》中说：

> 中国近代在学术成就上足以和他比肩甚至在某些方面超过他的人，不是没有，但象他一样，以忘我的大无畏精神，充当人民代言人与革命大护法，开创一代文化新风气的不朽作家，在中国还不易找到。使我们忘记不了的，是他始终不以知识与文字为猎具，为玩物，而一直是利用它们作为战取人民解放的武器。

平心的这段评价是颇有见地而为事实所证明了的。鲁迅堪称学术大师。他在这方面的成就，使他立足于中国近代、现代学术的奥林匹斯山上而毫无愧色，不过，却并不是无人堪与他比肩，并且有人在某些方面超过了他。但是，像他这样以学识渊博精湛之身，而又不以此为猎具，为玩物，也不以在此领域建树为满足，而是宁可牺牲这一切，也以战士现身，以学识为武器，去战取民族的光明、人民的解放、祖国的新生，则是不易做到的，至于能够像他这样由于其他条件的结合（如永远投身于实际战斗、坚强果毅的性格、无私的品德等），在成就上达到这种高峰的，则可以说：绝无仅有。

学者鲁迅所写的杂文，把那些学术性的文章（讲演）写得具有杂文风格而成为杂文，又把杂文写得具有学术性或者具有学术意义、学术内涵。《魏晋风度及文章与药及酒之关系》以至《老调子已经唱完》和《无声的中国》，都是以学术讲演又具有杂文风格而成为鲁迅杂文的名篇。《"硬译"与"文学的阶级性"》《"丧家的""资本家的乏走狗"》则是杂文而写得具有学术意义；而众多的杂文则内含着学术意义和因素。象那些著名的序跋，都具有多方面的学术意义和学术价值。《〈艺术论〉译本序》《徐懋庸作〈打杂集〉序》等，都是如此。鲁迅的许多重要的、深刻的、富有教益的各种学术观点，涉及政治、哲学、历史、教育、美学、伦理、文学、艺术等各学科，都包含在他的杂文中，像珍珠一般散处着，闪着思想学说的光芒。他的哲学观点是丰富的、深厚的、杰出的，它坚持了唯物主义精神、闪现着辩证法光芒，最后达到了辩证唯物主义的高度。张琢在他的《鲁迅哲学思想研究》中，系统全面地论述了鲁迅的哲学思想，其中不少篇章的内容就是从对鲁迅杂文的分析和研究中得出的。

的确，鲁迅从未写过专门的系统的哲学论著，也不可能在杂文中来写哲学篇章，然而，他的杂文中，确是蕴含着丰厚的哲学思想。正因为是以杂文形式表露出来的，所以这种哲学思想是生动而活泼的，是同实际生活、实际的人和事，同各学科的实际问题紧密结合的。又因此，他的正确的、丰厚的哲学思想往往初读未必感觉得到，再读有所感受，多读才可以深刻领略，一方面是不易领会；另一方面又潜移默化，于不知不觉中给了我们教益。

体现于鲁迅杂文中的哲学思想，有一点特别突出，这便是他那注重实际、处处立足于实际、注重实践、时时不脱离实践的以实际为出发点与归宿的实事求是的彻底唯物主义精神。正是这种精神，使他在早期仍不能完全摆脱历史唯心主义的羁绊的时候，也能突破藩篱而具有浓厚的、鲜明的历史唯物主义气息。他在借《娜拉走后怎样》这样一个题目来议论妇女解放问题时，就紧紧抓住了"经济"这个核心的问题。他说："她除了觉醒的心以外，还带了什么去？倘只有一条象诸君一样的紫红的绒绳的围巾，那可是无论宽到二尺或三尺，也完全是不中用。她还须更富有，提包里有准备，直白地说，就是要有钱。"他说得直白然而实在、深刻："自由固不是钱所能买到的，但能够为钱而卖掉。"在《坟·灯下漫笔》中，他在分析中国20世纪20年代的社会状况时指出了这样尖锐对立的社会现象："我们在目前，还可以亲见各式各样的筵宴，有烧烤，有翅席，有便饭，有西餐。但茅檐下也有淡饭，路旁也有残羹，野上也有饿莩；有吃烧烤的身价不资的阔人，也有饿得垂死的每斤八文的孩子。"由此他得出结论说："所谓中国的文明者，其实不过是安排给阔人享用的人肉的筵宴。所谓中国者，其实不过是安排这人肉的筵宴的厨房。"这时期，鲁迅并未掌握历史唯物主义，并未树立马克思主义的阶级观点，然而，他却用自己特有的生动、实在的文学语言，表达了经济基础的决定权和社会阶级对立的现象。这原因，并非什么天才的预言，而是他重视实际的唯物主义精神决定的。

对于社会改革与革命，他也是重视实践的。他总是以实践的效用为衡量事物、行动，决定去取的标准。而这种实践效用又是以百姓的利益为核心的。他在《华盖集·补白（三）》中说：

> 譬如自己要择定一种口号……来履行，与其不饮不食的履行七日或痛哭流涕的履行一月，倒不如也看书也履行至五年，或者也看戏也履行至十年，或者也寻异性朋友也履行至五十年，或者也讲情话也履行至一百年。

这里用妥切而幽默的例子，深刻而具体地说明：要重实践。后来，他嘲笑过那种一面吃西瓜一面还会想到国土在像西瓜一样被瓜分的"爱国者"。他说，如此，就将得胃病，想救国也救不了了。他还痛心地说到中国人是做戏的虚无党，"抗日"的口号可以到处乱喊乱刻，又并不实行，抗得随便，但遇到日本侵略军，逮住就当真的抗日分子杀掉，叫作抗得轻浮，杀得切实。

他还曾批判创造社一些人的脱离实际空喊革命口号的"超时代精神"。在《三闲集·太平歌诀》中，他举出了南京市民歌谣中对于革命家孙中山的冷漠这个事例，说："看看有些人们的文字，似乎硬要说现在是'黎明之前'。然而市民是这样的市民，黎明也好，黄昏也好，革命者们总不能不背着这一伙市民进行。""近来的革命文学家往往特别畏惧黑暗，掩藏黑暗，但市民却毫不客气，自己表现了。那小巧的机灵和这厚重的麻木相撞，便使革命文学家不敢正视社会现象，变成婆婆妈妈，欢迎喜鹊，憎厌枭鸣，只检一点吉祥之兆来陶醉自己，于是就算超出了时代。"

这深刻地表现了他的注重实际状况并以此为思考、认识问题的出发点这种精神。所有这些，都渗透着一种坚持一贯的、具体生动的和彻底的唯物主义精神。这种唯物主义思想是自然地贯彻在对问题的分析、认识和评断之中的，没有运用一句哲学的语言、术语，没有引用半句哲学家的什么论点，只是直接地分析问题。而鲁迅杂文的哲学意蕴和特点，就正在这里。这是活的哲学、运用中的哲学、与实际紧密结合的哲学。

鲁迅的美学思想，也具有它的特点。他同样没有写过专门的美学论著，但在大量杂文中却有着他的美学观点的散在珠玉。李泽厚在《〈鲁迅美学思想论稿〉·序》中说：

> 鲁迅美学思想从来就不是关在屋子里供人观赏的花卉，从来就与作为整体的鲁迅本人、与鲁迅的创作、思想、人格、风貌不可分割。从描写流着血的"过客"、在沙漠里独自抚摸着伤痕的战士，到翻译、介绍普列汉诺夫的美学理论，从复制珂勒惠支、死魂灵百图到赞赏汉唐艺术、刻印十竹斋笺谱……哪里不是这同一巨大身影的不同侧面呢？……从提倡美育到引入、传播马克思主义艺术论，鲁迅实际上是我们今天的美学工作者的先驱。

李泽厚在这里列举的鲁迅的美学活动，有许多项都是体现于杂文之中或在杂文上也有体现的。如翻译、介绍普列汉诺夫的美学理论、复制外国木刻作品、提倡连环画、赞赏汉唐艺术等，都在他的杂文中体现了，他在杂文中都曾论及这些内容①。因此我们可以说，鲁迅杂文是他的美学思想的主要"宿主"，因此也是我们学习、发掘鲁迅美学思想、美学遗产的主要源泉。

鲁迅的美学思想散存于他的杂文中，这可以分为几种情况。首先，

---

① 张望编《鲁迅论美术》（增订本），收论文91篇、书信157则，新收论文中的大多数均选自鲁迅杂文集。

最重要的，也是最集中的，自然是在他的那些文艺论文型的杂文和有关文艺问题的讲演以及那些对反动的和资产阶级的文艺流派的批判文字中。在这些杂文中，鲁迅或者通过正面的论述、或者通过对于错误观点的批判，阐述了他的美学观点。见之于这些文字中的美学思想，是比较系统、比较集中、比较鲜明地表达出来的。多年来，研究者们在这方面作了许多深入的研究，并写出了比较系统化的论著。

在这方面的杂文，已经有人编辑和撰写了鲁迅论文学艺术、鲁迅的文艺思想、鲁迅的美学思想等类专著了。这是对鲁迅的文艺学和美学思想遗产的有益的整理和研究工作。

其次，鲁迅的美学思想还反映于他的为一些文学作品所作的序跋中，以及几篇为美术展览会、为木刻选集所写的序言、说明中。在他对于作品的评价中，对于木刻、绘画等艺术品的评价中，也比较鲜明、集中和系统地表露了他的美学理想、审美标准和对于文学艺术的特征的深刻见解。

再次，便是散见于他的多类杂文中的美学思想了。这些，有的比较集中，有的比较分散，有的是正面论述，有的是侧面表现，有些则是顺便论及或隐隐中流露出来。

鲁迅无意于当美学家，也不曾有计划地来写作美学方面的专门论著，他只是从事现实的斗争、服务于这个斗争和为了革命文学事业的发展，写下了这些杂文。然而，他作为伟大的思想家和文学家，他的文学艺术的理论思想和美学思想，很自然地便在杂文中流露出来了。正因为把理论思想灌注于杂文篇章中，所以他的文艺理论和美学思想不同于一般的文艺理论家、批评家和美学家，而具有了上述的许多特点。

在美学领域里，他代表着中国人民最高的审美智慧。

这是刘再复在《鲁迅美学思想论稿》的"题记"中对于鲁迅的评价。他还指出：

他的关于艺术美的大量见解，便构成其美学思想的大宝藏。这些美学思想表现出来的巨大深度广度，在我国美学史上是空前的。鲁迅的美学思想，是在自身创造我国艺术高峰的成功实践中所诞生的。因此，它没有任何空头病和贫血病，也没有任何神秘色彩，而是充满着活的血液和创造性的生机勃勃的热情，思想的真理性与显示真理的生动活泼性完全统一在他的美学见解中。鲁迅的美学思想，能使从事文艺实践的人们感到亲切。

这里所说的鲁迅美学思想的特点和优点，是确实的。鲁迅虽然没有专门的美学论著，但却有十分丰富、深厚的美学思想。它主要蕴含在鲁迅的杂文中，正因如此，他的美学思想如上引所述，是没有空头病、贫血病和神秘色彩的，是充满活的血液和生机勃勃的热情的，是生动活泼的。因为这些特点正是鲁迅杂文普遍具有的特点。在论及美的功利因素时，他曾在介绍为他自己所同意的普列汉诺夫的美学观时，指出：

> ……社会人之看事物和现象，最初是从功利底观点的，到后来才移到审美底观点去。在一切人类所以为美的东西，就是于他有用——于为了生存而和自然以及别的社会人生的斗争上有着意义的东西。功用由理性而被认识，但美则凭直感底能力而被认识。享乐着美的时候，虽然几乎并不想到功用，但可由科学底分析而被发现。所以美底享乐的特性，即在那直接性，然而美底愉乐的根柢里，倘不伏着功用，那事物也就不见得美了。并非人为美而存在，乃是美为人而存在的。……

这种经过鲁迅的融会贯通，然后用自己的话来表述的美的定义，实际上一以贯之地渗透于鲁迅杂文所有关于美的评价之中。那几段关于人性的区别的论述，是很有名而常被引用的，其中就贯穿着美的功利因素是基础的思想；而那段同样有名的关于《红楼梦》里的焦大决不会爱林妹妹等的有名论述，也同样强烈地渗透着这种思想。而且，这些论述，确确实实是充满着活的血液、创造性的生机勃勃的热情，以及思想的真理内涵与显示真理的生动活泼性完全统一这些特色与优点。

鲁迅曾经深刻地批判了朱光潜的"静穆"说，即立"静穆"为美的"极境"，以古典艺术之美为"静穆"美。他特别分析了陶渊明的并非"浑身是静穆"，就是这个陶渊明曾经写过爱情诗[①]，也做过"刑天舞干

---

① 鲁迅在《"题未定"草（六至九）》中说："……陶潜先生，在后人的心目中，实在飘逸得太久了，但在全集里，他却有时很摩登，'愿在丝而为履，附素足以周旋，悲行止之有节，空委弃于床前'，竟摇身一变，化为'阿呀呀，我的爱人呀'的鞋子，……。"

戚，猛志固常在"这样的"金刚怒目"式的诗。鲁迅在《"题未定"草（六至九）》中写道：

> 古希腊人，也许把和平静穆看作诗的极境的罢，这一点我毫无知识。但以现存的希腊诗歌而论，荷马的史诗，是雄大而活泼的，沙孚的恋歌，是明白而热烈的，都不静穆。我想，立"静穆"为诗的极境，而此境不见于诗，也许和立蛋形为人体的最高形式，而此形终不见于人一样。至于亚波罗之在山巅，那可因为他是"神"的缘故，无论古今，凡神像，总是放在较高之处的。这像，我曾见过照相，睁着眼睛，神清气爽，并不象"常如作甜蜜梦"。……

他最后作出结论说：

> 自己放出眼光看过较多的作品，就知道历来的伟大的作者，是没有一个"浑身是'静穆'"的。陶潜正因为并非"浑身是'静穆'，所以他伟大"。

然而鲁迅对于美的形式与形式的美，也是同样注重的。他的敢于提倡英国装饰艺术大师、现代派独特画家比亚兹莱的画，就很突出地说明了这一点。鲁迅在《〈比亚兹莱画选〉·小引》中说，比亚兹莱的作品"达到纯粹的美"，因为"他爱美而美的堕落才困制他"，"这是恶魔的美，而常有罪恶底自觉，罪恶首受美而变形又复被美所暴露"。就是这样的美，他介绍给艺术学徒和国人，目的即在吸取他的可以吸取的艺术营养。鲁迅称赞了比亚兹莱的吸取日本浮世绘的营养而又脱离它，成功走出了一条创新的路。他说："日本底凝冻的实在性变为西方的热情底焦灼的影象表现在黑白底锐利而清楚的影和曲线中，暗示即在彩虹的东方也未曾梦想到的色调。"这里，对于形式的美和美的形式的评价和重视，是他的美学观点的重要方面。正是因此，他提倡民族形式的采用，并且具体地指出：

> 我们有艺术史，而且生在中国，即必须翻开中国的艺术史来。采取什么呢？

他在《且介亭杂文·论"旧形式的采用"》中提出，要取唐代以前的"大抵以故事为题材"，"在唐，可取佛画的灿烂，线画的空灵和明快"，"宋的院画，……周密不苟之处是可取的"。

这里真正是挂一漏万地列举了一点例证，不在说明鲁迅的美学思想，而在证明鲁迅的杂文中确实蕴含着美学思想的宝藏，有些是直剖明示的，有的则渗透、流泻于他的各种题材、主旨的杂文中。我们一方面需要钩稽、发掘、诠释，另一方面也要多读。只要多读就会收到教益，于潜移默化中领受其美学内涵。

这些，证明了鲁迅杂文百科全书式的内涵的一个方面——美学方面，反映了他的杂文艺术的历史价值、现实作用和在文化史上的地位。

鲁迅对于自然科学也是十分重视的。作为提倡民主、科学两大旗帜的五四运动的主将，鲁迅不仅曾经研习过自然科学，如医学、地质学、物理、化学、生物学等，而且，在这方面有不少译著。他尤其重视科学普及著作和科幻小说。自然科学之于鲁迅，不仅是作为他的知识结构中的一个方面而存在，而且是他的革命世界观的组成部分和思想理论基础之一。因此，他常以自然科学的事例、道理，来论证或比喻他所要说明的道理。他把自己对于自然科学的认识，拓展或运用于对社会、历史的认识，或者以其相通的道理来指导对于社会、历史的认识，有时也把社会科学和自然科学两者联系起来，作为一个整体的两个部分，作为互相渗透和补充的改造世界的手段，来探讨和论证问题。他这样地来写他的杂文，常常是他构思的总体设计的一种方式、一种结构和一种手段。因此他的杂文中时常有自然科学方面的知识、道理灌输其中，不仅往往使他的论证具有自然科学的准确性和说服力，而且增加了文章的活力和引力。这样，就使他的杂文又具有一种突出的优点：富有科学知识，具有认识作用，而且传播着活生生的科学的世界观。

在为周建人的译作《进化和退化》写小引时，鲁迅在分析了从自然科学角度来讨论沙漠化问题，需要治水和造林之后，又引证了在反动统治下劳动人民如何为了生存而不得不吃树皮和砍树枝，而剥削阶级为了保护自己的利益又予以镇压，然后写道：

> 所以这样的树木保护法，结果是增加剥树皮，掘草根的人民，反而促进沙漠的出现。但这书以自然科学为范围，所以没有顾及了。接着这自然科学所论的事实之后，更进一步地来加以解决的，则有社会科学在。

鲁迅早期曾以科学为改造社会的手段，到五四时期还是如此①。颇有"科学救国"的倾向。以后，便进到这篇小引所说，指出自然科学与社会科学是"各负其责"，各有自己的作用范围的。这是对于科学在改造社会范围内作用的"规定"。但在分析各种具体问题时，鲁迅又常常引用科学事例来帮助论证。这方式又有多种多样。在《春末闲谈》中，它以细腰蜂果赢以针刺小青虫使为食物的生物现象为引子，展开了对于封建思想文化和历代封建统治者对于人民的统治术的揭露批判，又以此来说明了现代反动统治者的可悲命运：不可能既使人民奉献玉食，又不起来造反。在《华盖集·十四年的"读经"》中，他以俄国著名医学家梅契尼珂夫关于大嚼细胞（现译巨噬细胞）使人体老衰的学说来比喻衰老的国度如人体一样，"废料愈积愈多，组织间又沉积下矿质，使组织衰硬，易就于灭亡"；又在《热风》的《题记》中，以白血球与病菌同归于尽一起被排出的人体现象，来比喻杂文应同它所攻击的时弊一同灭亡，才是社会进步的表现。

在另一些杂文中，鲁迅以科学技术的不同应用来阐明社会制度的不同带来利与害的不同结果，并借此抨击了反动统治。在《电的利弊》中，他揭露电报、电话之类和电疗、美容等电所带来的福利和电刑则使被压迫者受苦、丧命的尖锐对立现象，借此抨击了国民党反动统治的白色恐怖，也预示了必须改变社会制度才能化弊为利。有时，鲁迅也以自然科学中的铁的规律来确证某种社会现象的必然性。他以地球的必然自转的规律来确证了"民族主义文学"的想"给人一辣而不死，制止他讨厌的哭声"，必然"是无效的"。他在《伪自由书》中说：

> 凡事实，靠发少爷脾气是还是改不过来的。格里莱阿说地球在回旋，教徒要烧死他，他怕死，将主张取消了。但地球仍然在回旋。为什么呢？就因为地球是实在在回旋的缘故。
>
> 所以，即使我不反对，倘将辣椒塞在哭着的北方（!）孩子的嘴里，他不但不止，还要哭得更加利害的。

此外，这样的例子还很多。

总之，在鲁迅的杂文中，自然科学是他论证的资料、辅助材料、借

---

① 《热风·三十三》中说："……要救治……中国，……只有这鬼话的……对头的科学！"

取的力量，还有足资应用的相通规律。因此，丰富的自然科学知识，也就成为鲁迅杂文的力量源泉之一、逻辑力量的源泉之一，也是这些杂文的营养素的一个重要方面。同时，还通过自然科学知识传播科学的世界观和认识处理问题的科学态度。这也就加强了鲁迅杂文的认识力量。

鲁迅杂文的认识作用和价值，是文学艺术作品的品性和社会效用中很重要的一个方面，而能够象鲁迅杂文这样具有高度认识价值的文艺作品是不多的。鲁迅杂文的学术意义和学术价值，则更是一般文艺作品所没有或望尘莫及的。鲁迅杂文的百科全书式的内容，它所含有的从哲学到历史、美学、文学艺术及自然科学的知识、学术因素；他的杂文的从个别到一般、从具体到抽象的深刻意义，以及他的所有这些品性都是用杂文艺术的种种手法来表现，在所有其他文艺产品中，都是不可全得、没有能够与之匹敌的。这正是鲁迅的杂文在我国文学史和现代文学史以至文化史、思想史上具有崇高地位的原因。在中国文学史上，散文与论说文都占有很重要的地位，其成就是很高的。历代都有名家高手。从先秦诸子到魏晋文章，从唐宋八大家到桐城派，都有以驳议胜、以抒情胜、以抒怀胜、以叙事记物胜、以描画人物胜等不同方面不同成就的散文作品。"五四"以来，散文的成就也很突出。鲁迅的杂文，作为散文的一种，熔驳议、抒情、叙事记物、刻画人物于一炉，水乳交融，亲和无间，达到了历代散文和"五四"以来的新散文的高峰，而且另辟蹊径，独创艺术新天地，建设了一片新艺苑。这里盛开着各种颜色、各种姿态的艺术花朵，纷繁荣华，艳丽非凡。这是我国散文史上的灿烂篇章，也是文学史上光照全篇的部分。然而，正如平心在《人民文豪鲁迅·一九四六年重刊献词》中所说：

> 这个巨人好象是专为打扫人间污秽增添人间美丽而来到这世界。他不仅是第一个深刻的民族自我批判者，同时又是社会变革的预言者和新生力量的护持者；他的成就是超于文字语言之上的。

鲁迅的作品，其中首先的和主要的是他的杂文，"把我们引到了思想的巅峰，把我们带到了历史的深谷"，而且把我们引进艺术的大花圃。

平心还指出："用新生的希望抗击老衰的绝望，这就是中国人民求生的道路。照耀这道路的鲁迅，与其说是高悬夜空的孤星，不如说是燃烧在人民中间最大的不灭火炬。这支火炬跟无数民间的爝火联结起来，顺着新民主的风向越烧越旺；而这正是鲁迅越战越韧的强毅精神的不朽象征。"今天，这个和民间爝火联结在一起的最大的不灭火炬，又用他的思想与艺术遗产的火炬，同民间振兴中华的爱国主义、国际主义和社会主义的爝火联结在一起，并且顺着社会主义、共产主义之风，越烧越旺，照亮着我们的精神文明的领空，引导着我们前进。

第五章 鲁迅杂文的艺术特征与美学构成

一、研究工作的简略回顾

在鲁迅研究史上，杂文研究一直是一个重要的侧面。这种状况，反映了两方面的问题：第一，在几十年的鲁迅研究中，人们一直是把鲁迅杂文作为一个课题来研究的；第二，杂文只是鲁迅研究的一个侧面，而没有成为一个独立的、重要的方面，更不要说是中心课题之一了。这不能不说是一个严重的不足。如前所述，鲁迅杂文在鲁迅著作中，在中国现代文学史以至文化史、思想史上占据着那么重要的地位，我们怎么能够将其只作为一个研究的侧面呢？

这个缺点的产生，大概有两方面的原因。一是消极的原因，即人们没有把它看作文艺创作，而只是当作论文来对待。好像研究鲁迅的创作，就是小说、散文、诗歌、散文诗，而杂文却不能列入研究课题。所以几十年来，关于这些文艺创作品种的研究，论文、专著都不少，而杂文研究却专论甚少、专著更少。

另一方面，从积极方面看，鲁迅杂文的研究，又常常是融合于鲁迅思想的研究之中。几乎所有研究鲁迅思想的文章，在探讨鲁迅思想的发展史、鲁迅各方面的思想观点以及鲁迅思想的性质、特点与成就等时，都以杂文为基本材料，以杂文中蕴含的思想素材为分析的对象。这样做是符合实际的科学的。正如唐弢同志在《燕雏集》中所指出的，鲁迅的思想发展过程，"特别是反映在他的杂文里"，"鲁迅的杂文的确是他思想的最忠实的记录"。几十年来，尤其是新中国成立以来，这方面的研究是取得了很大成绩的，发表过不少比较系统的和全面的、有见地的、有贡献的论著，这是我们鲁迅研究方面的重要成果。这些成果，是我们今天继续研究鲁迅杂文的基础和指导线索。当然，我们要学习这些成果，但我们同时又必须突破它们，超过它们。

但是，正因为是这样融合进思想研究中的杂文研究，因此就不免产生一些偏颇和缺点。首先，这种杂文研究，往往只是把一些杂文作为例证和分析对象来对待，而对他们的独立价值却探究得很不够，即使是单篇的研究（这种研究，尤其是对于鲁迅数十篇杂文名作的研究是很多的），也是在一个既定思想概念或轮廓中，将一些杂文和杂文中的论点作为例证充填进去。这当然是有意义的研究，但是未免"吞没"了杂文自身价值。正是这个原因，使得鲁迅杂文自身形成的发展路径、反映的思想体系，即它的诗史性质，反映得不够清晰，论述得自然也很不够。

其次，对于鲁迅杂文的思想、主题、地位、作用等的分析，往往随着政治形势的变化而变化，随着政治需要而去阐发。因此有的不免偏于一面，有的脱离了鲁迅思想作品的实际，有的甚至是强加于鲁迅之身。尤其是林彪、江青集团横行时期，更是拿鲁迅的杂文、鲁迅的思想，任意塑造，去证明他们的某个论点。该集团垮台前，常把鲁迅的某几篇杂文拿来塑造成为批宋江、批谣言、批"右倾翻案风"，批"走资派"、"同路人"的先声和棍棒了。这当然是对于鲁迅杂文和鲁迅本人的践踏。这种做法的恶果至今还影响着鲁迅的形象。

同时，特别值得提出的是，也由于这种杂文研究是融合于思想研究之中的，所以对于鲁迅杂文的艺术性的研究也就注意得不够甚至未予注意了。几乎可以说，就多数而言，往往只是表面地涉及一下，诸如对他的语言、运用形象、比喻等发表一些评论、分析，就算是艺术分析了。这当然是很不够的。

对于鲁迅的研究，成绩的主要方面在于单篇作品的研究。这种研究，同选本、同教学工作结合着，因此，注释、评点、阐述内容和一般艺术手法的成绩比较显著。这当然是有益的。

但是较之全面的、深入的研究，毕竟还是有差别。也由于同样的原因，也还由于多年来"左"的思想的影响，对于鲁迅杂文的单篇研究，往往限于有数的篇什中，而很多文章，虽然是很有价值的，或是很有艺术特色、成就很高的，却很少有人去研究。这当然是一种片面性、一种偏颇，不仅对于鲁迅杂文研究是不利的，对于整个鲁迅研究也是不利的。在这方面，我们也应该努力有所突破。

鲁迅的杂文的内容非常丰富，涉及的方面非常广泛，因此它在不同时代、不同时期、不同的读者中所引起的效果也是丰富的、多方面的，而不是单一的、狭隘的。当然，鲁迅的杂文的社会功效，主要的是在政治的、思想的、文化的斗争中所起的作用、所发挥的效益。这是不可磨灭的，也是不可忽视的。

不过，这些多方面的作用，不是彼此游离和游离于鲁迅杂文的思想政治作用之外的。实际情况是这样的：正因为鲁迅的杂文具有这样的多种作用，所以它才能在思想政治作用上具有那么大的力量、那么丰厚的内容，而不是简单化的、狭窄的、一览无余的、经不起推敲和留不下余味的。我们只有这样看，才能解释何以鲁迅的杂文并没有如他自己所希望的随着他所攻击的时弊的消逝而速朽。思想政治上的种种斗争，往往由于时过境迁，而减色、而降低它的意义或者只留存着历史的意义而失去了现实的意义。但是，那些在具体的战斗中发挥了很好的、深刻的作用的文学作品，却因为它的内容的深沉丰厚和艺术上的优异，而保有长久的价值。鲁迅的杂文就是这样的作品。

基于这样的认识，我们在这里探索鲁迅杂文艺术的规律时，就不得不越出"常规的范围"，去寻求、探索一些东西。

二、另一种反映"中国的人生"和"中国人灵魂"的镜子

艺术是社会生活和人的心灵的反映。这种反映又是通过作家艺术家的眼睛对于社会生活和人的心灵的观察，反映到他们的头脑和心灵中，由头脑来进行分析、滤过、择取、评判、改造、酿制之后，又经过心灵的、感情的和心理的乳汁渗透、"酶"化，才能形成形象，被用材料或语言表达出来。这是一个非常复杂、非常隐蔽，因此常常为别人所难明其奥秘，连自己也未必总能说得清晰的过程。然而，正是在艺术创作的这个层次和这个阶段，才产生了艺术的个性和独创性，产生了艺术家的色彩斑驳、才华熠熠的光芒。鲁迅的杂文艺术，也正是在这样的过程中，酝酿制作成了光华四射、独具色彩的艺术精品。我们只有深入到这个层次、这个过程和领域中，进行探索，才能得到规律性的认识，从而不仅提高对于鲁迅杂文艺术的理解，而且可以探索一般性的艺术规律，

从杂文艺术进到一般艺术。

近年来，已经有对于鲁迅杂文的艺术特征的专论和专著出现，并在研究上取得了新的进展。

在这本初次尝试对于鲁迅杂文学作专门的、系统的研究的小书中，学习先辈们和前行者的成果，循着他们的足迹，做进一步的工作，试图扩展、开拓一片稍微新一点的领域。正是为着这样一种意图，所以在研究和探寻的侧重点上，与以前的基础有一种相关联的或是相"对抗"的因缘：就谈论不多以至未曾谈论的问题，和虽然谈论较多但尚未作出满意回答的问题，发表一些意见，提出一些问题。总之，根据鲁迅杂文的实际，也根据我们到现在为止鲁迅杂文研究的状况，提炼出几个比较重要和迫切需要解决的问题，作为探索的重点，来进行工作。

（一）鲁迅杂文创作的总目的和艺术的总体设计

对于鲁迅杂文的艺术特征的认识，在总体上，我们不妨归结为：一种反映"中国的人生"和"中国人灵魂"的特殊艺术之镜。鲁迅曾经讲过，他的小说创作，是反映他眼里经过的中国的人生的。他在《南腔北调集·我怎么做起小说来》中是这样说的：

> 说到"为什么"做小说罢，我仍抱着十多年前的"启蒙主义"，以为必须是"为人生"，而且要改良这人生。……所以我的取材，多采自病态社会的不幸的人们中，意思是在揭出病苦，引起疗救的注意。

他在《集外集·俄文译本〈阿Q正传〉序及著者自叙传略》中还说：

> 在将来，围在高墙里面的一切人众，该会自己觉醒，走出，都来开口的罢，而现在还少见，所以我也只得依了自己的觉察，孤寂地姑且将这些写出，作为在我的眼里经过的中国的人生。

在这两段自叙中，鲁迅说明了自己创作的总目的是为了人生，而且要改良这人生；而实现这个目的的总方式则是：写出在他眼里经过的中国的人生，写出这病态社会中不幸人们的病苦，即他们受难的灵魂，他们的痛苦、悲伤、哀痛、愿望、挣扎和斗争，他们的麻木、愚昧、停滞和死亡。由此，鲁迅杰出的小说就成为反映"中国的人生"和"中国人灵魂"的一面伟大而深刻的镜子。

鲁迅的杂文，同样是如此。

文学家艺术家的创作，可以有多种多样的形式，多种形式之间有着种种艺术上的差别。然而，又都有其统一的地方。各个艺术形式之间，在艺术上都存在通感，有共同的艺术规律、共同的美学内涵，互相渗透和影响。从作家本身来说，他的艺术素质、美学理想与情趣，会统一地贯穿于他所运用的各种艺术形式中。因此，鲁迅的杂文也同样会受到他赋予小说创作的总体立意和艺术设计的影响，他的杂文是在他的创作的总目的和实现这个目的的总方式的支配下写出来的。我们可以说，他的杂文的创作总目的，也是为了改变中国的人生的；其实现目的的总方式也是写出他眼里经过的中国的人生和中国人的灵魂。我们这样说，并非仅仅根据上述情况的一般推理，而是还有具体的证明。

鲁迅在《集外集拾遗补编·做"杂文"也不易》中说过，创作杂文"也是一种'严肃的工作'，和人生有关"。在《且介亭杂文·序言》中，他说"当然不敢说是诗史，其中有着时代的眉目"，是"能和读者一同杀出一条生存的血路的东西"（《南腔北调集·小品文的危机》）。他认为杂文作者的任务，"是在对于有害的事物，立刻给以反响或抗争，是感应的神经，是攻守的手足"，是"为现在抗争"，是"为现在和未来的战斗"（《且介亭杂文·序言》）。所有这些，不正说明他写作杂文是为了中国的人生，为了改变这种中国的人生吗？

鲁迅在《准风月谈》的《后记》中又说：

"中国的大众的灵魂"，现在是反映在我的杂文里了。

这不是又很明确地申明，他的杂文，是要反映中国大众的灵魂的吗？

鲁迅给自己的杂文规定了总的任务：反映和改造中国的人生，反映和改造中国人的灵魂。他的杂文是小说之外的另一种反映"中国的人生"和"中国人灵魂"的镜子。

他确实是这样做的。这事实，我们已在前面的章节中详细地论证过和说明过了。我们从前面所叙述的他的杂文的历史发展中，在论证他的杂文的思想成就和历史地位时，都已经这样证明过了。现在的问题是：以这个总体立意出发，他如何确定和实现了他的艺术构思、艺术手段的总体设计?

鲁迅说过,他的杂文就是要实行"社会批评"和"文明①批评"。这正是反映"中国的人生"(社会)和"中国人灵魂"的两个方面;但写作手段,不同于写小说的描述故事和人物命运,而是两个字:批评。这就是议论、揭露、抨击、剖析……

鲁迅要求写杂文"要有一点常识,用一点苦工",要像显微镜那样"也照秽水,也看脓汁,有时研究淋菌,有时解剖苍蝇",它是"悲喜时节的歌哭":"乐则大笑,悲则大叫,愤则大骂",它要"和现在贴切,而且生动,泼辣,有益","而且也能移人情","它也能给人愉快和休息"。②这些对于杂文的艺术"规定性",已经充分地表明了鲁迅杂文艺术的基本特征,它的批评和议论是形象的,是充满强烈的感情因素的,是贴切、生动、泼辣的,是能够给人以愉快和休息的,如此等等。归结起来,这就是鲁迅杂文的美学构成。

由于鲁迅的杂文的总目的、达到目的的总方式,它的艺术的总体设计和美学构成是这样的,所以派生了、构成了鲁迅杂文的艺术特征的一系列表现。这便是我们所要探讨的。

(二)鲁迅杂文的正名和分类

不过,为了准确地、科学地对鲁迅的杂文进行艺术分析,探寻它的美的规律和美学构成,我们有必要对他的杂文作一个总体了解和分析。因此鲁迅杂文的正名和分类,便是我们首先应该探究的一个问题。因为只有名正、类清,才能正确地掌握它的性质、品格,才能正确地认识和研究它。

为什么要提出这样一个问题呢?难道鲁迅的杂文可以不称"杂文",要归为其他什么类别吗?

最早提出这个问题的是锡金。他在前面提到过的《鲁迅的杂文》中提出:鲁迅向来用杂文名称,往往打上引号,因为这个文体名称"是1934年'还不到一知半解程度的大学生林希隽之流'给加上的恶称"。

---

① 文明,这里主要是指精神文明。

② 以上引号内的文字,分别引自《南腔北调集·小品文的危机》《集外集拾遗补编·做"杂文"也不易》《华盖集·题记》《且介亭杂文二集·徐懋庸作〈打杂集〉序》诸文。

至于鲁迅自己的叫法则是"杂感""短评""短论""短文"。但鲁迅在两种情况下使用"杂文"这个名称。一是用之于最后三本杂文集即《且介亭杂文》及其二集、末编。一是用为反义。锡金解释说：

> 正如有人诽谤鲁迅为"第三个还是有闲"他即以"三闲"名集，有人说鲁迅说话南腔北调他也即以名集一样，鲁迅最后的三个集子就是因为别人骂杂文而命名为"且介亭杂文"。但这不是鲁迅为这些作品接受了"杂文"的恶意的称号了，不，鲁迅所用的杂文有它的另外的正确的含义，所以，他往往把林希隽之流所说的"杂文"都加上了引号，这样就表示了两个概念之间的区别。

那么，鲁迅是怎样正面使用杂文名称的呢？锡金说："鲁迅以杂文名编而不是以杂文名篇，这是杂文的真意。"

锡金以上的观点是有根据的、正确的。鲁迅确实往往以引号加于杂文之上，也以杂文名编。鲁迅在《且介亭杂文·序言》中说：

> 凡有文章，倘若分类，都有类可归，如果编年，那就只按作成的年月，不管文体，各种都夹在一处，于是成了"杂"。

很明显，鲁迅所说的'杂'是指一本编年的文集中，什么内容、形式、体裁的文章都集中在一起，所以叫作"杂文集"，而单篇的文章，议论某事某人某物某题，一事一议，就其自身而言是无所谓杂的。所以瞿秋白当年编鲁迅杂文选，即用"鲁迅杂感选集"之名，且为鲁迅所同意。

宋学知在他的《鲁迅杂文艺术形式研究之一——"鲁迅杂文"名称考》中，对于鲁迅的杂文之名，作了进一步的研究和考证。他首先指出：

> 杂文，作为中国现代文学史上的一种艺术形式，是同鲁迅杂文艺术形式的形成和发展联系在一起的。

在这里，宋学知把作为艺术形式的鲁迅的杂文之定名，同杂文艺术形式本身的形成和发展联系起来，这一点很重要。我们对于鲁迅"杂文"之定名，不是只看作一个文体名称的因由来对待的，而是要从名称之演变与确立中，看出这一文体的发展史。

据宋学知考订，"在鲁迅先前，特别是一九三三年以前，鲁迅本人以及研究者们并未把这种艺术形式称为杂文；一九三三年以后，特别是鲁迅逝世以后，才逐渐将其命名为杂文。"这就比锡金更进一步明确了鲁迅杂文之"杂文"名称的定型，以1933年为界线。这个时限并非纯粹偶然划定的，而是同鲁迅杂文创作的发展历程，甚至同他的战斗的经历相联系的。宋学知指出："在一九三三年以后，随着文坛杂文的兴起，鲁迅杂文创作高潮的出现，特别是针对各色人等对杂文的攻击，鲁迅有意'反来正用'，以'杂文'代称'杂感'或'短评'，目的在于提倡'杂文'这种战斗文体，以扩大其影响。"这个见解是正确的，然而必须指明，在1933年无论文坛杂文的兴起也好，鲁迅杂文创作高潮的出现也好，也都并非出于偶然。这是中国当时的民族斗争和革命斗争以及与这两个斗争相联系并反映这种斗争的社会斗争、思想斗争，进一步开展、进一步尖锐化的结果和表现。宋学知列举了1932—1935年出现的一大批专发杂文的期刊和副刊中与鲁迅有关的报刊，它们有9种之多①。这种情况说明：因为读者有此种需要，所以有人编辑，能够出版这么多杂文刊物并有销路。而这个情况，则是反映了斗争的开展和尖锐化，吸引了人们对于及时反映斗争的杂文的注意和阅读兴趣。正是服务于这种开展着的日益尖锐化的关乎民族存亡、人民生死的斗争需要，革命的、进步的文艺工作者，才更自觉地拿起了这个武器，并且经常而广泛地使用这一武器。这一切，自然所反映的正是1931年九一八事变以后，尤其是一·二八事变之后的中国的形势：日本侵略者进一步吞并中国，中华民族处于生死存亡关头，国民党反动政府实行不抵抗政策，投降、卖国、反共，"围剿"红军，镇压抗日爱国运动，以及在中国共产党的领导下人民觉醒并投身于爱国洪流和民族斗争的前线。杂文正是适应这样的形势而更加得到发展的。

当然，这与鲁迅自身的思想发展和战斗品格同样分不开。从创作主体的角度来说，这是决定性的条件。这也正是鲁迅的伟大之处。为了民族的生存，为了人民的解放，为了抨击当面之敌，为了揭露伪装和隐蔽的鬼魅，他不顾自身的性命，英勇地站在斗争的前线，用笔、用创作杂

---

① 包括《涛声》《论语》《申报·自由谈》《中华日报·动向》《人间世》《新语林》《太白》《芒种》《杂文》。

文来进行战斗。由此而形成他自己的杂文创作的第二个高潮期，也使其杂文艺术达到一个新的高峰。

同时，这也与杂文的艺术品性有关。从创作客体的角度来看，这也是决定性的。既是刀枪斧钺，又是"匕首""投枪"，各自发挥着自己独特的作用。正因为杂文是这样的文学体裁，具备这样的战斗品性，所以它才能适应形势和斗争的需要，得到这样的发展。同时，它又在大师的培育下茁壮成长。因此能够在艺术上这样发育成熟起来。

而且，那些以杂文来为自己的反动派利益服务的杂文作者们，也有一份不可忽视的"功劳"。他们的攻击、污蔑，倒也从反面助长了杂文的发展。当然，他们是出于自身的利益考虑才这样做的。一方面，他们看到杂文的兴起和它在战斗中所能发挥的作用以及已经起到的作用，怀着憎恨与恐惧来攻击和禁压；另一方面，他们出于攻击的需要，自己也拿起笔来，利用杂文的形式来达到自己的目的。这两方面的结果自然都并不如他们的意，事实是战斗的杂文之花，倒是在风雨的锻炼中，在毒草变成的肥料的"滋养"下，花枝招展地开放并且繁茂起来了。

杂文就这样在1933年和以后一段时间里，更进一步地发展起来了。正因为它是在这样的条件下，这样地发展起来的，其主题是广泛的，斗争的领域是宽广的；题材之丰富，五花八门、千奇百怪，内容之驳杂，社会百态、人生千相，形式之多样，灵活机变、绰约多姿，其谓杂，确实是很符合实际的。而且，由于杂文在战斗中所发挥的作用，由于杂文大师鲁迅以及他的学生和战友聂绀弩、徐懋庸、唐弢等作家的作品具有美学价值，能够怡人情，给人愉快和享受，人们确实有些爱它了，对于它的"杂"不仅不鄙弃，而且觉得符合自己的需要了。

于是，"杂"之名就这样确定了，"约定俗成"，为人们所接受和应用了。那些作为诬称使用的轻薄的意思，却被人们遗忘了、抛弃了。

这是杂文的一种命运。这种命运是艺术花园中一种艺术体裁的命运，然而又不止于此。它更是同人民的斗争命运相通的。

鲁迅的杂文当然在这个杂文整体的命运中生存和发展。从史的发展来看，虽然是从1933年才确立名称，但从实质上看，他的所有杂文集中的杂文，都可以视为杂文。这是符合鲁迅在"以杂文名编"的概念下使用杂文名称的含义的。但同时，在鲁迅的杂文集中又确实有一部分文章，不像杂文甚至不是杂文，是在"以杂文名编"的前提下才被"杂"

进了"杂文集"之中的。只有那些被鲁迅向来称为"短评""短论""杂感"的文字才是"正宗的"杂文。这又是符合鲁迅以杂文为杂感、短评之同义语这个用意的。

当然,"杂文"这个名称早已经通用,"鲁迅杂文"也已经为人们所接受。在一般情况下,我们今天无须去更改,也无须去排队分编;这样做不仅不必要,而且会造成混乱。但是,为了研究的目的,为了深入、细致、清晰地了解对象,将这个问题的史的发展状况作一番回顾,澄清一下,却是必要的、有益的。因此,我们需要对鲁迅编年杂文集中所收的各类文章进行一个必要的分类,以剔出那些鲁迅的真正的杂文来进行研究,而将那些不能称为杂文或非典型意义上的杂文分出,这样才能更准确地研究鲁迅杂文的特征。这不妨叫作鲁迅杂文的"定性分析"。

在鲁迅的杂文集中,显然是各类文章都有。当然,占主要篇幅的,即锡金所说"集子中的骨干",是我们习惯上所说的鲁迅的杂文,但其中也夹杂着因是编年文集而被收入的非杂文类的文章。我们粗略地分一下,即可有数类文章应该剔除于"杂文"之外:

(1)广告。如《集外集拾遗》中的《〈未名丛刊〉与〈乌合丛书〉广告》《〈艺苑朝花〉广告》,《集外集拾遗补编·附录一》中的《〈苦闷的象征〉广告》《〈莽原〉出版预告》《〈引玉集〉广告》《〈木刻纪程〉告白》《〈死魂灵百图〉广告》等。这些广告出自鲁迅的手笔,忠实可靠、朴实无华,当然同一般商品广告和图书预告大不相同。然而,其并无"文"的形态,更不具杂文风格。

(2)启事、声明。如《集外集拾遗补编》中的《答二百系答一百之误》《周豫才告白》《白事》《鲁迅启事》《编者附白》《谨启》等。这些启事、声明中,也确有写得生动活泼,以至风趣、幽默的,但是,究竟只是一则有关事务的申明与交代的启事,是不能算是杂文的。

(3)学术资料。如《二心集》中的《关于〈唐三藏取经诗话〉的版本》,《集外集拾遗补编》中的《关于小说目录二件》。这些文章都是纯粹的学术方面的资料,也是与杂文无关的。

(4)学术论文。这类文章,在鲁迅杂文中,不在少数。当然,有的写得风姿绰约,颇有杂文意味,虽属学术论文,然而也同时可以视为杂文,这可说是"一身而二任"的杂文,也可称为"学术性杂文"。最典型的作品,要算《魏晋风度及文章与药及酒之关系》。此外还有《三闲集》中的《现今的新文学的概观》，《二心集》中的《"硬译"与"文学的阶级性"》《"民族主义文学"的任务和运命》，《且介亭杂文》中的《门外文谈》，《且介亭杂文二集》中的《〈中国新文学大系〉小说二集序》等。还有些文章，纯是学术文章，只是因为编辑编年体文集，所以才收入杂文集中了。如《华盖集续编》中的《关于〈三藏取经记〉等》一文，是关于《大唐三藏取经记》版本考证的，虽然文笔活脱泼辣，于日本学者德富苏峰文章的"措辞又很波俏"，也给予了回敬，但是，其内容只是关于书的版本的考证，而不能算作杂文。

又如《且介亭杂文二集》中的《六朝小说和唐代传奇文有怎样的区别?》也是典型的学术论文，而不具备杂文的特点。

（5）文艺评论。这类文章在鲁迅的杂文中所占比例不算小。其中也有不少是两重性的文章，既是文艺评论，又具杂文风格。但有些文章，虽然具有鲁迅文章的一般风格，生动活泼，但仍不能算是杂文。如《二心集》中的《上海文艺之一瞥》《关于小说题材的通信》，《且介亭附集》中的《论现在我们的文学运动》等，都是这种类型的文章。

（6）诗歌。除了《我的失恋》之类的诗具有讽刺意味，可算与杂文有关，其余均是诗。

（7）其他，包括便笺、更正、墓志、碑文、书目以及个别的翻译文章等。这类文字零乱分散，多数在后来收集的《集外集》中，它是更加兼容并蓄而不以杂文为限的。但在《且介亭杂文》这样的以"杂文"名集的杂文集中，也有《韦素园墓记》《河南卢氏曹先生教泽碑文》，在《且介亭杂文二集》中还有《镰田诚一墓记》等，这些是不能算作杂文作品的。

以上七类之中，（1）、（2）、（3）、（6）、（7）五类，有的是短小的广告、启事，正式的墓志、墓碑、书目，或标准的资料文字，是完全不能算作杂文的，它们没有任何杂文的特点。（4）、（5）两类，则又不同，它们有的是长篇大论、鸿篇巨制，有的是有一定深度的文章，其中议论风生，形象飞动，也有时运用一点讽刺、幽默，虽然就其总体说，不能算是典型的杂文，但其间有杂文因素，杂文笔法。就（1）、（2）、（3）、（6）、（7）几类文章来说，如果鲁迅不是编辑编年体的文集，它们是不会被视为杂文而编入杂文集中的。我们现在仅局限于研究范围内，将它们从鲁迅杂文中"剔出"，是完全可以而且应该的。这并不违背鲁迅的意愿。至于（4）、（5）两类中的许多文章，或者由于它们的两重性质，或者由于它们向来被看作杂文，已经在人们的观念中完全"杂文化"了，如《魏晋风度及文章与药及酒之关系》《"硬译"与"文学的阶级性"》等，便属于前者，而如《关于小说题材的通信》则属于后一种情况。

当然，所有这些文章，我们向来统称为鲁迅的杂文，是可以的，以后"一仍旧贯"，也是应该的。因为它们本来就收集在鲁迅的杂文集中，而且我们已经几十年地这样看待和处理了，约定俗成、"习惯成自然"，是无须去改变，也是改变不了的。但是，作为杂文研究，要探求鲁迅杂文的性质、特征、渊源、手法、语言、结构，以至艺术构思、创作心理、思维特点等，那么，进行分类，就是十分必要的了。因为这样可以避免"混淆视线"或"言不中的"，如有驳难者，以此类非杂文的"杂文"来否定关于杂文的规律性的论述和概括，我们也可以有所回答。因此，我们有必要在研究工作进行之时，这样"区别对待"一下，在杂文研究中暂时把它们从鲁迅杂文中剔出，以"纯化"研究对象。其实，鲁迅自己在考虑选编非编年体文集时，就是分别对待，将杂文分出来的。如大家所知，鲁迅在计划出版《三十年集》时，曾拟定了三个很好的题名来分别命名文集，即《人海杂言》《荆天丛草》《说林偶得》。然而，我们这样做，还有更重要的理由，那就是：鲁迅的杂文，由于一向以"杂文"名之，因而模糊了它们的艺术性质，使人们在探索它的艺术特征时，有时不免扑朔迷离，难于概括和综合分析，又不能在"纯化"后如实地以新名称称谓它。当我们进行剔除工作之后，我们就可以很自然地称它们为杂文学，就像我们称一种介乎新闻与文学之间的文章为"报告文学"一样。或者还可以称为"议论散文"，就像有"抒情散文""记叙散文"一样。这样，鲁迅的杂文足称创作和列入文学之林就毫无疑义了。当然，我们的目的并不只在于此，但这却是实事求是的自然结论。

在鲁迅这种"杂文学"或叫"议论散文"中，我们还可以分为几种类型，它们又各有特色，其艺术性、艺术特征与创作手法也不尽相同，文学成分也有差别。大体分之，可有以下几种。

一是散文诗。如《热风》中的《六十六·生命的路》《为"俄国歌剧团"》，《华盖集》中的《长城》，《准风月谈》中的《夜颂》《秋夜纪游》等都是。它们与《野草》中优美的散文诗是同属一体的，如果鲁迅后来继续收集《野草》一类的散文诗集而不出编年的杂文集，它们收入散文诗集是完全合适的。

这是《为"俄国歌剧团"》的片段：

> 有人初到北京的，不久便说：我似乎住在沙漠里了。
>
> 是的，沙漠在这里。
>
> 没有花，没有诗，没有光，没有热。没有艺术，而且没有趣味，而且至于没有好奇心。
>
> 沉重的沙……
>
> 我是怎么一个怯弱的人呵。这时我想：倘使我是一个歌人，我的声音怕要销沉了罢。
>
> 沙漠在这里。
>
> 然而他们舞蹈了，歌唱了，美妙而且诚实的，而且勇猛的。
>
> 流动而且歌吟的云……
>
> 兵们拍手了，在接吻的时候。兵们又拍手了，又在接吻的时候。
>
> 非兵们也有几个拍手了，也在接吻的时候，而一个最响，超出于兵们的。
>
> 我是怎么一个褊狭的人呵。这时我想：倘使我是一个歌人，我怕要收藏了我的竖琴，沉默了我的歌声罢。倘不然，我就要唱我的反抗之歌。而且真的，我唱了我的反抗之歌了！
>
> 沙漠在这里，恐怖的……

抒情、倾诉，流水浮云般的语言，跳跃跌宕的情绪，这是一首标准的优美散文诗，收入《野草》，完全合适。然而它作于1922年，收入杂感集《热风》里了，于是以杂文名。《准风月谈》中的《夜颂》也是一篇优美、深沉的散文诗：

> 虽然是夜，但也有明暗。有微明，有昏暗，有伸手不见掌，有漆黑一团糟。爱夜的人要有听夜的耳朵和看夜的眼睛，自在暗中，看一切暗。君子们从电灯下走入暗室中，伸开了他的懒腰；爱侣们从月光下走进树阴里，突变了他的眼色。夜的降临，抹杀了一切文

人学士们当光天化日之下，写在耀眼的白纸上的超然，混然，恍然，勃然，粲然的文章，只剩下乞怜，讨好，撒谎，骗人，吹牛，捣鬼的夜气，形成一个灿烂的金色的光圈，象见于佛画上面似的，笼罩在学识不凡的头脑上。

爱夜的人于是领受了夜所给予的光明。

…………

一夜已尽，人们又小心翼翼的起来，出来了；便是夫妇们，面目和五六点钟之前也何其两样。从此就是热闹，喧嚣。而高墙后面，大厦中间，深闺里，黑狱里，客室里，秘密机关里，却依然弥漫着惊人的真的大黑暗。

优美、细密、深邃的笔触，铿锵有力的语言，解剖并揭露社会的黑暗，解剖并揭露人心的黑暗，然而出以抒情的格调，寓论于情。这同样是散文诗，列为《野草》篇章的姊妹篇，毫不逊色。

二是散文。鲁迅的许多杂文名篇，属于这一类。如《华盖集续编》中的《记念刘和珍君》，《且介亭杂文》中的《忆韦素园君》《忆刘半农君》，《且介亭附集》中的《我的第一个师父》《"这也是生活"》《女吊》等，都是十分优美、抒情杰出的散文篇章。与《朝花夕拾》中的散文比，它们在艺术上不相上下：有的在思想的深沉、感情的浓郁上，还超过了《朝花夕拾》中的回忆散文；有的则在内容上有着连续关系，如《我的第一个师父》《女吊》，都可以插入《朝花夕拾》中。如果鲁迅后来不出编年的杂文集而出散文集，那么这些优美的散文收入其中，是毫无问题的，也并无不合适之处。

如，《忆韦素园君》是这样开头的：

我也还有记忆的，但是，零落得很。我自己觉得我的记忆好象被刀刮过了的鱼鳞，有些还留在身体上，有些是掉在水里了，将水一搅，有几片还会翻腾，闪烁，然而中间混着血丝，连我自己也怕得因此污了赏鉴家的眼目。

然后，是顺着时序，奏着感情的竖琴，弹着思念友谊的悲凉而哀婉的曲子，倾诉着一件件沾着世事倥偬而扰攘的尘埃的往事，故人的思想与形象跃然纸上，动人已极。最后，如此结束全文：

文人的遭殃，不在生前的被攻击和被冷落，一瞑之后，言行两亡，于是无聊之徒，谬托知己，是非蜂起，既以自衒，又以卖钱，连死尸也成了他们的沽名获利之具，这倒是值得悲哀的。现在我以这几千字纪念我所熟识的素园，但愿还没有营私肥己的处所，此外也别无话可说了。

我不知道以后是否还有记念的时候，倘止于这一次，那么，素园，从此别了！

这一头一尾，抒情夹杂议论，更以议论为主，而通篇则叙旧事、记友情，描绘形象、刻画人物，有景、有情、有事、有人，纯然是散文体态。如若有人以其议论多而欲将它排出散文行列，那么，标准回忆散文《朝花夕拾》中诸篇章，何篇没有议论？

《记念刘和珍君》《忆刘半农君》《为了忘却的记念》等均与此篇类同。《女吊》则写鬼魂，颂复仇，以议事为经而以女吊的"事迹"为纬，描绘了一个民间艺术中创造的复仇的女性的形象：

自然先有悲凉的喇叭；少顷，门幕一掀，她出场了。大红衫子，黑色长背心，长发蓬松，颈挂两条纸锭，垂头，垂手，弯弯曲曲的走一个全台，……

她将披着的头发向后一抖，……石灰一样白的圆脸，漆黑的浓眉，乌黑的眼眶，猩红的嘴唇。……她两肩微耸，四顾，倾听，似惊，似喜，似怒，终于发出悲哀的声音，慢慢地唱道：

"奴奴本是杨家女，

呵呀，苦呀，天哪！……"

这样简练有力地描绘了一个"活生生"的鬼的形象。

这都是明显的散文格调。

三是杂文化小说（或者可直接称为小说）。如《且介亭杂文·阿金》便是这样出色的小说。它以记叙为主，有情节、有人物，且有刻画，议论则"裹胁"于其中。这种手法一向为鲁迅的某些小说所常用。可以说它比《一件小事》更小说化，与《故乡》《社戏》《鸭的喜剧》《头发的故事》等小说有相同的艺术风格。

四是形象化议论散文。它的主旨是发议论，但手段却是形象化的，是散文型，直接的议论极少或干脆没有，而只是寓意于形象之中、于叙事状物中。这只是散文的一种类型罢了，它其实是散文，如《热风》中的《智识即罪恶》，《且介亭杂文末编》中的《写于深夜里》等，便是这种类型的作品。

《智识即罪恶》写了一个完整的虚拟故事：一个求知者梦见死、死后的地狱和梦醒后的还阳。以这个故事来批判朱谦之的谬说："知识就是赃物"，是"大乱的根源"。它是一则寓言故事，用叙事散文的笔法写出来的。《写于深夜里》则是另一种写法。它不是从头到尾叙述一个完整的故事，而是先分成数节叙述了几个故事，各不相同，然而其思想内容是相通的，在这方面具有完整性。它也不是单纯地叙事，而是夹着议论，却以叙事为主。

然而，全篇的少量的议论却是灵魂，起提挈作用。《写于深夜里》以开头的几句，统领全篇：

> 野地上有一堆烧过的纸灰，旧墙上有几个划出的图画，经过的人是大抵未必注意的，然而这些里面，各各藏着一些意义，是爱，是悲哀，是愤怒，……而且往往比叫了出来的更猛烈。也有几个人懂得这意义。

五是形象性议论文。它与前者恰相反，它是议论风格，驳难剖析、批判鞭挞，但却时时闪着形象思维、形象化手法的亮光。这类杂文在鲁迅杂文中占多数，是它的主体。我们平常说到鲁迅杂文，在基本概念上是以这类杂文为内涵的。许多研究鲁迅杂文的著作，也以这类杂文为主要研究对象。我们探讨鲁迅杂文的艺术特征，也自然主要以这类杂文为对象。当然，不能忽视或无视另几类杂文，但它们不是主体。如果我们仅注意前者，而忽视、无视后者，则未能全面顾及鲁迅杂文，有以偏（虽然是主体、多数）概全之弊。如果"混沌一片"地对待，不作分析，那又不免有不分主次的问题。因此，我们可以说，经过以上两层分类，鲁迅杂文这个"混沌一体"的概念，就清晰了，"纯净"了，该"剔出"的已分别对待了，该分析的也区分类别了。"各明其身份"，"各有其特性"，在此基础上，我们才能比较科学地、顺利地探讨它的艺术特征了。

当然，我们将鲁迅杂文进行定性分类的处理，是就其个性而言的，它们作为同一个作者的同一体裁的创作，在总体上，有它们的共性。我们加以分析区别，明确它们的个性，正是为了更好地弄清它们的共通的特征。明其异，再求其同。这种认识上的辩证关系是必须注意的。它们的最基本的共性，就是它们都是在鲁迅的改造人生的创作总目的下写出来的，也是以反映"中国的人生""中国人灵魂"为总方式，运用议论、批评手法的艺术总体设计这样一个创作"总体规划"为指导写出来的各种类型的杂文。这就是它们的共性的基本构成。

（三）鲁迅杂文的艺术特征及美学构成

艺术特征——这是我们对于鲁迅杂文的研究工作中的重点之一。它是重要的，因为，作为艺术品，艺术特征和这一品性的强弱与优劣，是决定它的生命力的根本所在。如果艺术品缺乏艺术特征，那么，它纵然是有价值的，但价值不在艺术方面，它也就不会作为艺术品而生存和流传，那对于作者来说，他即使取得了别的方面的成功，但作为创造艺术品的活动来说，他则是失败了。鲁迅杂文的成就固然在它的思想性、战斗性；然而如果没有与艺术性的三者的高度、完美的统一，那么它也仍然是没有今天我们所见到的价值的。

当然，鲁迅杂文的艺术价值不仅在于它自身，即不仅在于它给予鲁迅的杂文以辉煌的成就、以艺术的悠长生命，而且在于，它还具有一般的意义：这里有着一般的艺术规律，足资我们学习。

那么，我们应当怎样来认识鲁迅杂文的艺术特征？其中有一些什么样的艺术规律？

对于这个问题，有许多前辈和同志作过认真的研究，也取得了许多可喜的成果。而且在一些基本观点上，意见比较一致，虽然说法上稍有不同。最早的当然是瞿秋白的"定义"："战斗的阜利通"（Feuilleton），即战斗的文艺性论文。瞿秋白在《鲁迅杂感选集·序言》中指出：

> 鲁迅的杂感其实是一种"社会论文"——战斗的"阜利通"（Feuilleton）。……杂感这种文体，将要因为鲁迅而变成文艺性的论文（阜利通——Feuilleton）的代名词。

瞿秋白这个定义明确地规定了鲁迅杂文的两方面的性质：文艺性和论述性。在瞿秋白的这个"定义"的基础上，以后又有种种提法，如

"诗与政论的结合"、"形象思维与逻辑思维的结合"、"思想性与艺术性的结合"，以及形象性、抒情性、典型性、讽刺幽默、形象化语言，等等。这些论述当然都是正确的，符合鲁迅杂文的实际，并揭示了它的特征。但是，我们又不能不看到，所有这些论述还显得不够。主要有两点：第一，不够深入，即还没有能够深入到鲁迅杂文的里层和本质中去。认识有一个过程，这是自然的。因此对于以前的研究成果决不能否定，而是要在此基础上，在它的引导下，进一步深入探讨鲁迅杂文的本质特征。第二，缺乏特质性探讨。即共性的探讨多，而对特性的研究则不多。我们只说明"是什么样"是不够的，更需要说明"为什么是这样"和"怎样达到了这样"。总之，我们需要回答鲁迅用什么方法、什么特殊手段和怎样达到了这些艺术效果，形成了自己的艺术特质，并以自己的创作实践，体现了一般意义上的艺术规律。

近年来，有的研究工作者在这方面作了努力，开辟了研究的新的蹊径，取得了新的成就。这是很可喜的。他们的成就给了我们继续深入研究以前提和基础。

前面讲过，鲁迅的杂文是叙事散文、抒情散文之外的又一种散文——议论散文，也可称为杂文学。这种议论散文或杂文学，不同于叙事散文和抒情散文，是很明显的。然而，它的不同处在哪里？如何来概括和表述？阎庆生指出，它区别于其他散文的地方是：形象思维与逻辑思维这两种思维方式的"互相渗透、转化、联结"①。这里，似乎较之常说的形象思维与逻辑思维的结合，并无多大差别。其实不然，他提出了渗透、转化和联结这样三个概念，说明了鲁迅杂文中两种思维方式结合的状态。这样，就比一般地说"结合"深入了一步。这是值得注意的一点。在长久以来的通用观念中，哪怕是补充了一点点，也是值得赞赏的，理应看作一种前进和发展。不过，我们按照前面所分的鲁迅杂文的几种类型，还可作一些具体的补充说明：在这两种思维方式互相作用的过程中，前四类杂文，可以说是以形象思维为主或形象思维占的比重较大，而最后一类则是以逻辑思维为主。比如第一类散文诗型的杂文，如我们所引的《为"俄国歌剧团"》和《夜颂》，便基本上是诉诸形象思维手段的描写，因为它本身就是散文诗，是抒情、叙事、描写、呈现，而

---

① 阎庆生：《杂文文体的根本特征》，西北大学学报（哲学社会科学版）1981年第2期。

非议论。第三类，杂文化小说，则是小说型杂文，同样是以形象思维为主要手段的。如《阿金》，我们在前面已经论述过了。第四类为形象化议论散文，主要手段为形象，如《智识即罪恶》等以形象思维为主，自不必说了。第二类散文型，如前面列举的几篇悼友伤时之作（《记念刘和珍君》《忆韦素园君》等）叙事、评议，然而也描绘、刻画事件特别是人物形象，可以说形象思维的成分也比较重。只有第五类，形象性议论文，以议论为主，则自然是逻辑思维占主要成分了。

当然，在这里，我们仍然没有完全说明鲁迅杂文的艺术特征，因为这种"结合"是一般杂文都应该和可以具备的。问题还在于鲁迅是怎样来达到这种渗透、转化、联结的？它的特质和特长是什么？只有探明了这一点，我们才能使研究深入一步。

要回答这个问题，首先，我们需要弄清鲁迅创作杂文的立意和总体设计，这是决定他的杂文艺术特征的前提和基础。

鲁迅是适应历史和斗争的需要，为了"现在"而抗争、奋斗，才拿起杂文这个武器的，他的杂文艺术之"鹏鸟"的两翼，就是"社会批评"与"文明批评"，而它的头脑则是作者的为革命、为人民的思想立意。这就决定了鲁迅是从现实生活中吸取他的诗情、获得他的创作素材的。他要为民抗争、代民立言，要发议论，有感而发，他的总方式是：议论。但是，这又只是他的立意和总体设计的一个方面。只有这个方面是不足以成为"鲁迅"也不会产生"鲁迅杂文"的。当时和以后，具有这个立意和总体设计的作家也绝不是完全没有。还必须有另一方面，而这另一方面就是：他的文学家的特质，又决定了他不是通过科学论文或社会科学的其他研究专著来达到目的，而是以反映他"眼里经过的中国的人生"，以描绘"压在大石底下几千年的国民的灵魂"，以揭露旧社会、旧制度、旧势力的疮疤为己任；而且，他要使杂文不仅能像匕首投枪那样战斗、刺杀，还要给人以休息与愉快，要能怡人情，即要获得美学效果。这样两个方面的结合，就决定了他的杂文创作的立意和总体设计是：他的革命胸襟、思想与美学理想以及炽烈的感情，向实际生活去捕捉事实、生活场景、人物形象，他要以逻辑思维之"钳"去"捉拿"生活实相；而生活实相又促使他的形象思维活跃起来，在形象思维的过程中，去凝聚、提炼和体现逻辑结论。在这样的互相渗透、影响、促进的过程结束时，他根据具体情况，采取前述五种杂文形式中的任意一种来达到自己的目的。鲁迅的"要发议论"的立意，并不妨碍他的形象思维与逻辑思维的结合。大家知道，他说过，他写小说也是为了用小说来发议论。而他的小说艺术却成为成就很高的杰出的形象思维产品。一个作家的作品是否概念化、理念化，是否违反形象思维的规律，并不在于他是否在立意和总体设计时，运用形象思维或从形象思维出发，关键还在于他在实现自己目的的过程中，是否能够贯彻形象思维与逻辑思维的结合，是否让形象在这个过程中始终参加活动而不隐退。

这里，涉及作家的构思过程及其"机制"。鲁迅杂文的艺术特征正是在这种艺术构思过程中体现出来的。所谓艺术构思，是解决作家如何艺术地掌握世界的问题。因此，要研究鲁迅杂文的艺术构思，就要弄清楚他在立意和总体设计的基础上，如何对待客观现实、凭依什么资材、从何处出发、向何处发展和怎样发展等这样一系列的问题。关于鲁迅杂文的艺术构思，王献永有一段论述：

> 很显然，鲁迅杂文和他的小说、诗歌一样，是以人们的精神情态，即所谓人情世态为着眼点和出发点来开始它的创作构思的。以人情世态为聚光镜来看取社会、看取人生，把人们的实情与社会实相结合起来，主要通过对人们精神生活现象的捕捉，而紧紧掌握时代的精神、潮流，摄取"现代社会的灵魂"。这便是鲁迅杂文认识把握社会、获得主题的基本构思。①

这段论述揭示了鲁迅杂文艺术构思的总体性特征，不过表述上还可以推敲。这里说鲁迅杂文的特点是"以人们的精神情态，即所谓人情世态为着眼点和出发点"，这个提法是正确的，但还可以较详细地申述和阐述得精到一点。鲁迅的这一艺术构思的特点，事实上首先注目于某种社会现象，即所谓社会相（或人生相），然后探寻、追究它的底蕴、奥秘、根源，侧重点则在历史、社会的各个方面的根源和精神、灵魂上的症结。这就是他的社会批评、文明批评的具体化、形象化。这就是所谓"人情世态"的内容。在这个艺术构思的过程中，他所捕捉到的社会相和人生相的"这一个"的情节、环境、形象等始终参与活动，是素材、主体、实体，是活跃的"分子群"，它既"分泌"出逻辑的结论，又受

---

① 见《论鲁迅杂文的艺术构思》，引自全国纪念鲁迅诞生一百周年学术讨论会论文。

逻辑思维的指导、梳理、调整、"酶化"。正是在这样的联想、渗透、转移等活动的过程中，促成并实现了形象思维与逻辑思维的结合。这种结合，在时间和空间、形象与实体上，都是彼此契合、交流、延伸的，实际上是一种融合状态，但是又并不泯灭彼此的最终界限。

因此，在这里，起聚光镜作用的不是"人情世态"，而是鲁迅的创作立意、艺术总体设计所集中起来的他的总括于世界观中的各种观点、思想、意识，以及与此相一致的强烈炽热的感情、心理、美学理想与情趣等。"人情世态"倒是被观照的对象，但却是一个集中的对象。这构成了鲁迅艺术构思的特征。

这种构思过程和特征，决定了鲁迅杂文的基本艺术特征。这种构思法和他运用这种构思的高超技巧以及所取得的杰出成就，正是鲁迅高出于任何别的杂文作家的主要之点，也是他作为伟大文学家的杰出之处。这是他给我们留下的宝贵艺术经验和遗产。

联想和想象，是文艺创作中形象思维的主要手段，是艺术家驰骋艺术疆场时胯下飞马的双翼。

普列汉诺夫说：

> 艺术既表现人们的感情，也表现人们的思想，但是并非抽象地表现，而是用**生动的**形象来表现。……艺术开始于一个人在自己心里重新唤起他在四周的现实的影响下所体验过的感情和思想，并且给予它们以一定的形象的表现。不用说，在极大多数场合下，一个人这样做，目的是在于把他反复想起和反复感到的东西传达给别人。[1]

当作家要用形象来表达思想时，他一定要"在自己心里重新唤起……体验过的感情和思想"，而且要重新唤起"反复想起和反复感到的东西"，这些，就正是回忆、联想和想象，也就是高尔基所说的"文学创作的艺术，创造人物与'典型'的艺术，需要想象，推测和'虚构'"[2]。鲁迅在创作杂文时，在运用前面所说的他的总体立意和艺术设

---

[1] 中国社会科学院外国文学研究所、外国文学研究资料丛刊编辑委员会：《外国理论家、作家论形象思维》，中国社会科学出版社，1979，第129页。

[2] 同上。

计时，正是充分运用了联想、想象、推测和虚构这些手段。联想和想象，在鲁迅的形象化构思中起着非常重要的作用①。它是主要的手段和方式。鲁迅的联想表现出出人意料、出奇制胜有时甚至是奇特诡谲的形态。但实际上却是他思想深刻的表现。他见人之所未能见、想人之所未能想，异乎寻常，所以令人奇，这实在是他的过人之处。人们对于某人某事某物，往往只见其形象，略窥其内涵；而鲁迅却能见其本质，剔出其奇、其丑、其乖谬，因此而能产生非常人所能有之联想和想象，于是而由某一现象联及其他现象，想象出其他形象。比如，他由小青虫被细腰蜂一螫而不死不活，所以不死、不烂，永远做新鲜的食料，想到中国圣人想使人民处于不死不活状态的"治心术"[就是"唯辟作福，唯辟作威，唯辟玉食"，"君子劳心，小人劳力"，"治于人者食（去声）人，治人者食于人"等]，这些"术"的治绩和终究要失败的结局，以及我们今天仍要战斗，等等。其整个联想和想象的路径、形式表现为：

小青虫被螫——中国圣人的治心术……

（相同与不同的结果）——→ 麻痹 ——→ 反抗

这里，是一系列的形象的推移、变幻、比较、回返、提炼的过程。其间，始终有形象参与活动，又有逻辑思维的活动。这就决定了鲁迅的杂文是一种特殊的形象思维的产物。

在《华盖集·夏三虫》中，对于蚤、蚊、蝇这些夏天特别易滋生的虫，他先做了一番描写：

跳蚤的来吮血，虽然可恶，而一声不响地就是一口，何等直截爽快。蚊子便不然了，一针叮进皮肤，自然还可以算得有点彻底的，但当未叮之前，要哼哼地发一篇大议论，却使人觉得讨厌。如果所哼的是在说明人血应该给他充饥的理由，那可更其讨厌了，幸而我不懂。

接着，便针对"吃前还要发议论"这一点说到野雀野鹿之所以从人间逃入山林，大概就因为"鹰鹯虎狼之于它们，正如跳蚤之于我们

---

① 参阅沈敏特：《试谈鲁迅杂文艺术中的联想和想象》，《清明》1981年第3期。文中说："鲁迅杂文作为艺术创造的瑰宝，同样产生于充满着联想与想象的心理过程。……他的杂文正是联想与想象的结果。"

罢"，它们"肚子饿了，抓着就是一口，决不谈道理，弄玄虚。被吃者也无须在被吃之前，先承认自己之理应被吃，心悦诚服，誓死不二。人类，可是也颇擅长于哼哼的了，害中取小，它们的避之惟恐不速，正是绝顶聪明"。

然后，又转入对于苍蝇的描述，它呢，"嗡嗡地闹了大半天，停下来也不过舐一点油汗，倘有伤痕或疮疖，自然更占一些便宜；无论怎么好的，美的，干净的东西，又总喜欢一律拉上一点蝇矢"。不过，因为它只有这一点小害，对人无切肤之痛，因此它的"运命是长久的；还要更繁殖"。然而苍蝇究竟还有一点可爱处：它在好的、美的、干净的东西上拉了蝇矢，把它弄脏了以后，"似乎还不至于欣欣然反过来嘲笑这东西的不洁：总要算还有一点道德的"。

在上面所引证的几段中，进行着一系列形象思维与逻辑思维的渗透、转移、交替、生发，先是跳蚤直截爽快、不声不响地一咬；然后是蚊子一叮而进皮肤，似很彻底，然而叮以前却要哼哼地发一篇大议论；接着转入野雀野鹿逃入山林及其原因；再后来便转入苍蝇舐油汗、叮疮疖、拉蝇矢，破坏美的、好的、干净的事物，然而它并不反过来嘲笑被自己污染了的事物而显出自己的高洁来。这里的形象的活动一个接连一个，蚤跳、蚊哼、蝇飞，它们咬、叮、舐，真可说是"形象飞动"了；然而这些形象的出现和飞动，都围绕着一个属于逻辑思维的意念活动：吮血的恶行。而且，对于这些夏天的虫子活动的描述，都是受这个意念指导的；在描述中又处处以这个意念为核心来呈现、形容、用词、造句：这里处理了一系列形象，交错地进行着形象思维与逻辑思维的思维活动。

同时，这里也有一系列联想和想象，首先是由夏三虫叮人吮血联想到人世间人对人的吮血吸髓，然后由它们吮血方式和表现的互不相同，联想到与人的一切做法的不同，不断进行类比。又插入式地联想到雀鹿逃入山林的"心理活动"。与此同时，用想象、推测、虚构的手法，描述了夏三虫的种种活动的形象、目的、"心理状态"。

蚊蝇跳蚤的活动，当然是人人知道、个个经历的事，然而谁想到过它们的这些"名堂"呢？什么一声不响地咬、叮前发一大篇议论，还可能是说该吮你的血的理由；苍蝇的舐、叮和嗡嗡地闹，以及它的好处；弄脏了却不去嘲笑被自己弄脏了的事物。还有雀鹿的逃入山林的缘由与

"心理"。所有这些联想，都是出乎人们的平常想象的，显出奇诡之态。而这奇，正是出奇制胜的奇。这表现了鲁迅对于自然现象观察之细、之深；然而更主要的是他对于生活，对于旧社会人与人之间的关系，对于社会对立现象以及剥削者、"正人君子"等的丑恶灵魂，都有深刻、细致、精到的观察。但他这种对人类社会和人性的观察，却用夏三虫的活动来形象地表达出来，并且达到了谴责、揭露人间丑恶和剥削者嘴脸的目的。这就是他的运用想象和联想，将形象思维与逻辑思维互相渗透、推移、楔入的过程和效果。

《伪自由书·现代史》采用的是另一种形式和方法。整篇几乎都在形象地描绘两种变戏法的形式：一种是猴子骑羊或狗熊玩把戏；又一种是以人为戏，即一个人嘴里点火，鼻孔里冒烟，将女孩子装进坛子里用刀刺"死"。在一个把戏演到紧张处就停下来收钱。待到钱收得差不多了，就敛起钱来，收拾家伙，死孩子也爬起来，"一同走掉了"。"看客们也就呆头呆脑的走散"。这些，都是形象地描述的，然而是人们司空见惯的现象。但是，结尾处突然说道："到这里我才记得写错了题目。"我们知道，这题目就是：《现代史》。随着这一辨"误"，我们立即联想到：这种变戏法，其实是现代史的缩形。前面关于变戏法的想象，是普通的，但是一个跳跃式的联想，显得颇奇诡，然而一细想，却感到真正是深刻极了。我们回过头去一想就明白，他前面关于变戏法场面的描述是形象的，然而却是受他的最后要揭露的理论性结论所指导的（描写什么和如何描写都取决于它）。这最后的结论，正是最初立意时的指导，形象的思维是在逻辑思维的控制、引导下进行的。

鲁迅在杂文中就是这样常常把形象思维与逻辑思维结合起来的。鲁迅的这种艺术构思方法，我们既可以从他关于一般文艺创作规律的论述中，以及他在关于自己的杂文创作的论述中，钩稽出线索来，也可以从它的创作实践中寻出轨迹来。比如，他剖析破落户子弟的篇章，是他的杂文精品之一。他的构思，总是从上海滩上亲自碰见或者听说了一些人和事之后开始，然后从这种社会相的情节和人物行为（言谈、举止）中，探寻出其底蕴、挖掘其"祖坟"。他在这种对形象分析的基础上形成了一定的结论、评断，然后，"勾魂摄魄"式地描绘出他们的"人情世态"来，勾画出人物或现象的"精髓"来。此外，对于"苍蝇""蚊子""叭儿狗""二丑""洋场恶少""正人君子""革命小贩"等的描写与批判，也都无不如此。这是一种构思类型，可称为个性化、典型化的构思。

另有一种构思类型，如在《推》《踢》《爬和撞》中所作的，是对一种社会相的揭露与批判。这是鲁迅对于旧中国社会现象的一种极深刻的观察分析。但他并不是从理论的、概念的结论出发，而是始终运用着爬、挤、踢、推等人与人之间相克相斗的社会实相，以描述这种社会相为经，以逻辑的分析为纬，而织成了杂文的"僮锦"，其中既闪着形象思维的光彩，又透出逻辑思维的力量，两者不仅结合着，而且融会在一起，是有机的"化合"，而不是机械的拼合。像这样的关于爬、推、撞的描写既形象生动，又入木三分，如《准风月谈·爬和撞》中描述道：

> 拼命的爬，爬，爬。可是爬的人那么多，而路只有一条，十分拥挤。老实的照着章程规规矩矩的爬，大都是爬不上去的。聪明人就会推，把人推开，推倒，踏在脚底下，踹着他们的肩膀和头顶，爬上去了。大多数人却还只是爬，认定自己的冤家并不在上面，而只在旁边——是那些一同在爬的人。他们大都忍耐着一切，两脚两手都着地，一步步的挨上去又挤下来，挤下来又挨上去，没有休止的。

> 然而爬的人太多，爬得上的太少，失望也会渐渐的侵蚀善良的人心，至少，也会发生跪着的革命。于是爬之外，又发明了撞。

> 这是明知道你太辛苦了，想从地上站起来，所以在你的背后猛然的叫一声：撞罢。一个个发麻的腿还在抖着，就撞过去。这比爬要轻松得多，手也不必用力，膝盖也不必移动，只要横着身子，晃一晃，就撞过去。撞得好就是五十万元大洋，妻，财，子，禄都有了。撞不好，至多不过跌一交，倒在地下。那又算得什么呢，——他原本是伏在地上的，他仍旧可以爬。何况有些人不过撞着玩罢了，根本就不怕跌交的。

这里集中地描写了相关联的三种"动作"，集中地描写了一种社会相：人与人之间的利益竞争，弱肉强食，你死我活。这是形象地描写了爬和撞的状态，实际是对于社会现象的一种抽象、概括，但又诉诸形象叙述。既而又转到"撞"——撞得好就可以妻财子禄都有了；——在旧社会，这种赌博和赌徒式的人生竞争是很多的，借此发横财和因此遭破产的都有。接下去又转入从童生到状元，从小瘪三到"康白度"（买办）的爬的事例和"小姐抛球"招婿的撞大运的把戏。这些形象和事例的跃动，都是用联想来连接，而又有内在的逻辑，是形象思维与逻辑思维互相渗透着的。

在杂文《推》中，开头是一则当时发生的事情：一个卖报孩子踏上电车踏板去取钱，不小心踹了一个下车的客人的衣角，那人一推，便把孩子推在车轮下压死了。接着写道：

> 上车，进门，买票，寄信，他推；出门，下车，避祸，逃难，他又推。推得女人孩子都跟跟跄跄，跌倒了，他就从活人上踏过，跌死了，他就从死尸上踏过，走出外面，用舌头舔舔自己的厚嘴唇，什么也不觉得。旧历端午，在一家戏场里，因为一句失火的谣言，就又是推，把十多个力量未足的少年踏死了。死尸摆在空地上，据说去看的又有万余人，人山人海，又是推。

这里从现实的事情出发，又引起对其他类似的现实情况的联想，然而又将现实和"一般抽象原则"——人世间人与人之间为了利益而推与被推——结合着，那种由具体到抽象、由个别到一般的联想、推移、渗透、转换，交汇进行。在以上的想象和联想的过程中，我们看到：历史与科学的各种知识、现实生活的种种社会相，都参与了活动。没有这些，也就无所谓联想与想象，它们是想象、联想赖以活动的资料、素材。这就反映了鲁迅的广博的知识、深刻的历史眼光和现实的观察，这三者对于他的形象化的构思、联想和想象，起着基础的作用，给他提供了大量的历史的、各项科学知识和现实生活的素材，以及这种素材所提供的形象，同时，又有他的对于历史、现实生活现象的深刻、独到的观察、剖析和理论概括。鲁迅杂文中的形象，概括性如此之强，内涵如此之丰富，而且具有鲜明的形象性，富于生活色彩，再加上他的形象化语言的表达，这就构成了他的杂文之"绝"、杂文之美，而为别的作家所难企及。

以上是对于鲁迅杂文艺术特征的基本看法。我们可以说抓住了这一点，就可以抓住鲁迅杂文艺术特征的根本、美学构成的基础，其他特征都是由此派生出来的，是在这个"根子"上长出的树干、开出的花朵。

法捷耶夫在论述艺术的特点时曾说：

......科学家用概念来思考，而艺术家则用形象来思考。这是什么意思呢？这就是说，艺术家传达现象的本质不是通过对该具体现象的抽象，而是对直接存在的具体展示和描绘。艺术家通过对现象本身的展示来揭示规律，通过个别的展示来揭示一般，通过对局部的展示来揭示全体，从而在生活的直接的现实中仿佛造成了生活的幻影。为了传达譬如说象哈巴狗这种狗所固有的共同特点，为了艺术上传达可说是哈巴狗的观念，艺术家应该描绘具体的、单个的哈巴狗，连同它所素有的个性特点，但必须描绘得所有的哈巴狗都同它相象。

....

临了可以把真实具体的哈巴狗加以抽象，把它们的个性特点和差异加以抽象，并抽象地叙述这种狗所特有的共同类的特点，——不过这已经不是形象思维（образное мышление）了。[1]

法捷耶夫的这段论述，论证了艺术家通过具体的展示和描绘（形象）来以个别揭示一般、以局部揭示全体的规律，同时也说明了形象思维与逻辑思维的关系：在上述的展示和描绘之后，仍然可以把对象的个性特点和差异加以抽象，并抽象地叙述对象的共同类的特点，而这时就进入逻辑思维的领域了。显然，法捷耶夫作为小说家，他这里主要论证的对象是小说创作。但是，鲁迅在创作杂文时，其思维过程也完全是如此的。所不同的是，他在杂文中对于对象的展示和描绘更简练、更集中、更带概括性，在情节的构成和发展上不那么充分展开，同时，与逻辑思维的渗透更经常、更紧密；而且，更直接、更快和更经常地在后面做类的共同点的概括和抽象；有时，前后的比例也更平衡。恰好，我们可以借鲁迅关于叭儿狗的描绘和论述来说明我们的看法。在《论"费厄泼赖"应该缓行》中的"论叭儿狗尤非打落水里，又从而打之不可"一节中，描绘了叭儿狗的形象：

叭儿狗一名哈吧狗，南方却称为西洋狗了，但是，听说倒是中国的特产，在万国赛狗会里常常得到金奖牌，《大不列颠百科全

---

① 法捷耶夫：《争取做一个辩证唯物主义的艺术家》，转引自中国社会科学院外国文学研究所、外国文学研究资料丛刊编辑委员会《外国理论家、作家论形象思维》，1979。

书》的狗照相上，就很有几匹是咱们中国的叭儿狗。这也是一种国光。但是，狗和猫不是仇敌么？它却虽然是狗，又很象猫，折中，公允，调和，平正之状可掬，悠悠然摆出别个无不偏激，唯独自己得了"中庸之道"似的脸来。因此也就为阔人，太监，太太，小姐们所钟爱，种子绵绵不绝。它的事业，只是以伶俐的皮毛获得贵人豢养，或者中外的娘儿们上街的时候，脖子上挂了细链子跟在脚后跟。

这一大段关于叭儿狗的描绘，完全适用于前引法捷耶夫的论证，它既有对于叭儿狗的具体形象的描绘，又有对于类的共同点的抽象，只是这段描绘中，形象的展示和描绘同类的共同点的抽象是交叉进行的，是融为一体的。这正表现了鲁迅杂文创作的形象思维与逻辑思维的结合，即互相渗透、推移、融会的特点。

在鲁迅的杂文中，那些关于"脖子上挂着小铃铎以为智识分子的徽章"的"山羊""苍蝇""蚊子""资本家的乏走狗"等的描绘，也都有这样的特点。鲁迅的这种构思方式和描绘方式，正是他的杂文创作和他所创作的杂文所具有的艺术特征，它正是鲁迅的杂文作为一种特殊的艺术形式、文学体裁而具有的特殊艺术形态和特殊美学构成。

（四）鲁迅杂文的典型创造

鲁迅的杂文创造了艺术典型吗？

回答有肯定和否定两种。两种答案孰是孰非？问题却不在于对这两个答案作出一种选择，而在对于特殊的对象，要了解它的特殊的质的规定性，从而得出符合它的实际状况的准确的结论，而不必只在"是"或"否"上论正误。

有的肯定的回答，往往为了证明鲁迅的杂文是文学创作，而去论证他在杂文里所创造的典型形象，都是同小说、戏剧作品中所创造的同样的典型。然而，我们前面探讨过，鲁迅的杂文是一种"杂文学"（与"纯文学"相区别，当然又相联系），是"议论散文"，而且，我们还说到，鲁迅的杂文按不同质的情况，可分为五种不同的类型。这样，我们就不能陷入这两个误区：一是按一般文学概论、文学原理的条条去规范具有创造性和独特性的作品以及他所创造的独特文学样式；二是"混沌一体"不加区别地以同一规格去要求以至卡量几种不同的对象。

总之，关于鲁迅杂文典型的研究，我们不必拘泥于一般文学创作典型的规范，让具有独特性和独创成就的作品去适应固有的规范。这样，反而抹杀了它的特性、成就和贡献，减弱了它的艺术的光辉，而降低了它。本来，它的意义、价值正在于突破、创造，因而是发展了关于艺术典型的概念和内涵，补充了典型创造的手法，这是鲁迅的突出的独创贡献。我们的责任不在于将它纳入已有规范，为它取得"合法的"艺术地位，而在于深入研究鲁迅的创造性艺术劳动和独创成就，探寻出其杂文自身的规律。

首先，我们应当肯定，在鲁迅的杂文中，有的篇章简直就是短篇小说，因此它所创造的人物形象，可以说与小说所创造的艺术典型为同类，如《阿金》。阿金这个人物的典型性是很强的，她的身世、性格特征及其发展，在文中都有表现。文中也有生活场景，有情节发展。它可以说是符合小说规范的典型创造。这一形象不仅在当时作为城市中的女仆阶层之一部分的典型，是很有代表性的，而且尔后有的在更广阔领域中活跃着的女性，也有"阿金型"人物。《阿金》的结尾处写道：

> 殊不料现在阿金却以一个貌不出众，才不惊人的娘姨，不用一个月，就在我眼前搅乱了四分之一里，假使她是二个女王，或者是皇后，皇太后，那么，其影响也就可以推见了：足够闹出大大的乱子来。

鲁迅于无意中作出了一个历史预言。这正是证明了他的艺术典型的长久意义。

但是，鲁迅的多数杂文，却是一种独特的典型创造。这大体上可分为两种类型。第一类典型创造，是一种揭示了社会本质的、具有形象性和个性化的典型，它概括的是如鲁迅所说的"或一形象的全体"。它具有一般艺术典型的基本品质。如反映了典型的本质，具有生动具体的形象性，能够给人以突出的、具体的印象，使人久久不能忘。但是，它又不同于一般艺术典型的品质。它没有情节构成、没有人物的性格发展史，也没有丰富的或比较丰富的故事与细节，等等。因此，它的手法不是呈现、描画、记叙、雕刻。一方面，它像雕塑，是静止的"动态"，是内涵甚丰的瞬间造型，却没有发展过程；另一方面，它又有如漫画，是线条勾勒，生动、逼真、夸张，但却没有更多的背景、明暗、色调，像油画所做的那样。所以鲁迅常说他的杂文是"取类型"。像"嗡嗡的苍蝇""叮人之前还要哼哼地发一通议论的蚊子""脖子上挂着小铃铎的山羊""外国娘儿们上街牵着的叭儿狗"等，都是很具体、形象化的共性名称，但它却没有个人姓名，不叫贾政、范进、祥林嫂、阿Q、闰土等，而名"苍蝇""蚊子""叭儿狗"等。在揭示社会本质、人物灵魂的社会效果和认识价值上，在给人以美的享受上，它都同小说、戏剧创作所创造的艺术典型具有同样的功效、同样的价值。但它取得这些的方法、途径却不同，而且，它以短小的篇幅，明剖直示地揭露本质，具有明确性，具有尖锐、泼辣、明快的特色。而且在某些方面具有更丰富的内涵、更广阔的概括作用。在上述"苍蝇""蚊子""叭儿狗"等专有名词中，人们可以根据自己的生活经验、所了解的人物和社会状况，充填以自己的内容，而使之具体化。这些，又有一般纯文学的艺术典型所不及的地方。承认和指出这种艺术典型的特色，不是降低而是提高了鲁迅杂文所创造的独特艺术典型的价值和功用。因此我们正不必用它去比附一般的艺术典型而求得它的社会价值与艺术价值的确立。

鲁迅在《伪自由书·前记》中说过，他在创作杂文时，"砭锢弊常取类型"。在《准风月谈·后记》中又说："我的杂文，所写的常是一鼻，一嘴，一毛，但合起来，已几乎是或一形象的全体"，"加以排比，又用《后记》来补叙些因此而生的纠纷，同时也照见了时事，格局虽小，不也描出了或一形象了么？"这说明鲁迅是注意使自己的杂文创造典型形象，以此为己任的，而且，这种形象正是类型式的典型。这种类型式典型，在鲁迅的杂文中相当多，也可以说是他的杂文的特有的东西，是它的突出的艺术特色之一。鲁迅杂文之所以成为杂文学，正是因为创造了这样的艺术典型。一方面，这是一些艺术典型，因此使鲁迅的杂文进入艺术领域，"侵入文学的楼台"，但同时又因为是这样一种类型式的典型，所以它又区别于其他艺术品种，如小说、戏剧等，而成为杂文学。

这样两种典型有明显的区别，一者有一定的或广阔的展开，从外形、动作、经历到思想、感情等，都有详尽深刻的展示和描绘，对于这种典型性格的产生、发展的原因和客观环境也有明确的交代。然而，鲁迅杂文学的类型式的典型，却不是这样的。它的篇幅短得多，它的概括性却很强，抽象叙述的插入较多，它如前面所说的是静止的动态，是一瞬间造型，是漫画，是雕塑，是单幅画。然而，两者却并没有高下之分。各有不同，也就是各有所短、各有所长，这是难分高下的。鲁迅的小说创造了阿Q、祥林嫂、孔乙己、闰土这样一些不朽的艺术典型，而他的杂文所刻画的类型式典型如"叭儿狗""苍蝇""蚊子""二丑""破落户子弟"等，也同样广泛而长久地活在人们的心里、口头和生活中。他们也成为某种类型的人物的代名词、专用名词。我们不能在小说、戏剧所创造的典型和鲁迅杂文所创造的典型之间分出高低，就像我们不能在雕塑与油画、漫画与工笔画以及长卷与单轴之间分出高下一样，艺术成就的关键不在于是什么艺术品种、样式、体裁，它们之间是没有高下之分的；而在于创作者所创造的作品本身质量如何。

鲁迅的杂文艺术典型，还有一种类型，它使用的表现方法，也是呈现、描绘、塑造，具有生动场景，也有情节和人物活动，这些是与一般的艺术手法相同的，但是，又有不同之处，它们使用这些艺术手法，只是部分的、片断的、管窥式的，它像是一套组画中的一幅、一幅油画中的局部，有时也像一幅速写画。它的典型性、形象性很强，它的刻画也很具体、细致、深刻，不过，它又是大笔触的、写意式的，是粗中有细的。鲁迅说过，他爱用白描法，又说，他绝不将速写材料硬拉成小说。这都是谈他的"小说作法"。但他在杂文写作上，运用白描手法，其高妙之处不亚于他的小说创作，运用速写手法，其巧妙精到，也胜似小说作品。虽然因为斗争的激烈、急剧，他不能从容熔铸于小说创作的艺术形象之中，但这种杰出的速写形象，却丝毫不低于小说创作中的人物形象，就像伟大画家的速写画，不低于他的大幅油画创作一样，而且，别有风致，别有韵味，别有艺术洞天，别有美学价值，为大型艺术创作所无者。例如，《记念刘和珍君》中对于刘和珍形象的刻画，《〈守常全集〉题纪》中对于李大钊形象的勾画，《为了忘却的记念》中对于柔石的描写刻画和对于白莽的速写，《忆韦素园君》中对于韦素园的描画，《忆刘半农君》中对于刘半农的描写和对于李大钊、陈独秀、胡适的勾画，等等，都是这种典型创造的精品佳作。

这里，我们再略举数例，来探讨这种特殊的类型化典型的创造。在《上海文艺之一瞥》中描写了翻筋斗的小资产阶级革命家的形象：

"革命"和"文学"，若断若续，好象两只靠近的船，一只是"革命"，一只是"文学"，而作者的每一只脚就站在每一只船上面。当环境较好的时候，作者就在革命这一只船上踏得重一点，分明是革命者，待到革命一被压迫，则在文学的船上踏得重一点，他变了不过是文学家了。

这种对于脚踏两只船的形象的描写，不是完全可以据以用粗线条勾勒出一幅漫画来吗？这是对于那种投机的革命文学家的最好的概括，但同时又用形象手法来勾勒使他们具象化了的。这当然是一个片段，一种形象化的概括，并没有详细地展示，如果仍用图画来作比的话，它既没有油画那样的大场面、具体呈现，也没有连环画那样展开，也没有历史长卷或风俗画长卷那样的场面气势，它只有一幅，是漫画式的，然而却深刻地揭示了本质，使人难于忘记。

在同一篇杂文中，对叭儿狗又有一段描述：

> 狗也是将人分为两种的，豢养他的主人之类是好人，别的穷人和乞丐在它的眼里就是坏人，不是叫，便是咬。然而这也还不算坏，因为究竟还有一点野性，如果再一变而为吧儿狗①，好象不管闲事，而其实在给主子尽职，那就正如现在的自称不问俗事的为艺术而艺术的名人们一样，只好去点缀大学教室了。

这也是一个片段、一种具象化的概括，同样深刻地揭示了本质。不过，这只是鲁迅所说的一嘴、一毛、一鼻（属于叭儿狗的），如果与其他地方的勾勒、刻画合起来，就成为或一形象（叭儿狗）的完整形象了。

在《准风月谈·二丑艺术》中，是这样勾勒二丑的丑相的：

> 二丑……他有点上等人模样，也懂些琴棋书画，也来得行令猜谜，但倚靠的是权门，凌蔑的是百姓，有谁被压迫了，他就来冷笑几声，畅快一下，有谁被陷害了，他又去吓唬一下，吆喝几声。不过他的态度又并不常常如此的，大抵一面又回过脸来，向台下的看客指出他公子的缺点，摇着头装起鬼脸道：你看这家伙，这回可要倒楣哩！

---

① 吧儿狗，即叭儿狗。《现代汉语词典》（第7版）中写作"巴儿狗"。

二丑在这里是活动着的一个形象，他在不同情况下有不同的表现，这各不相同的表现，各自可以构成一幅画，比如弹琴下棋作书画，行令猜谜、冷笑、吓唬、吆喝，最后是装鬼脸背向着主子，低声数落他的缺点，并且预言这小子要"倒楣"。如果出于小说创作，这可以构成一系列的故事，裹着人物的命运和各种心理活动，然而杂文却只是这样既概括又具象地、极精练地因而也就有力地勾出了丑的丑相与本质了。

（五）鲁迅运用讽刺、幽默的特殊手法

讽刺、幽默以及抒情，这些艺术风格上的特征，在鲁迅的小说中，以至他的讲演、书信中都是存在的。《阿Q正传》中的讽刺、幽默的运用，就相当突出。在其他小说中，也有这种情况。可见讽刺、幽默是鲁迅的统一的艺术风格。这同鲁迅的整个创作思想分不开。鲁迅既有与一切反动、腐朽、落后的社会势力斗争的坚强决心和意志，又具有广阔、敏锐、深邃的历史的和时代的眼光；他既有革命家的胸怀，又有思想家的睿智，更有艺术家的诗情。这样他就能及时地、迅速地、深刻地看出什么是有害的事物，必须立刻给以反响或抗争，揭露批判这些前进的障碍，同读者一同杀出一条生存的血路来，而且悲喜歌哭、释愤抒情，喜笑怒骂，皆成文章。这胸怀、眼力和诗情，便是鲁迅杰出的讽刺和幽默才能的思想与艺术的基础和根源，舍弃这个根本，是难于探求鲁迅的讽刺才能和他的讽刺之力的。

讽刺的火花，是愤怒的火花所变成的。人在对于某个事物痛恨之至时，在发出谴责、抨击、揭露时，往往产生讽刺的感情，并在这种感情基础上，产生讽刺的动机和要求，这是一种感情的升华，一种以利刃代替鞭子的做法，因为，只有如此才能泄愤解恨。如对一个极恶的人，人们在愤怒已极时谴责他，便会说出这样的话来："这真是一个好人！他太好了！"这正是一种反语，表示讽刺和彻底的否定，意即"他身上决不会有一点好人的影子"的意思。这倒比说"这是一个恶人"这种结语式的谴责更为有力，原因就在于它带有浓烈的感情色彩，是反语。鲁迅杂文中的讽刺，正是在这种强烈的对于丑的憎恨基础上产生的。没有鲁迅这种高度的、强烈的愤怒与憎恨之情，是不可能产生他那样深刻的讽刺的。"功夫在诗外"，鲁迅杂文的讽刺之力蕴藏于他的深厚的爱国爱民和憎恨敌人、厌恶落后事物的感情深处。没有与鲁迅同样的感情，或者

与他这种感情不相通，或者对之不理解，不仅不能写出鲁迅杂文这样的讽刺力作和像他那样有力地运用讽刺，而且，也不能理解鲁迅的讽刺。那些咒骂鲁迅的杂文是"泄私愤"、是"虚荣""诡辩""浪费生命"等的人，其实正是自己陷于可怜可悲的境地，而并不能否定鲁迅的贡献与成就。伫立平静的小池边和涉足于安闲的浅流之中的人，是不可能认识和理解在大海波涛中搏斗者的艰苦辛劳、勇敢精神以及他的坚强、坚毅和乐趣的。他甚至会以为那是多事，那是浪费精力，那是为了自己的私利……，然而究竟谁在人世与人类社会的进程中，应该受到赞扬和纪念呢？这实在不免令人想起庄子的关于蓬间燕雀与天际鲲鹏的寓言来。

鲁迅正是在这种思想感情和才能的基础上，产出了运用讽刺时的美学理想。正如鲁迅所说，讽刺是以利刃刺向可鄙可恶之事物，是以显微镜去照秽水与脓汁。讽刺是打击敌人和对付反面势力的武器，是向丑的进攻。但是，讽刺的效力和讽刺的效果，却在于讽刺使用者的正面力量和美学理想。正反面力量的撞击、美学理想之光对丑恶事物的照射，便产生讽刺的火花。鲁迅说，"讽刺和冷嘲只隔一张纸"，那么界限何在呢？"毫无善意，毫无热情"，讽刺便变成冷嘲。而善意与热情，便是作者自身的正面力量和美学理想的表现。这两者是作者自身的"武装"和力量之源。当然，这种善意和热情，都是对于丑的对立物即美而言的，却绝不可能是作者对丑恶所持的态度。鲁迅在《什么是"讽刺"？》中说，没有善意和热情，就会"使读者觉得一切世事，一无足取，也一无可为"。于是便成为冷嘲。所谓"足取"、所谓"可为"，都是对着那未出场的"美"而不是向着被鞭笞的丑。这一点是鲁迅在杂文中运用讽刺的根本特点之一。怒火真情，如火如荼，喷向丑恶，闪着理想的光，照见污秽的形，于是而产生讽刺的力量。这种例证，在鲁迅大量的杂文中，真可谓俯拾皆是。《无花的蔷薇》中对于陈西滢、徐志摩的讽刺，《导师》中对于胡适之流的讽刺，以及《"丧家的""资本家的乏走狗"》中对于梁实秋的讽刺，《沉渣的泛起》《"友邦惊诧"论》等篇中对于国民党反动派及其走狗的讽刺，都是如此。它们都是读后使人愤怒、痛恨，然而并不绝望，却受到鼓舞和激励的。

鲁迅说讽刺的生命是真实。《且介亭杂文二集·什么是"讽刺"？》中说："不必是曾有的实事，但必须是会有的实情"，而这种事情，又必须是"公然的，也是常见的，平时是谁都不以为奇的，而且自然是谁都毫不注意的"。而且，又必须是"不合理，可笑，可鄙，甚而至于可恶"的。同时，对于这些事情的揭露又必须是"加以精炼，甚至于夸张"。这里，鲁迅对讽刺的对象、素材特点和描写手法等，都给予了明确的规定。鲁迅在杂文中运用讽刺，就是这样做的。《牺牲谟》这篇讽刺力作，那个让别人"自动"为自己把衣裳剥得精光的"道德家"是并无其人，但却是"会有的实情"。鲁迅把这种人物的"各家所长"集中起来了，加以夸张、精练的描写。其中所写到的一枝一节，哪一样不是既可笑、可鄙、可恶，又为我们所常见而不为人所注意的呢？

　　……我的同志，你什么都牺牲完了，……可惜你还剩一条裤，将来在历史上也许要留下一点白璧微瑕……。

　　……哦哦，是的。我知道，你不说也明白：你自然连这裤子也不要，你何至于这样地不彻底；那自然，你不过还没有牺牲的机会罢了。敝人向来最赞成一切牺牲，也最乐于"成人之美"，况且我们是同志，我当然应该给你想一个完全办法，因为一个人最紧要的是"晚节"，一不小心，可就前功尽弃了！

　　机会凑得真好：舍间一个小鸦头，正缺一条裤……。

　　…………

　　但是，那娃儿已经多天没有裤子了，她是灾民的女儿。我料你一定肯帮助的，我们都是"贫民之友"呵。况且做完了这一件事情之后，就是全始全终；我保你将来铜像巍巍，……。

　　……但你此刻且不要脱下来。我不能拿了走，……。

　　……你趁你还能爬的时候赶紧爬去，万不要"功亏一篑"。……

　　就这样，他要那可怜人爬着把自己最后剩下的一条裤子送到他家里去。每一个行动都是残酷的剥夺，然而每一个剥夺行为都以美名行之。每一个美名都是对于剥夺恶行的绝妙的讽刺，具有深刻的揭露作用。这里自然运用了夸张，也不会是曾有的事实，然而，我们在旧社会的现实生活中，何尝不是每天见到残酷地剥夺掉平民百姓的最后一点生存资料的恶行呢？这不过是一个概括而具象的描写而已。

　　鲁迅在《什么是"讽刺"？》一文中举的例子，那两个绅士见面时的寒暄场面，本身也是很具典型意义的讽刺。大凡这类讽刺，都是运用呈现的、客观描写的手法，以其自身的现形来构成讽刺的效果。作者没有出面，但隐隐中可见他的解剖刀的闪光、含着讥刺微笑的面影。这是鲁迅在杂文中使用讽刺的一种类型。

第二种类型是直接的指陈、明白的揭示。这在鲁迅的杂文中是大量存在的。对于这种讽刺类型，除上述诸条要求之外，鲁迅还在《中国小说历史的变迁》中提出要做到"旨微而语婉"、"穿入隐微"。他反对"夸张其词"，因为"过甚其词，就丢去了文艺底价值"。①

在九一八事变之后，在民族垂危的年月里，鲁迅写了许多杂文，对于日本侵略者和国民党反动派进行了猛烈的抨击和及时而深刻的揭露，他保卫民族的心，是它不被征服的伟大的"民族魂"。在这些响着爱国主义最强音的杂文篇章中，他直接地指陈、明白地揭示，运用了讽刺的力量。在《伪自由书·中国人的生命圈》中，他揭露日本侵略者炸中国、中国反动派炸红色区域，"边疆上是炸、炸、炸；腹地里也是炸、炸、炸。虽然一面是别人炸，一面是自己炸，炸手不同，而被炸则一。"只有在这两者之间的地区可免"血肉横飞"，故曰"中国人的生命圈"。然而，"再从外面炸进来，这'生命圈'便收缩而为'生命线'；再炸进来，大家便都逃进那炸好了的'腹地'里面去，这"生命圈"便完结而为'生命○'"。这种讽刺是明显的，具有真接指斥的威力。大凡这种类型的讽刺之作，都显出愤怒、激越、凌厉的气势，成为很有力量的指斥、谴责、抨击。这种讽刺是攻击型。对于国民党反动统治和思想文化方面的反动势力，鲁迅不断地用杂文这个武器来给予深刻的、明白的揭露，使它们无所遁其形，失去欺骗性。

在《花边文学·"京派"与"海派"》和《且介亭杂文二集·"京派"和"海派"》中，鲁迅深刻地指出：

> 北京是明清的帝都，上海乃各国之租界，帝都多官，租界多商，所以文人之在京者近官，没海者近商，近官者在使官得名，近商者在使商获利，而自己亦赖以糊口。要而言之：不过"京派"是官的帮闲，"海派"则是商的帮忙而已。

这段对于"京派"与"海派"的分析，真是穿入隐微，揭出了他们

---

① 鲁迅这里所说的"夸张其词"是指离开实际、不反映本质的空的夸大，这与他所说的能揭示对象的本质，合乎情理的夸张，是根本不同的。

的实质，对于为反动统治服务的文人学士的"京""海"二派的面目及其根底，说得透彻、入其骨髓。然而，忽然又出来了"京派"与"海派"的合流问题。本来是重官轻商、扬"京"抑"海"，而"京派"又颇以清高自居，傲视"海派"近商的鄙下的，怎么竟然合而流之呢？鲁迅讲了一段故事：

> ……法朗士做过一本《泰绮思》，中国已有两种译本了，其中就透露着这样的消息。他说有一个高僧在沙漠中修行，忽然想到亚历山大府的名妓泰绮思，是一个贻害世道人心的人物，他要感化她出家，救她本身，救被惑的青年们，也给自己积无量功德。事情还算顺手，泰绮思竟出家了，他恨恨的毁坏了她在俗时候的衣饰。但是，奇怪得很，这位高僧回到自己的独房里继续修行时，却再也静不下来了，见妖怪，见裸体的女人。他急遁，远行，然而仍然没有效。他自己是知道因为其实爱上了泰绮思，所以神魂颠倒了的，……他终于决计自白，跑回泰绮思那里去，叫道"我爱你！"然而泰绮思这时已经离死期不远，自说看见了天国，不久就断气了。

这段外国故事，前后变化，迥然不同，颇有意味地写出了高僧与泰绮思两种不同人格。然而鲁迅举出他们来，却做的是另外的文章，他紧接着便写道：

> 不过京海之争的目前的结局，却和这一本书的不同，上海的泰绮思并没有死，她也张开两条臂膊，叫道"来嘘！"于是——团圆了。

一个严肃冷峻的高僧终于倾倒于他想要拯救的名妓面前，而一个风流绮靡的妓女，却终于虔诚地皈依宗教，而使终竟失恃的高僧向"尸"而泣。一面是严肃崇高，一面是功亏一篑。然而总体是严肃的。现在鲁迅给它一个变化发展，高僧求爱，妓女多情。一下子化为辛辣的讥讽：假的高僧，真的妓女。这便把"京派"与"海派"的本质揭示给我们看了。接着又写下一段作结：

> 至于为什么去年北京送秋波，今年上海叫"来嘘"了呢？……我想：也许是因为帮闲帮忙，近来都有些"不景气"，所以只好两

界合办，把断砖，旧袜，皮袍，洋服，巧克力，梅什儿……之类，凑在一处，重行开张，算是新公司，想借此来新一下主顾们的耳目罢。

不景气和杂凑，这就是"京""海"二派合流的原因和结果。这结末的一段，更使"高僧"与"妓女"的借喻形象，具有了阶级与社会实体，讽刺的力量更强，而这种类型或典型也就更成功地塑造出来了。

《"小童挡驾"》对于在"裸体运动大写真"这种色相电影面前，某些人的心理，分析得极深微，但不止于此，又进一步指出："他总要'以己之心，度人之心'，度了之后，便将这心硬塞在别人的腔子里，装作不是自己的，而说别人的心没有他的干净。"这一分析，便从对于那些怀着色情的眼与心的人们的某种不法品性的揭露，进到对于某种人的处世恶德的揭示了。然而还不止于此。接着笔锋又一转，转到中国社会仍是"爸爸"社会即男人社会，所以总是"'妈妈'类献身，'儿子'类受谤"。又所以，在国家存亡的紧要关头，就来一通什么"木兰从军""汪踦卫国"之类，歌颂古代的女子与小孩如何爱国立功，而今天的女子如何败国亡家，把责任推到女人身上，"推出'女子与小人'去搪塞"，而把自己躲藏起来——既欺骗了世人，又可以继续在黑暗里干卖国的勾当。这才真正是穿入隐微了。普通的或部分人的社会心理状态，往往于细处反映出深层里的思想，作家能够"穿入"，而揭示出来，便显出了思想与艺术的高超了。

《准风月谈·吃教》一篇，从中国古时的文人学士大抵"无特操"开始，说到小百姓对洋教传入后的教徒们提炼出了"吃教"二字，"真是提出了教徒的'精神'"，然而"教"可以"吃"，其他什么不可"吃"呢，都不过是"敲门砖"，门不同、砖不同，其为私利、向上爬而"敲"之则一样也。所以：

> "教"之在中国，何尝不如此。讲革命，彼一时也；讲忠孝，又一时也；跟大喇嘛打圈子，又一时也；造塔藏主义，又一时也。有宜于专吃的时代，则指归应定于一尊，有宜合吃的时代，则诸教亦本非异致，不过一碟是全鸭，一碟是杂拌儿而已。

文中揭出的"吃教"（靠入洋教吃饭），确实是我国旧社会一个独特而反映了多方面问题的现象；揭出它是对社会腐败现象的一种针砭，具有认识和批判价值。然而，文章从此入题，意义却不仅于此。这后面的一段发挥，就由讥刺一般人的以"教"为"吃"的对象来混饭吃和存在这种现象的社会的腐败，进到揭露了国民党反动派政客如戴季陶等人的各种欺世盗名并借以窃国治民的"统治术"，从而由揭露普通社会现象进到揭示反动政治和政客们的隐微了。——它的教育作用，即擦亮人民的眼睛的作用也就在于此了。

鲁迅几次写到变戏法。这种事是司空见惯的：跑江湖的一群人，携带熊、猴和羊等，在城市的空场里临时演出。然而鲁迅对这种现象却注意到并且将其"摄"进了杂文。他在《伪自由书·现代史》中，从这种老是这一套的戏法中，联想到反动统治者御民治国的欺骗戏法，想到这是中国一部现代史的写照。在《准风月谈·看变戏法》中，他再次写到这个现象，更详细但角度不同地具体描述了它，然后概括说，情况不外两种：一种是抓来的小熊被"打"和"饿"这样两手训练得连熊的气息也没有了，为人变戏法，直到虐待至死，然后"再寻幼小的来"。另一种是小孩子被训练得懂得一边吃苦一边和大人串通一起变戏法；"大了之后，另寻一个小孩子和一只小熊，仍旧来变照样的戏法"。这样循环往复地"变"下去。然而什么也没有变动，"令人索然无味"。——呵，这仅仅是走江湖的人们变戏法的事吗？世事呢？人生呢？统治者的种种治民法呢？社会的发展呢？……难道不都这样"索然无味"吗？"此外叫我看什么呢？诸君？"这结尾的问题，启发着人们去思考、去寻求新的生活、新的道路，要真正地变那穿入隐微之力，那旨微语婉之态，是很可令人深思并有所悟、有所得的。

此外，还有的采用片段的典型化手法，这是很富形象性的，也很深刻的，然而仅止于片段，是一个整体结构中的局部，它的作用是带动全篇，又是全篇中的明珠，熠熠发光。如《南腔北调集·论"第三种人"》中说：

> 生在有阶级的社会里而要做超阶级的作家，生在战斗的时代而要离开战斗而独立，生在现在而要做给予将来的作品，这样的人，实在也是一个心造的幻影，在现实世界上是没有的。要做这样的人，恰如用自己的手拔着头发，要离开地球一样，他离不开，焦躁着，然而并非因为有人摇了摇头，使他不敢拔了的缘故。

它以准确的形象，勾出了那种"在现今社会中，却想要做超然于社会对立之外的人"这种"心造的幻影"式人物的形象，满含着讥嘲的意味，那拔着自己的头发想要离开地球的形象，是足够画一幅颇有味道的讽刺画的。

张资平是一个专写三角恋爱小说的低级作家，鲁迅在《二心集·张资平氏的"小说学"》中这样概括了他的"小说学"：

> 现在我将《张资平全集》和"小说学"的精华，提炼在下面，遥献这些崇拜家，算是"望梅止渴"云。
>
> 那就是——△

简短的几笔，形象毕现。这种明珠式的艺术晶体，这种闪着寒光的匕首式的片段，在鲁迅的杂文中，是经常能够见到的。这些都是他的功力精到之处，他的杂文艺术高超的表现。

讽刺的真实性，精练地勾出人们常见的现象，而又深沉地揭示其本质，创造出种种类型式典型。这都是鲁迅杂文的艺术特征的体现。

关于鲁迅的幽默，人们谈论得也很多，有的研究论文，专门探讨了鲁迅对幽默的论述和运用。鲁迅多次说过他反对幽默，然而却在杂文中经常使用幽默手段来作战，他可称讽刺幽默大师。这是怎么回事？

首先我们需要弄清幽默的民族性。幽默，总是同一个民族的社会生活、文化传统、共同习惯和心理以及语言等因素相联系的。有的事，有的语言，有的表达方式，在这个民族或国家是颇有幽默感的，然而在另一个民族或国家却不可能有这种效果。这构成了不同民族的幽默的"机制"。因此，幽默与非幽默，在不同的民族、国家、地区中，有共同性，但又存在不同。鲁迅在《南腔北调集·"论语一年"》中说："我不爱'幽默'"，这是因为他"以为这是只有爱开圆桌会议的国民才闹得出来的玩意儿"。他也不满唐伯虎、徐文长、金圣叹式的"幽默"。金圣叹要被杀头了，还来一段"幽默"："杀头，至痛也，而圣叹以无意得之，大奇！"这便"将屠户的凶残，使大家化为一笑，收场大吉"。鲁迅还指出，在中国，奴隶——人民是不准笑的。因为"他们会笑，就怕他们也会哭，会怒，会闹起来"。"这可见'幽默'在中国是不会有的。"

因此，有被当成幽默而并不幽默者，有外国式的幽默而不为中国人所欣赏者，有中国式的幽默而其实是化屠戮为笑谈者，有不准笑也不准幽默者。这一切都使人于幽默有些想头。鲁迅是反对或不喜欢所有这样子的幽默的。然而，在 1935 年 2 月 6 日致增田涉的信中，他却认为："中国农民之间使用幽默的时候比城市的小市民还要多。"可见鲁迅不爱的是"洋幽默""假幽默""非幽默的幽默"，而欣赏我们民族的幽默。这里也还含着他不爱洋绅士的那种"雅致"的幽默，而爱中国农民的带着乡土气的幽默的意思。他在《门外文谈》中曾经赞赏备至地提到过在目连戏中插入的节目中表现出的农民的幽默。鲁迅的幽默感，除了来自他的性格，其重要来源之一就是这种从民间艺术中吸取来的农民的幽默感。因此，他的幽默感与才能是中国式的，其幽默机制与幽默方式都带着民间韵味、民族特点。鲁迅的幽默之所以具有深刻的含义而又隽永有味，就在于他使用的幽默方式即他对幽默的运用有杰出的独到之处。归纳起来，我们大致可以看到如下几种：

（1）以乖谬形式表现生活的真实和确实的真理，亦即真理的内涵却披上了乖谬的外衣。周作人在《谈目连戏》中曾说到绍兴民间的一段故事：一个瓦匠专心砌墙，砌着砌着，不知怎么一来竟把自己砌在里头出不来了。这当然是不可能发生的事情，是乖谬的。但是，在这乖谬的外衣下，却藏着一个辛酸的真理：人们常常自作自受、作茧自缚，或者辛辛苦苦却不自觉地把自己坑了。还有更为辛酸的是：旧社会劳动人民为剥削者奉献血肉，而自己却求生无计。当然，也有对于农民的愚昧和由于愚昧而吃亏上当的善意嘲弄。在鲁迅的杂文中，也同样常常运用这种方式的幽默，或者以作者为主体去揭示某种乖谬事情而表露（或点出）其真理，或者以客体自己的叙述（自我暴露）去达到同样的效果。

《拟预言——1929 年出现的琐事》是《而已集》的代表作之一。全篇以二十几则记事性条文组成，各不相关，事多乖谬，然而实在都是当时人情世态的纪实，但又带着夸张的讥刺与幽默。如：

> 有公民某甲上书，请每县各设大学一所，添设监狱两所，被斥。

> 有公民某乙上书，请将共产主义者之产业作为公产，女眷作为公妻，以惩一儆百。半年不批。某乙忿而反革命。被好友告发，逃入租界。

> ···········

同日，美国富豪们联名电贺北京检煤渣老婆子等，称为"同志"，无从投递，次日退回。

正月初三，哲学与小说同时灭亡。

…………

有在朝者数人下野；有在野者多人下坑。

绑票公司股票涨至三倍半。

女界恐乳大或有被割之险，仍旧束胸，家长多被罚五十元，国帑更裕。

…………

新诗"雇人哭丧假哼哼体"流行。

茶店，浴堂，麻花摊，皆寄售《现代评论》。

赤贼完全消灭，安那其主义将于四百九十八年后实行。

这些条记事，初看皆粗俗可笑，然而细琢磨便会发现这都是当时曾经发生的事情①，荒谬，是事实本身具有的。然而，杂文作者的功力在于：将外衣、附加物、障眼布、遮羞布、大旗、麒麟皮、学术华衮、文学色彩等通通剥去，只剩下荒谬了。真实，荒谬的真实，真实的荒谬，使幽默具有了生命。将荒谬还它一个荒谬的本来面目，则又是真理之光的力量，因此从整篇来说，便又是在荒谬的外壳下隐然存在一个真实的内核。这种幽默机制的产生，便在于它的乖谬，在于以真理之光照出乖谬者的形象，然而并不说出，只是忍俊不禁地那么说着，说着，使读的人也读着读着而忍俊不禁。

第二种手法即以客体自己的叙述（自我暴露）来达到目的。除了前面提到过的《牺牲谟》之外，代表性的作品还有《华盖集·论辩的灵魂》，它集中一些荒谬可笑的言论，以第一人称的方式，"理直气壮"地说出来，并且以此"揭露"别人、"批判"别人、"教育"别人！他说得头头是道，但实际却荒谬可笑。这里使论者自己涂上白鼻子，登台表演，他形式上越演得神乎其神，实质上的荒谬就越发令人觉得可笑。

"你自以为是'人'，我却以为非也。我是畜类，现在我就叫你

---

① 如吴稚晖的提倡安那其主义（即无政府主义），预期四百多年后实行；军阀官僚的禁女子天足天乳；等等。

爹爹。你既然是畜类的爹爹，当然也就是畜类了。"

"靠勿用惊叹符号，这是足以亡国的。但我所用的几个在例外。"

这不过是略举二例。简单几句，活灵活现地画出了小丑的可笑。

这里所举的例证，是比较典型的、集中的。鲁迅更多的时候则是在文章中片断地使用了这种办法。——这一点也是鲁迅的常用手法：他的高强的战法、取胜的艺术手法，常常是随遇而用的。

（2）作为前一个手法的对立面，以"真理"的外衣，却包裹着乖谬的内涵，因此而引起讪笑、嘲笑的效应。这种手法的最好的例证要算是《南腔北调集》中的《由中国女人的脚，推定中国人之非》。这篇名作就是以考古的学术的华衮，裹乖谬的内涵。整篇文章就是在装出来的"作古正经"的面孔下，讲出一些正经的道理、结论，然而其实是荒谬的。但是可贵的是，这荒谬中又确实以其荒谬嘲笑了那些真正的学术论文中的真正的胡说八道，——通过自身的荒谬、制造出来的荒谬嘲弄了那些类似的荒谬。

（3）顺势引向乖谬。某一论点、说法、事理，或习以为常、见怪不怪，或新鲜独特、为人欣赏未被识破，但加以顺势引申，便会合理地得出乖谬结论，由此证明此理之乖谬。

鲁迅对于保存国粹的顽固守旧派的批判，就常常运用这种手法。在《热风·三十五》中，针对着保存国粹者的思想，他反问道："什么叫'国粹'？"按字面解释就是："一国独有，他国所无的事物了。换一句话说，便是特别的东西。"照国粹家的思想，也确是如此。于是按此理延伸下去，便该是："譬如一个人，脸上去了一个瘤，额上肿出一颗疮，的确是与众不同，显出他特别的样子，可算是他的'粹'了。"——这就见出此理的荒谬来了。鲁迅还顺着国粹家的"经验"说，从来如此便是国粹、便是好的这种"道理"，在《热风·随感录三十九》中引申出这样的理论：

> 经验提高了他的喉咙含含糊糊说，"狗有狗道理，鬼有鬼道理，中国与众不同，也自有中国道理。"

接着更引申下去说道：

即使无名肿毒，倘若生在中国人身上，也便"红肿之处，艳若桃花；溃烂之时，美如乳酪"。国粹所在，妙不可言。

这样的顺势引申，把乖谬的思想言论的乖谬处，推向极端，或是合乎其理地加以延伸，便把荒谬的实质暴露出来，让人们清楚地看见了。这样，一以其揭露了可笑的事物的可笑处、荒谬的道理的荒谬，而产生了幽默效应，引人发笑（嘲笑和耻笑）；二以其并未明说，只是"照你说的说来"合乎你之情、你之理地得出了这种荒谬结果，是"请君入瓮"，以其手法之巧妙，而引起幽默效果，引人发笑（赞赏的笑、胜利的笑）。

幽默总是含蓄的。含蓄是它的抨击对象和引起主体欢笑的机制。而此法（顺势引向乖谬）正具有含蓄之功。

（4）板着面孔说笑话，或以笑话方式说正经事理。这在鲁迅的杂文中，所在多是。前举的"'学匪派'考古之一"，就是突出的一个例子。此外，在《南腔北调集》《准风月谈》《伪自由书》中，这类例证更多。如《南腔北调集》中的《作文秘诀》，作古正经，大谈作文秘诀，其实却在揭露"秘诀"之谬误，更在揭露运用这"秘诀"的作者之可笑与昏庸。所谓"学匪派考古"，这题目本身就是含着讥刺的板着面孔说笑话，文中说到古之男子也用包脚布把脚包得齐齐整整时，说道"可见盛唐之世，就已有了这一种玩艺儿，不过还不是很极端，或者还没有很普及。然而好像终于普及了。由宋至清，绵绵不绝，民主革命以后，革了与否，我不知道，因为我是专攻考'古'的。"接着，又说"然而奇怪得很，不知道怎的（自按：此处似略失学者态度），……"后面又有嘲笑高跟鞋，而实际是讥刺有的人之非中庸、好走极端，说：

……不多久，老病复发，有些女士们已在别想花样，用一枝细黑柱子将脚跟支起，叫它离开地球。她到底非要她的脚变把戏不可。由过去以测未来，则四朝（假如仍旧有朝代的话）之后，全国女人的脚趾都和小腿成一直线，是可以有八九成把握的。

如此等等，这些"考古"，是颇为煞有介事似的在"考"着的，面孔板得紧紧的，然而内容却满含笑料。那板着的面孔也是装出来而引人发笑的。这笑中同时就含着讥刺。

（5）丑恶谬误的人事以正经美好的形式表现自己，实际却弄成自我嘲弄，由此而构成幽默效应。《华盖集》中的《论辩的灵魂》运用的就是这种典型的手法，它把那些可笑的、落后的、错误的荒唐言论，都以第一人称方式冠冕堂皇地发表出来，然而却是荒谬可笑、荒唐不经的，因而成为自我暴露、自我写照。我们读着读着，便忍不住要笑。紧接此篇的《牺牲谟》也是运用这种方式，简直妙不可言。《评心雕龙》则由几种人自画丑恶群像。

在《热风·三十八》中，举出一个言论，说："中国便是野蛮的好。"又有一种言论说："你说中国思想昏乱，那正是我民族所造成的事业的结晶。从祖先昏乱起，直要昏乱到子孙，从过去昏乱起，直要昏乱到未来。……（我们是四万万人，）你能把我们灭绝么？"这样理直气壮地来申述自己荒谬的言论，不是颇给人以滑稽可笑之感吗？这里，便产生幽默的效应了。

鲁迅对于这些幽默机制的掌握和运用，都娴熟、精到，既深刻地揭示了事物的本质，并予以鞭挞、讥刺、批判，又给人以美对丑的获胜的愉快、休息和美的享受。他的杂文在这方面的成就和所带来的结果有两个方面：一方面是文章的娴熟、精到的讽刺与幽默所起到的作用，它使有害的事物遭到揭露、抨击、批判或讥刺、嘲弄，从而发挥思想的与美学的效用；另一个方面，这个效用的取得和作家在这过程中所显示的才能、学识、艺术修养等，也给人以愉快和美的享受。——以高超的技巧和崇高的美学理想，表现和批判了丑，直接或间接地表现和歌颂了美，这本身也产生了思想的与艺术的效应。这可以说是派生效用或二次效用。

（六）鲁迅的杂文创作心理

在这个领域中，有着鲁迅创作杂文时的心理活动和心理特质，二者在从创作动机到作品特色（包含动机、宗旨、方法、风格、语言和特色等）几个范畴和程序中，都灌输了自己的汁液，发挥了作用，产生了效果。这种创作心理，同鲁迅的社会生活、人生际遇以至家庭生活都有着密切的关系，因此它又是被赋予了社会色彩和个人色彩的，并有着发展的历史。它对鲁迅的杂文创作在内容和表现形式上都发生了影响。

在鲁迅的杂文中，留着他的创作心理的遗痕，使他的作品披上了凄艳的，或悲壮的，或慷慨悲歌的，或乐观的等具有特异色彩的外装。然而问题却绝不仅仅止于留有遗痕，而且，从创作过程看，社会生活、客观现实在从素材到作品的生产过程中，是经作家艺术家的心理活动进行了艺术加工的。这种加工过程，用蜜蜂采花酿蜜的过程和把粮食和水果酿造成酒的过程来作比，是最恰当的了。这里存在着非常复杂的"物理的"和"化学的"改造和反应的过程。鲁迅的杂文创作，正是经过了这样的复杂的心理上的艺术加工过程。他的杂文的特色、成就，都不仅同这种创作心理分不开，而且是这种创作心理所决定的，是由它赋予生命与色彩的。

一个人心理结构的核心和基础，在社会因素方面，是他的世界观和由这个世界观所产生的对于世界、民族、社会、人生和人民的态度。鲁迅在这方面的突出表现就是他对于这一切的高度的责任感、深度的关心和强烈的感情。这些成为他的心理构成的主要因素，他的心理活动的材料与内涵。居于主要地位的，就是这些事物和他自己对这些事物的见解和感情。在民族生存发展的每一个阶段，在革命发展的每一个时期，在人民寻求解放的征途的每一程，在他自己的思想与战斗经历的每一个时期，他的思想感情倾注的主要方面，都在国家、民族、人民。这是他的心理活动的荧光屏上的主要事物、主要内涵、主要色彩。这就决定了他的生活态度、感情素质与倾向以及创作心理的基调。因此在创作时，尤其是创作杂文时，他的心理状态和精神状态是同样昂扬奋发的，他的感情像浓缩在高压地壳下的熔岩，炽热、高温，具有喷射力。这种思想、感情和精神状态投影于鲁迅的杂文作品中，就从总体上决定了这些作品的昂扬奋发的气势、激越深沉的风格，好像一朵花，它是挺拔的、坚强的，这就是鲁迅的创作心理的基调和它的表现。

然而，在这个基调上，在各个不同时期，鲁迅的具体的创作心理又有着大同中的小异、整体不变中的局部变化，被时代内容、历史条件和他自己的生活条件，赋予了独特的心理因素和艺术色彩。《热风》时期，主要是从1918年到1922年，他的主要创作活动是在小说作品的写作上，杂文（随感录）是他的"副业"，真正是偶有所感，随笔为文。此时新文化运动蓬勃开展，鲁迅在战斗的集体中奋战，他看见战友的各个不同的英姿，感受到彼此进攻的惬畅、胜利的喜悦。此时，在创作心理上，他是欢悦的、昂奋的，闪着理想的光，怀着一种对敌人不在话下和信笔写来一击而溃的信心与力量，给作品投射以畅快、欢悦、乐观的色彩。他在《热风·四十九》中说：

> 我想种族的延长，——便是生命的连续，——的确是生物界事业里的一大部分。何以要延长呢？不消说是想进化了。但进化的途中总须新陈代谢。所以新的应该欢天喜地的向前走去，这便是壮，旧的也应该欢天喜地的向前走去，这便是死；各各如此走去，便是进化的路。
>
> 老的让开道，催促着，奖励着，让他们走去。路上有深渊，便用那个死填平了，让他们走去。
>
> 少的感谢他们填了深渊，给自己走去；老的也感谢他们从我填平的深渊上走去。——远了远了。
>
> 明白这事，便从幼到壮到老到死，都欢欢喜喜的过去；而且一步一步，多是超过祖先的新人。这是生物界正当开阔的路！人类的祖先，都已这样做了。

这是一首欢乐的、畅快的、昂扬的进化、前进的颂歌，那基调多么欢快，那色调多么明朗！我们简直可以想象鲁迅在写作这篇短短的随感录时，那种愉快的心理。这种创作心理既是当时新文化运动向前推进的气势在一位作家的心理上的反应，又是鲁迅自己作为这个运动中的积极战士的心理表现。这种创作心理，即使是在说到一种大恐惧——"'中国人'这名目要消灭；我所怕的，是中国人从'世界人'中挤出。"——的时候，也是平缓稳重的。在心理上表现出一种信心和力量。他在《热风·三十六》中指出：

> 但是想在现今的世界上，协同生长，挣一地位，即须有相当的进步的智识，道德，品格，思想，才能够站得住脚：这事极须劳力费心。

在整个《热风》中，都贯穿着这种怀着自信、充满力量、相信未来的精神。这种创作心理，反映在作品上，便给了它们以明亮、爽快、畅达、流丽的艺术风格。

1924 年的作品仅一篇。进到 1925 年，杂文写作量大增，反映了战斗的急迫和频繁。在这个时期，鲁迅的思想是存在着矛盾的。一方面，他奋勇坚决地同章士钊、陈西滢等人斗，同封建军阀斗，同封建思想文化斗；另一方面，却存在着种种疑问，最根本的是依靠什么力量？如何继续进行斗争？前途如何？他都不能做出准确肯定的回答，存在着怀疑，而自己又怀疑自己的怀疑。同时，一方面他同群众，主要是青年学生密切交往，从各方面帮助他们，把他们看作自己"身外的青春"，他从事教育工作和社会文化工作，社交活动也多起来了，在这时期，他经历了五卅运动、三一八惨案、女师大事件的战斗洗礼，在这些活动中与同志、同事和青年学生们在一起工作和战斗。但是，另一方面，无论是在砖塔胡同的住宅里，还是阜内西三条胡同的住宅里，他都是孤寂的，缺乏家庭的欢悦和生活的乐趣。这样两方面：在国家民族前途命运的大问题上，他的心上笼罩着疑云和阴翳；在家庭生活上，那难耐的寂寞啃啮着他的心。这两方面又扭结、掺和在一起，互相渗透，互相影响，互相加浓、加深、加色。这便又形成他的心理素质的另一方面：矛盾、疑虑、寂寞、抑郁。读着他这时期的杂文，包括《坟》中的几篇杂文和《华盖集》及其续编中的杂文，可以想象到他在握笔为文时，在执笔沉思时，在酝酿腹稿时，在心理上，是昂扬、愤激、坚定、沉着的，同时又渗透着抑郁、哀怨、伤痛、寂寞、狐疑、犹豫的情绪。在他这时期的杂文作品中，前者多于后者；在散文诗《野草》中，则是后者多于前者，这正是他的创作心理在两种不同样式的文艺作品中的不同体现。正因为有着这种矛盾的状况，所以更使文章具有一种深沉、凄艳之美。不仅《野草》中的作品明显地披着这个具有独特审美特质和价值的艺术羽翼；而且，杂文作品也因为这层羽翼、这种因素的存在，而显得哀婉动人。他在《华盖集·死地》中说：

> 会觉得死尸的沉重，不愿抱持的民族里，先烈的"死"是后人的"生"的唯一的灵药，但倘在不再觉得沉重的民族里，却不过是压得一同沦灭的东西。
>
> 中国的有志于改革的青年，是知道死尸的沉重的，所以总是"请愿"。殊不知别有不觉得死尸的沉重的人们在，而且一并屠杀了"知道死尸的沉重"的心。
>
> 死地确乎已在前面。为中国计，觉悟的青年应该不肯轻死了罢。

在这段最具有代表性的言论中，比较完整地体现了他这一时期的创作心理：他对民族具有深沉的爱，对它的命运有深切的关怀，他憎恨阻碍民族发展的反动落后势力，挚爱着和热情地歌颂年轻的战士们，然而他又担心他们的命运和斗争艺术的缺乏，希望和规劝他们寻觅和采取更高更好的斗争形式。那种心理状态是昂愤、激越而又委婉曲折，坚定顽强而又沉痛抑郁的，这种心理反映在文字上，就使它凝结为铿锵深沉，铮铮如金戈鸣，锤字炼句，精到老炼，气氛是热烈的、昂奋的，又是含着哀怨的，具有一种楚楚动人的风致。

而在《热风·四十》中的一段文字，则代表了另一种心理状态，虽不是关乎国家民族的命运，却是青年们的幸福之所系：

> 爱情是什么东西？我也不知道。[……]
>
> 但从前没有听到苦闷的叫声。即使苦闷，一叫便错；少的老的，一齐摇头，一齐痛骂。
>
> 然而无爱情结婚的恶结果，却连续不断的进行。
>
> […………]
>
> 可是魔鬼手上，终有漏光的处所，掩不住光明：人之子醒了；他知道了人类间应有爱情；知道了从前一班少的老的所犯的罪恶，于是起了苦闷，张口发出这叫声。
>
> [……]我们既然自觉着人类的道德，良心上不肯犯他们少的老的的罪，又不能责备异性，也只好陪着做一世牺牲，完结了四千年的旧账。
>
> 做一世牺牲，是万分可怕的事；但血液究竟干净，声音究竟醒而且真。
>
> 我们能够大叫，是黄莺便黄莺般叫，是鸱鸮便鸱鸮般叫。[……]
>
> [……]
>
> 我们还要叫出没有爱的悲哀，叫出无所可爱的悲哀。……我们要叫到旧账勾消的时候。[……]

这是一首爱被剥夺和压抑的哀歌，一首要叫出没有爱的愤怨的歌，它具有力量，具有内在的激越的感情，然而又哀婉凄切。这些，正是鲁迅当时创作心理的表现。因为这里也响着鲁迅自身的无爱与不能爱的哀怨和沉痛。

感情在文学艺术的创作中，具有不可或缺的重要性。没有感情的文艺作品，没有深厚独到的感情的文艺作品，也决不能成为好作品。狄德罗说："没有感情这个品质，任何笔调都不可能打动人心。"①在《古典文学理论译丛》中，别林新基说："感情是诗情天性的最主要的动力之一；没有感情，就没有诗人，也没有诗歌。"人们对待文艺作品这样来要求，然而在对待论说文章、批评文字，就放宽了尺度，甚至不去这么要求了。鲁迅的杂文，恰好在这方面具有独特的优点。它的感情，或者炽烈如火焰，熊熊燃烧；或者浓缩冷凝，成为外冷内热的"冰火"。这种感人的文字，其打动人心的力量是不可能伪装成功的，也不会凭空产生，它是作家自身感情的产物。在鲁迅的思想中，满蓄着我们前面所说的种种爱国爱民的深沉思想，它们升华为浓重的感情，这成为鲁迅创作心理中的重要构成部分。他并非为了要作文而装出某种感情或硬造某种感情，相反，他是为感情所冲击激励而提笔为文。情是内涵，文是形。情促成了文，情化为文，情又美化了文。这种作品，首先是感情的充沛而又真挚打动了人，作家把自己的感情，倾注于文章之中，他自己感动不已，必欲倾泻之、传达给别人而后快，"予岂好言哉，予不得已而言之"，就在这样的充沛感情的催促下，他提笔写作，就像用火点着了积薪，燃烧起来，闪着感情的光，散着感情的热。其次，这感情又是传达得非常恰当、妥切、优美的。这当然更增动人之力。这种传达的成功（即表现的成功），基础自然仍是感情的充沛与真挚，有了这个，有时自发而为文，"自然而然"地美妙动人。然而，作家有时又在这"文章本天成"的基础上雕琢锤炼，使璞而为玉、铁而成钢、金矿而变黄金；再者，作家自身的见闻、阅历、知识，又如油与薪，添加了燃料，增强了火势。感情作为创作心理的构成要素之一，在鲁迅的创作心理中，是占着重要位置的。在杂文创作中而能如此，所以才能有它的杂文艺术。他爱得热烈，憎得也热烈，他"热烈地是其所是"，也"热烈地非其所非"，在评论文字中而渗透着感情。在我们所有前面各处引证的片断章节中，都是如此。他的那些与某些人的论争文字，固然满含着炽烈的感情，笔锋总带情。就是那些议论风生、评议种种社会相的论述文中，又何尝不是感情火花的迸射!？我们简直可以说，鲁迅杂文的力量，首先

---

① 段宝林：《西方古典作家谈文艺创作》，春风文艺出版社，1980，第105页。

是那充沛、真挚、动人、炽烈的感情吸引了人，打动了人，震荡了人的心扉，感动了人的心灵。他在《华盖集·忽然想到》中说：

> 我们目下的当务之急，是：一要生存，二要温饱，三要发展。苟有阻碍这前途者，无论是古是今，是人是鬼，是《三坟》《五典》，百宋千元，天球河图，金人玉佛，祖传丸散，秘制膏丹，全都踏倒他。

这一番动人的话语，充满着感情的火花，渗透着感情的汁液。我们从中可以想见，当执笔书写时，他的创作心理是被一种激情所充塞着的，本可以用"把一切妨碍这前途的都打倒"这类话语，意思自然也都包含了的；然而，这样简略概括地一说，不足以传达心里的怨愤与痛恨，不足以表达打倒、除掉这一切的决心，也不足以平心头愤激之情，没有那气势，心理上就不得平衡。于是，他列举若干假设的对象，古今人鬼、古籍珍宝、治病良药，总之不管什么古的、好的，值钱的、难得的，通通除掉，而且用了一个"踏"字来表达那决心，更带着情绪和动作：抬起脚来踏倒它。在这里，感情因素的作用是很明显的。

我们可以说，没有这种充沛热烈的感情，也就不会有高度的杂文艺术。杂文是说理的，然而它必须有感情，这感情又必须是热烈的、充沛的、真挚的，而且要表达得好：恰当、准确、优美。鲁迅杂文艺术的成就，之所以如此之高，这是重要因素之一。

《华盖集·杂感》中有这样的语句：

> 杀了无泪的人，一定连血也不见。爱人不觉他被杀之惨，仇人也终于得不到杀他之乐：这是他的报恩和复仇。
>
> …………
>
> 无论爱什么，——饭，异性，国，民族，人类等等，——只有纠缠如毒蛇，执着如怨鬼，二六时中，没有已时者有望。

这真是"随手"举出的例证，证明感情如何化为语言，如何情化、美化、强化了语言，使它变得深刻、丰富、强烈、感人、引人。由此我们可以想见，鲁迅在执笔为文时，那心理状态是充满了激情的，他带着激情思考、推敲、选择、锤炼，于是将感情物质化了、外化了。许广平在《欣慰的纪念·鲁迅先生的写作生活》中曾经这样写到过鲁迅写杂文

时的状态:

> 至于创作,更是加倍当心的,就算三五百字的短评,也不是摊开纸就动手。那张躺椅是他构思的好所在,那早饭前晚饭后的休息,就是他一语不发,在躺椅上先把所要写的大纲起腹稿的时候。每每文债愈多,腹稿愈忙,饭前饭后脑筋愈不得休息,更影响到他的胃纳不佳,食欲不振,这都是互相有关系的。就这样磨掉了他的生命。

> 他有一本短评《花边文学》,是因为有些文豪讥讽他的短文而收优厚的稿费,特别借编者的用花边围绕而作双关解释的。但是鲁迅自己知道他的短评产生也不容易,他说:"人家说这些短文就值得如许花边,殊不知我这些文章虽然短,是绞了许多脑汁,把他锻炼成精锐的一击,又看过了许多书,这些购置参考书的物力,和自己的精力加起来,是并不随便的。"这几句话,就可以了解他一切执笔行文的经过。

许广平叙述的是鲁迅的责任心、劳动的艰苦,而我们从中却窥见了作家的创作心理。他"一语不发",躺在躺椅上构思,这正是他的心理活动最活跃的时候,以至使他"胃纳不佳",使他"磨掉了生命"。因为,在这个过程中,他在绞脑汁,在调动自己的知识,酝酿自己的感情,锻炼思想与艺术。是的,他写每一篇文章都是认真的、动感情的。当然,由于题材与体裁的不同,感情的厚薄和强弱是有不同的。

(七)语言艺术

鲁迅杂文的语言,值得我们十分认真地研究,探寻它的艺术规律,总结它的经验,学习它的成就,这是我们学习鲁迅杂文的重要任务,也是我们学习创造语言艺术的重要途径。我们无论谁读过鲁迅的杂文作品,就难忘他的语言艺术的高超和这种高超的艺术语言的力量。然而为了更好地学习,我们必须在惊叹赞美之外,总结他的经验,抓住其要领,先是探明其所以然,然后便能得其然。

一切以语言为工具来表达思想感情、反映客观世界的艺术品,都必须把语言当作一个艺术工具来对待,它是创造艺术品的工具,这工具本身又是具有艺术性的。如果只把它看作一种工具而忽视它的艺术品性,那就会使艺术产品失去很重要的艺术构成的因素。鲁迅在语言问题上，正是把语言当作艺术工具来对待，又以语言来创造艺术品的。他的杂文在语言上的成就，是他的杂文在艺术上的成就的主要成分。语言，是鲁迅杂文的审美价值的实现和寄宿主。没有鲁迅的语言艺术上的成就，也就不存在鲁迅杂文艺术的审美功效与审美价值。

鲁迅是中国历史上，尤其是中国现代文学史上的语言大师。这表现在他的小说创作上，同时也表现在他的杂文艺术上。而且，我们可以说，尤其表现在他的杂文艺术上。

鲁迅的杂文在语言上的成就，概括地说，有两个方面。一是总体性的表现，一是具体方式的运用。从总体上来说，他的杂文语言艺术的根本特性是高度的凝练和高度的丰富，尽可能简练的形式含着最丰富的内容，具有高度的表现力、"穿透力"而又富有感情、具有色彩和韵律感。这些总体性的特点，又体现在两方面。一方面，鲁迅的语言艺术，不仅是遣词造句上的美，这些，自然是存在的，但是，更主要的是他的语言在整体上构成了艺术力量和强大的功效，形成一个整体性艺术和艺术整体。这是因为，第一，鲁迅在杂文创作上，具有语言艺术上的整体感，他的语言同内容妥恰贴切地结合着来叙述事物、描绘和刻画形象、表达思想和感情、传导审美情趣和心理感受。人们习惯上所说的"有味道"，庶几可以概括这种语言艺术的境界。第二，鲁迅杂文的语言艺术，又是鲁迅杂文创作的思想、感情和心理的整体表现。作为创作主体，鲁迅思想精神状态的一切内涵，构成了这个整体。这个整体的"灵魂"，发而为文，便是语言艺术的"外壳"。因此，可以说语言艺术是鲁迅的思想、灵魂、人格的体现，是他整个人的化身。那些发人深省、启人思路、动人心魄、撼人灵魂的语言和这语言整体所造成的意境、气氛、美学价值，决不是一般的锤炼、推敲、苦思冥想所能得到的。那只是技巧。这里所表现的不仅仅是技巧，而是整个的人。因此，研究与学习鲁迅作文，首先要研究与学习鲁迅做人。当然，技巧也要研究、学习，但根本与源泉却在整个人。

鲁迅曾经使用过他家乡话中"炼话"这一词语。此语可以勉强用来概括他的语言艺术。然而我们却不妨设想另一种概括，叫作"核语言"。就是说，鲁迅的杂文中的语言，好比原子核似的，它是高度浓缩的，体积小而含量大，比重也大，能够进行"核裂变"，产生连锁反应，具有"爆炸力""穿透力"，能发生多方面的效应。作为语言艺术，这种"核语言"和它的这么多的能量与功效，便是它的艺术内涵与艺术力量。鲁迅如果不创造具有这种"功率"的语言，是不可能在他的短小篇幅的杂文中蕴含那么多思想、知识与艺术的。这可以说是鲁迅的杂文在语言艺术上的第二个整体特点。

鲁迅的杂文语言艺术，除了上述的整体性特点之外，还有另一方面的特点和成就，这就是在语言的具体运用上的特点与成就。鲁迅作为语言大师，对语言的掌握与驱使，是细微、精到、高超的，他在自己的创作总体立意和艺术总体设想的指导下，选择语言、加工语言、提炼语言，使它们能够充分地、深入地、优美地来表达内容。在这里，技巧性则是重要的和主要的，它是手段、是保证、是体现。鲁迅在语言艺术的具体运用上，则是百花齐放：古今、中外、长短、徐疾；委婉、曲折、峻急、大度；暗示、比譬，遣词、造句、修辞，简直无法用多少种方式来框住、规定它，而只能大体归纳之。——我们在后面将详述。

称鲁迅为语言大师，这是很典型的。就以短篇为主的杂文作品所充分体现出的气势、魄力、造诣和高度的艺术技巧而论，这足以显示出大师一词的光华。鲁迅的杂文作为"百科全书式的作品"，这也是一个方面：它是实际的语言学校与教材。

任何文学艺术作品之隽永有味、耐人咀嚼而且有长久的艺术生命，其要素之一就是它的语言含量极大，可以从多方面领会其含义，甚至依人们自身领会能力之高低深浅而不同；有知识有学问的人从中得到人们得不到的知识与学问。从这里我们可以领会到当初作家写出这样的语句，不是随意为之、信手拈来的，而是经过长期的学习、思索和创作时的锤炼才成功的。

鲁迅把张资平专写三角恋爱小说的所谓小说学，用一个三角形来概括：

> 现在我将《张资平全集》和"小说学"的精华，提炼在下面，遥献这些崇拜家，算是"望梅止渴"云。
>
> 那就是——△

这个图形也是一种语言，含义之深广是令人不禁叫绝的。第一，它概括而形象地指出，《张资平全集》也好，他的"小说学"也好，通通就是一个东西：三角恋爱。第二，这三角恋爱，其实是只有三角，而没有恋爱的。第三，他的三角恋爱也好，"小说学"也好，精髓就是一个"三角"（△），全部内容尽在于此，空洞无物，价值全无。第四，这个提炼是极准确的，又是极简练的，并且图象化，一目了然。第五，只用一个三角尖，就戳破了张氏"小说家"的伪装和西洋镜，露出了麒麟皮下的马脚，暴露出市侩的货色。第六，只需用一笔而成的"△"，就把它的形象与价值勾画出来了，这又是何等简洁有力。第七，这比喻很贴切，一语中的，无须多话。这里我们既能看到这"△"表现了鲁迅对批判对象观察的深刻、对特点的准确掌握和对他的鄙视、轻蔑、唾弃的情感；同时，我们又能看到"核语言"的威力与"裂变反应"的种种方面，它是多因素、多内涵、多效应的。鲁迅杂文之简练而又丰富，既富思想性又具形象性，表现力强而又具独特性，没有这核式语言的人，是做不到的。

前面我们谈及过关于爬、推、踢、撞的人生相与人生哲学。虽然每种只着一字，但人们从中却可以体察到多么丰富的人生经历。越是经历丰富的人，越能从中联想到、体验到更多的内容。这"一字经"，便是"人生经"，是生活现象的形象概括。

"'丧家的''资本家的乏走狗'"这种短语式的核语言性质，也是很明显的。不知道自己的主子是谁吗？那便是"丧家的"走狗；咬起人来又不分主客亲疏，见一切穷人都咬叫，见一切富人都摇尾；所用的手段又很低下卑劣（无非是谩骂、告密、出卖灵魂之类），却无多大作用，是疲惫的、低能的走狗，此为"乏"。这一个字囊括了全般。此外，还有"苍蝇""蚊子""叭儿狗""破落户""二丑""落水狗""麒麟皮下的马脚""酱肉缸上的金盖""狮子身上的害虫"等，这类既概括又形象的名号、称谓，都是核语言的一种表现。

当然，还有其他的手法和技巧。如：

五四时期有人反对白话文，便说"凡做白话文的都会做文言文，所以古文也得读"；现在想要保护古书，又说，"反对古书的也在看古书，做文言"。为了揭露这种错误言论及其错误理由，鲁迅在《准风月谈·反刍》中写道：

永远反刍，自己却不会呕吐，……。

这也是既确切地概括了对象，又形象地描绘了对象。反刍与呕吐，相类相连而不相同，反刍者一再咀嚼旧物，令人作呕，而他自己竟不呕吐。这就形象地、确切地写出了守旧派的外表与本质。

从上面的例证中可以看出，联想是"核语言"的"裂变反应"的手段和途径，而多效应则是联想的结果。

当三一八惨案发生、刘和珍等人被害之后，鲁迅于哀伤悲愤之中，在《华盖集续编·无花的蔷薇之二》中写下了这样感人的话语：

> 墨写的谎说，决掩不住血写的事实。
> 血债必须用同物偿还。拖欠得愈久，就要付更大的利息！
> ……

> 实弹打出来的却是青年的血。血不但不掩于墨写的谎语，不醉于墨写的挽歌；威力也压它不住，因为它已经骗不过，打不死了。

像这样的语言，首先是以情感人，它里面蕴含着高度浓缩的深沉的思想与炽烈的感情；然而，这感情又不是空疏的，它真挚、切实、丰满，而且充填以深刻丰富的思想。墨写的谎言掩不住血写的事实，而血的事实又是醉不倒、压不住的。这里蕴含着很深刻的思想，而这思想也披上了绚丽的感情的彩衣。而且，它能够引起我们广泛的联想和长久的思索：关于流血的得失、经验与教训，关于血债制造和偿还的历史哲学，关于流血牺牲的力量与意义，以及中国的改革中流血的必要、价值和流血之后对于改革的预期，等等，其广度与深度，都引人深思，而且可以由于读者自身的情况不同而不同。还有，这种语言，在感情冲击之下，迸射而出，然而又是具有历史深度的总结。同时又经过语言大师的修辞加工，不仅确切而深刻地表达了意义、思想，而且优美、感人、具有音韵感。

三一八惨案发生时，许多人写过诗文，其中不少是文人学士，更有几位著名作家、诗人，他们的作品，有的也留存下来了，然而像鲁迅所写的作品这样，不仅留存下来了，而且成为名篇佳作，脍炙人口，历久不衰，却是没有第二个的。这原因固然是多方面的，而主要的因素之一，可以说与这"核语言"的作用有很大关系。

新月社是一个资产阶级文学流派，它是瞧不上无产阶级文学运动和它的作品的，并且总是反对它。同时，新月社对反动统治者也批评了几句。然而连这一丁点，反动当局也不容许，他们的言论自由遭到了限制。于是他们赶紧申辩，"先引对方的党义，次引外国的法律，终引东西史例，以见凡压迫自由者，往往臻于灭亡：是一番替对方设想的警告。"对他们的这种姿态，鲁迅在《二心集·"硬译"与"文学的阶级性"》中给予了这样的描述：

> ……倘给有力者打肿了眼，就要破例，只举手掩住自己的脸，叫一声"小心你自己的眼睛！"

这简直就是一幅漫画，活画了这一类人的形象。这形象生动、准确、有动态、有思想活动。从语言上看，这段描写平凡得很，它不像前引诸例那样优美、深刻、铿锵，如警策语，而都是些普通的话。然而它说明的道理却是深刻的，它准确地刻画了这类人的本质，有助于人们去认识这类人、对付这类人。这种语言，不是以内含深沉、形式优美胜，而是以其整体，刻画了一种形象来发挥作用。这作用也不仅止于帮助人们认识新月社的所作所为，而且可以是一种认识手段：概括了某种人事的规律。

语言作为作品的形式和作为形式化了的内容，其意义、作用和价值，显然不止于形式的作用，而涉及内容，并且是作为内容的一部分、作为外化了的内容和质化了的思想而存在的。这就非同小可了。这是从总体作用上来看语言的作用与价值。鲁迅正是在这样认识的高度来看待在杂文中的语言的运用的。他是从这样的高度，从总体结构和总体考虑上去把握语言的。这里所说的总体有两方面的含义：一方面是指作为杂文这个总体（体裁、文学样式）去认识与把握；另一方面是从每一类型品种的杂文的总体上去认识与把握。正因为他是从这样两方面去把握他的杂文的语言的，所以他能够真正把握住、运用好他的杂文的语言结构、风格、韵味，使它们真正成为外化的内容、质化的思想，使形式与内容高度地统一、融合，具有无穷魅力。

在杂文的总体把握上，鲁迅为了体现杂文的特点，完成它的特殊的任务，使用着与写小说、散文诗以至散文不同的语言。鲁迅在写杂文时，同写小说和散文不同，使用的不是统一的叙述语言，也不是平直顺畅、质朴无华，如浮云流水般的自然移动流淌，而是采取多种方式、多种色彩、多种风格，更简练、更含蓄、更多变、更带思考的色彩也更带感情因素。从创作心理来考察，从心理到语言，从内在到外化、从思想的闪动到语言的物质化，从感情的跃动到化为语言的流泻，在创作小说、散文与创作杂文上，虽然两者有相通之处，但又有不相同的地方。我们从语言的构成上可以看得出来，在创作小说时，是比较平稳、冷静、沉着、徐缓的，这是一个作家的自然的"思考——推敲——形成文字"的过程；而创作杂文时，却有激动、亢奋、峻急、迅疾的一面，这是一个作家——战士的"激动与沉思——感情倾泻——爆发疾书"的战斗（写作）过程。

前面我们在谈论其他问题时，曾经举过许多例证，这里不另列举，而仍以那些已举出的篇章、段落、语句为证，从中可以看到和体味出鲁迅这种杂文语言的风致和这种特异的创作心理。只要拿前引的某些文字去与鲁迅的小说与散文加以比较，这情景便可分明地看出来。

那么，在第二种"总体"上，即在每一不同类型品种的杂文上，鲁迅在语言上又是怎样去把握和运用，而显出不同的方式、方法、风格、韵味和效果呢？又是怎样地达到了形式与内容、思想与艺术的高度统一呢？我们不妨从鲁迅的第一本杂文集开始，顺序而进来看一看。这样做，我们可以从一个新的角度来认识鲁迅的杂文。

从《热风》和《坟》中写于1918、1919年的杂文来看，那语言基本上是两种体态：《随感录》中的是平直、质朴、显露；而《坟》中的那两篇杂文，则是平铺直叙、条分缕析的，逻辑力强而感情因素较弱。前者，随时有感，有感即发，说完即了，这与随感录的性质完全符合。后者，则和深入主题、展开议论这种论说杂文的要求相合。

《华盖集》及其续编中的杂文，内容和语言都发生了变化。这本杂文集是在激烈的、"直面惨淡的人生"的频繁斗争中产生的，又是在鲁迅的那种激越创作心理（见前节）下产生的，因此那语言的基本的、统一的风格是激越、昂扬而带着沉思、含着热情的，是锤炼过的，是迸射出来的。

如《华盖集·杂感》中说：

> 仰慕往古的，回往古去罢！想出世的，快出世罢！想上天的，快上天罢！灵魂要离开肉体的，赶快离开罢！现在的地上，应该是执着现在，执着地上的人们居住的。

但厌恶现世的人们还住着。这都是现世的仇仇,他们一日存在,现世即一日不能得救。

[⋯⋯⋯⋯⋯⋯]

我们听到呻吟,叹息,哭泣,哀求,无须吃惊。见了酷烈的沉默,就应该留心了;见有什么像毒蛇似的在尸林中蜿蜒,怨鬼似的在黑暗中奔驰,就更应该留心了:这在豫告"真的愤怒"将要到来。那时候,仰慕往古的就要回往古去了,想出世的要出世去了,想上天的要上天了,灵魂要离开肉体的就要离开了!⋯⋯

这里,我们除了以前诸章节中所引过的文字之外,再节录这样一段,以为实证。这段文字,其风格、气势、韵味,不是体现了我们前面所概括的鲁迅这时期杂文语言的特色吗?

在这时期,鲁迅还有另一类型的杂文,这就是收在《坟》中的作于1924年到1925年的从《娜拉走后怎样》到《论"费厄泼赖"应该缓行》的16篇杂文。这16篇杂文,无论从哪一方面,其中包括语言方面的成就来说,都是一个可喜的高峰。它不同于《华盖集》及其续编中的杂文,不是因某一具体事件、针对某个人而进行的直面的斗争,而是泛论或因某一具体事件引起来的议论,它们所谈问题的范围比较宽泛,所分析的对象比较阔大,比如,关于民族传统思想文化、风俗习惯方面的问题,关于妇女解放问题,关于敌人的镇压手段和我们的战略策略思想问题,等等,它的战斗性不是表现为直接的、具体的论争,主要的是体现在总体性的分析、批判、论证上面。因此,在行文上表现为一种从容不迫、阔大雍容的气度,在语言上则是纵横开阖、凝重洗练、侃侃而谈,言辞清丽雅致而又泼辣深沉。这同这些杂文所处理的题材、所作的战斗、所起的作用,总之,和它们的"品性"是完全一致的。

《论雷峰塔的倒掉》这篇脍炙人口的杂文,那散文化的语言,十分动人:

秋高稻熟时节,吴越间所多的是螃蟹,煮到通红之后,无论取哪一只,揭开背壳来,里面就有黄,有膏;倘是雌的,就有石榴子一般鲜红的子。先将这些吃完,即一定露出一个圆锥形的薄膜,再用小刀小心地沿着锥底切下,取出,翻转,使里面向外,只要不破,便变成一个罗汉模样的东西,有头脸,身子,是坐着的,我们那里的小孩子都称他"蟹和尚"，就是躲在里面避难的法海。

当初，白蛇娘娘压在塔底下，法海禅师躲在蟹壳里。现在却只有这位老禅师独自静坐了，非到螃蟹断种的那一天为止出不来。莫非他造塔的时候，竟没有想到塔是终究要倒的么？

活该。

这种清顺畅达、娓娓而谈的语言，蕴含着自信与力量，充满了对于被压迫者的同情和对于封建势力的憎恨，有散文风致，然而又隐含着杂文的泼辣与犀利。

《看镜有感》则是这样地叙事、议论、抨击：

一面圆径不过二寸，很厚重，背面刻满蒲陶，还有跳跃的鼯鼠，沿边是一圈小飞禽。古董店家都称为"海马葡萄镜"。但我的一面并无海马，其实和名称不相当。记得曾见过别一面，是有海马的，但贵极，没有买。这些都是汉代的镜子；后来也有模造或翻沙者，花纹可造粗拙得多了。汉武通大宛安息，以致天马蒲萄，大概当时是视为盛事的，所以便取作什器的装饰。古时，于外来物品，每加海字，如海榴，海红花，海棠之类。海即现在之所谓洋，海马译成今文，当然就是洋马。镜鼻是一个虾蟆，则因为镜如满月，月中有蟾蜍之故，和汉事不相干了。

这段文字，平顺无奇，然而叙事简洁，以其所叙事实涉及历史及文物知识而吸引着人们。然而接着便是精辟的论断，那语言生动又深沉，言简意赅，更是发人深省。

这种流泻而出、平铺直叙、裹着议论的散文型语言，雍容阔大、自然朴实而又精致巧妙，表现了一种叙论从容的仪态，于平淡中见功力。

鲁迅《坟》以后的特别是上海十年时期的杂文，在语言上又有变化。《而已集》和《三闲集》中的部分杂文，以及写于1926年11月的《写在〈坟〉后面》，都流露出一种激愤、悲凉的情绪和"淡淡的哀愁"。这是他当时的心境的投影。这些文章，都以它们的文字的苍凉悲愤的韵味而显出一种坚忍和凄艳的美。像这样的片段，读起来是十分感动人的：

今夜周围是这么寂静，屋后面的山脚下腾起野烧的微光；南普陀寺还在做牵丝傀儡戏，时时传来锣鼓声，每一间隔中，就更加显得寂静。电灯自然是辉煌着，但不知怎地忽有淡淡的哀愁来袭击我的心，我似乎有些后悔印行我的杂文了。……

记得先已说过：这不过是我的生活中的一点陈迹。如果我的过往，也可以算作生活，那么，也就可以说，我也曾工作过了。但我并无喷泉一般的思想，伟大华美的文章，既没有主义要宣传，也不想发起一种什么运动。不过我曾经尝得，失望无论大小，是一种苦味，所以几年以来，有人希望我动动笔的，只要意见不很相反，我的力量能够支撑，就总要勉力写几句东西，给来者一些极微末的欢喜。……我的生命的一部分，就这样地用去了，也就是做了这样的工作。然而我至今终于不明白我一向是在做什么。比方做土工的罢，做着做着，而不明白是在筑台呢还在掘坑。所知道的是即使是筑台，也无非要将自己从那上面跌下来或者显示老死；倘是掘坑，那就当然不过是埋掉自己。总之：逝去，逝去，一切一切，和光阴一同早逝去，在逝去，要逝去了。——不过如此，但也为我所十分甘愿的。

这样一段文字，朴实无华，话是普通的话，言是家常的言，但是，在整体上，它们却构成一种淡淡的哀愁和凄怆悲凉的气氛。作者感情的真挚、深沉，跳动着一颗拳拳服膺、追求献身之途的炽烈的心，所以便产生一种美感。这种语言的特色，固然在于它的朴实，然而更在于在它的思绪深沉、感情炽烈，如开始所描绘的凄怆气氛、后面所说的无喷泉般思想，不知是筑台还是掘坑，一切早逝去、在逝去、要逝去，如果作者没有幽深的感慨，就不可能捕捉到这种语言，并且表达得如此强烈。

《而已集》中的《答有恒先生》和《三闲集》中的《在钟楼上》等篇章，都流露着愤激的情绪，这是对于四一二大屠杀的愤怒与痛恨之情升华的结果。那语言委实像渗着血一样：

但事实是事实，血的游戏已经开头，而角色又是青年，并且有得意之色。我现在已经看不见这出戏的收场。

《在钟楼上》有这样一段：

至于我说无甚可以攻击之处的话，那可的确是虚言。其实是，那时我于广州无爱憎，因而也就无欣戚，无褒贬。我抱着梦幻而来，一遇实际。便被从梦境放逐了，不过剩下些索漠。……

这种愤激是过渡期的思想情绪的反映，在心理上，是快要越过这个阶段了，要前进了，像是要清理一下，要抖落往昔的负累……。这里的话语也是朴实无华的。然而也是在整体上体现了一种思绪，一种心理、一种跳跃着的情愫。

鲁迅后期的杂文，在心理上和情绪上所体现的是一种自信、力量、振奋、昂扬、深沉和洒脱，过去那种平实、凄艳、哀愁、愤激等构成的美，让位给阔大、明亮的色彩和音响了。试略举一二例证，如《准风月谈·秋夜纪游》：

> 我生长农村中，爱听狗子叫，深夜远吠，闻之神怡，古人之所谓"犬声如豹"者就是。倘或偶经生疏的村外，一声狂嗥，巨獒跃出，也给人一种紧张，如临战斗，非常有趣的。
>
> 但可惜在这里听到的是吧儿狗。它躲躲闪闪，叫得很脆：汪汪！
>
> 我不爱听这一种叫。
>
> 我一面漫步，一面发出冷笑，因为我明白了使它闭口的办法，是只要和它主子的管门人说几句话，或者抛给它一根肉骨头。这两件我还能的，但是我不做。
>
> 它常常要汪汪。
>
> 我不爱听这一种叫。
>
> 我一面漫步，一面发出恶笑了，因为我手里拿着一粒石子，恶笑刚敛，就举手一掷，正中了它的鼻梁。
>
> 呜的一声，它不见了。我漫步着，漫步着，在少有的寂寞里。

如《且介亭杂文·中国人失掉自信力了吗》：

> 要论中国人，必须不被搽在表面的自欺欺人的脂粉所诓骗，却看看他的筋骨和脊梁。自信力的有无，状元宰相的文章是不足为据的，要自己去看地底下。

如《且介亭附集·死》：

……只还记得在发热时，又曾想到欧洲人临死时，往往有一种仪式，是请别人宽恕，自己也宽恕了别人。我的怨敌可谓多矣，倘有新式的人问起我来，怎么回答呢？我想了一想，决定的是：让他们怨恨去，我也一个都不宽恕。

这三段引文，代表了三种类型：对敌人的批判、抨击；对人民的歌颂、赞美；对自己襟怀的坦荡表白。无论哪一种，都表现出自信与力量，对敌人的鄙视、对人民的信任和自身的坚定，三者又都是相通的，是同源之水、同根之木。它们在语言上的表现，虽然体裁、内容、风格各不相同，但都是坚韧、犀利、明确、洗练的。以前的所谓"吞吞吐吐"、犹豫、怀疑、委婉、凄切的韵味，全都消逝了、改变了，为别的东西所代替了。

鲁迅杂文艺术在语言上的成功，和它的审美价值，是通过一些具体的方式和手段来实现的。当然，这都是带技巧性的。在这方面，鲁迅作为语言大师的高超绝伦的本领，是令人惊叹的。我们可以归纳出主要的方式与手段，但是，我们同时必须说明，这只能是概括言之，未必精当；而且，固然有所见略同的基本几条，但也有见山见水、见仁见智、各有新异之处。这只证明了我们观察研究的对象本身丰富多彩，研究者各有侧重而已。同时，还应当看到，重要的还不仅仅在于方式和手段本身，而更加在于运用之妙。因为武器、工具，为不同的战士和艺人所用，效应是大不相同的。

下面，我们大体列举一下鲁迅在语言的具体运用上的方式与手段。

（1）比喻。毫无疑问，这是作家在语言艺术运用上的常规手段。它的效果、作用是很明显的。鲁迅在运用上的特点在于：第一，这种手段在他的杂文中运用得比别的作家都要多。这是他的主要修辞手段。第二，他的比喻特别妥贴恰当，而且富有韵味与情趣，足以鲜明、准确、深刻地喻明对象本身。第三，借此足以深刻地揭示人物或事物的本质。第四，比譬都具有鲜明生动的形象性。

在这一修辞手段的运用上，鲁迅有两大基本方式：一个可以叫作比喻词语、短句的使用；一个则是比喻性叙述与描绘。属于第一类的，例子很多，比喻很确切、深刻，又很精炼，有的已成为一种专有名词，这便是我们前面已经列举过的"叭儿狗""媚态的猫""吃人血还要哼哼一通的蚊子""舐人血、拉蝇矢、要玷污一切美好事物的苍蝇""脖子上挂着铃铎的山羊"等，此外还有"二丑"、"破落户子弟"、"暴发户"、"革命骁将"、"革命小贩"、"商定文豪"、"京派刀"、"海派"、"药渣"、"青皮"、"吃白相饭"者、"做戏的虚无党"、"无特操者"、"脚踩两只船的文人"、"翻筋斗的小资产阶级作家"等，以及许多比喻短语如"麒麟皮下的马脚""酱肉缸上的金盖""狮子身上的害虫""毒害革命的甜药"等。

鲁迅所创造的这些比喻词语、短句，都是非常精练、准确地概括了对象的本质的。它们本身既概括了某一种社会典型；同时，又是鲁迅的刻画、评议文字的凝练的总括。因此，那内涵是非常丰富的。他所拿来比譬的事物或人物，也都是人们常见的，但又被赋予了不同平常的内容，因此既易为人所了解、领会、记忆，又具有不为常人所能想到的新鲜感。由此也给人以审美愉悦。

第二种类型，是比喻性叙述、描绘、议论，这是整体性的。它们的作用更为广泛。这是鲁迅杂文语言艺术更为可贵的成就，因为这是一种行文方式，是他的基本写作手法，他用比喻性语言，构成了文章的体魄。

鲁迅为了论述或描绘（这两者在鲁迅的笔下常常是结合着的）对象，常常以一个比喻为核心，形成一段文字，达到描绘形象则生动贴切、揭示本质则入木三分的效果。如《坟·未有天才之前》：

> ① 所以我想，在要求天才的产生之前，应该先要求可以使天才生长的民众。——譬如想有乔木，想看好花，一定要有好土；没有土，便没有花木了；……
>
> …………
>
> 这样的风气的民众是灰尘，不是泥土，在他这里长不出好花和乔木来！
>
> …………
>
> ……做土的功效，比要求天才还切近；否则，纵有成千成百的天才，也因为没有泥土，不能发达，要象一碟子绿豆芽。

如《二心集·"硬译"与"文学的阶级性"》：

> ② 人往往以神话中的Prometheus比革命者，以为窃火给人，虽

遭天帝之虐待不悔，其博大坚忍正相同。但我从别国里窃得火来，本意却在煮自己的肉的，……

如《南腔北调集·论"第三种人"》：

③生在有阶级的社会里而要做超阶级的作家，生活在战斗的时代而要离开战斗而独立，生在现在而要做给与将来的作品，这样的人，实在也是一个心造的幻影，在现实世界上是没有的。要做这样的人，恰如用自己的手拔着头发，要离开地球一样，他离不开，焦躁着，然而并非因为有人摇了摇头，使他不敢拔了的缘故。

如《且介亭杂文·难行和不信》：

④虽是说教的士大夫，相信自己和别人的，现在也未必有多少。例如既尊孔子，又拜活佛者，也就是恰如将他的钱试买各种股票，分存许多银行一样，其实是那一面都不相信的。

如《且介亭杂文二集·"题未定"草七》：

⑤我想，立"静穆"为诗的极境，而此境不见于诗，也许和立蛋形为人体的最高形式，而此形终不见于人一样。

以上五例，①以"泥土"与"花木"为喻，说明天才与民众的关系；②以"窃火煮自己的肉"为喻，申述"窃火"的目的和用途；③以"拔着自己的头发要离开地球"为喻，来证明现在的人要做给将来的人去看的作品，是不可能成功的；④以"拿钱分买多种股票"来喻尊孔拜佛者的投机思想；⑤以"蛋形为人体最高形式"之不存在，喻"静穆"为诗的极境的不存在。这里我们看到，在这几种类型中，都是以比喻为主论的基础和骨干，使要论证的问题更明确、更肯定，同时，也更形象，更具"可见性"，由此也更增加可信性。这样，就不是一般的比譬了。因为，在比喻的运用中，鲁迅并非一般地比拟，而是以比喻渗透于整个立论中，"弥漫"于整个行文和气氛中。更值得指出的是：鲁迅的设喻，都新鲜、生动、形象，不落前人窠臼，不炒别人剩饭，而且有独到的思想，独具心裁之妙，独具色彩之美，并且都具有讽刺的效应、幽默的情趣。像自拔头发要离开地球、信神拜佛如买股票、以蛋形为人形之极致，不都是很有讽刺、幽默的味道，使被比喻者显出可笑的情状吗？

鲁迅杂文中整体性、叙述性比喻的第二种方式，更为阔大深沉，其中有思想的闪光、感情的火花、艺术的色彩，采用了连缀式、排比式、反复式等手法。比喻，在这里是立论的支柱，又是论述的资财，是构成的要素，又是行文的自身，比喻已不是比喻的形式，也不着设喻的痕迹，自然流泻，无斧凿之状，无雕琢之迹。这里是几种类型的例证，如《华盖集·杂感》：

①死于敌手的锋刃，不足悲苦；死于不知何来的暗器，却是悲苦。但最悲苦的是死于慈母或爱人误进的毒药，战友乱发的流弹，病菌的并无恶意的侵入，不是我自己制定的死刑。

如《坟·灯下漫笔》：

②所谓中国的文明者，其实不过是安排给阔人享用的人肉的筵宴。所谓中国者，其实不过是安排这人肉的筵宴的厨房。……
…………
扫荡这些食人者，掀掉这筵席，毁坏这厨房，则是现在的青年的使命！

如《且介亭杂文末编·白莽作〈孩儿塔〉序》：

③这《孩儿塔》的出世并非要和现在一般的诗人争一日之长，是有别一种意义在。这是东方的微光，是林中的响箭，是冬末的萌芽，是进军的第一步，是对于前驱者的爱的大纛，也是对于摧残者的憎的丰碑。一切所谓圆熟简练，静穆幽远之作，都无须来做比方，因为这诗属于别一世界。

这里的比喻都是连缀式的，一个接着一个，意思是多方面、多层次的，整个的议论、思想、见解，均由比喻构成，两者是一而二、二而一地融合在一起的。它们之间又有差别。

①例先是两者相比，两种悲苦，只有后面所说者是真悲苦；后面所说则是四个譬喻，所说的虽然都可能是实有的，但却不过是比譬，在言其令人痛心的悲苦。这四种死法之悲苦，是平列的，四种不同的造成悲苦的原因，其内容也因此不同，所以又是四层意思，都因设譬之巧与深，而使意义深刻，令人深思与体味不止。

②例则不同，是几层意思相连缀：食人者、人肉筵宴、厨房，他们构成了一个可悲的形象：中国社会。设譬的事物是一个事物的几个方面，互相连贯、彼此关联。这样，整个叙述、论证与揭露是一个比喻的整体，比喻与叙述等是"合二为一"的。

③例是六个平列的比喻，每一个比喻是一种意思，但各自说明了这种诗的性质的一个方面，不重复、不叠合，而是各有不同的含义。

这里，我们仍然只限于举例，虽然是三种类型，远不能概括鲁迅这种整体设譬的内容与手法。鲁迅在"比喻"这一语言艺术的运用上，其创造性、独特性和艺术技巧，重要和突出的地方便是这种整体设譬。这种设譬之所以是整体性的，就在于他在创作时进行思考，即已把整个的事物形象地进行了对比，明确了他们的性质、内容和形式，发而为文，就使整个叙述或描绘、刻画，或议论、剖析，都以比喻构成且在比喻中进行。这比喻不是孤立的、静止的、单一的，而是多种多样的、多层次的、连缀的、流动的、发展的。

还有一点必须指出：鲁迅的比喻的构成，还有别的语言因素的作用，由此而使他的比喻不仅在整体上是巧思妙想，而且在具体表现上是准确、生动、深刻、优美的，从而使整体设想能够艺术地实现。没有这些，其设譬之巧、之深也无由成为现实。这一点，我们将在下面谈论语言技巧时详述。

（2）仅以"炼话"，结尾一击。这是鲁迅杂文风格独具、特有力量的一种语言艺术。首先是铸炼出一种"炼话"，含义深沉、形式简练，足以揭示本质、总括全篇；第二，用于结尾，前有铺垫，后有余味，一击而止，"石破天惊"。这里有着语言的结构安排上的高度技巧。前举批张资平之以"△"作结，批法海以"活该"相刺，都是结尾有力的一击。在《准风月谈·智识过剩》一文中，揭露国民党反动统治在全国人民百分之八九十的人不识字的情况下，还喊叫什么"智识过剩"，胡说什么"中国现行教育在乡间提倡愈甚，则农村之破产愈速"。鲁迅在文章中指出：这种谬论之所以产生，主要是因为"智识太多了，不是心活，就是心软。心活就会胡思乱想，心软就不肯下辣手。结果，不是自己不镇静，就是妨碍别人镇静。于是灾祸就来了。所以智识非铲除不可"。文章接着揭露说，光是铲除还不够，还要"予以适合实用之教育"。这"实用教育"是什么？就是：

第一是命理学——要乐天知命，命虽然苦，但还是应当乐。第二是识相学——要"识相点"，知道点近代武器的厉害。……要叫人懂得电学，最好是使他触电，看痛不痛；要叫人知道飞机等类的效用，最好是在他头上驾起飞机，掷下炸弹，看死不死……

最后，文章是这样结束的：

> 有了这样的实用教育，智识就不过剩了。亚门！

这最后的一击，是十分有力的。它指出，有了这种"实用教育"——实际上就是电刑、屠杀等镇压杀伐——，智识就不过剩了，因为或伤或死或不能动弹或不敢反抗，都成了不活不死的愚民了。然后以外国人作弥撒划十字时的哼一声"亚门"作结，含蕴着尖锐的讥刺。这种结尾，总结了前文所有的揭露、抨击，给予一击，戛然而止，十分有力。

《准风月谈》中另一篇文章《男人的进化》则是另一种手法。文章揭露了封建礼教对女性的摧残，资本主义社会对女性的"为她所自愿的蹂躏"、蹂躏了她还要她说一声"谢你，大少！""这是禽兽干得来的么？"这是男人的进化！还有什么："科学的贞操"，"那当然是文明进化的顶点了。"

文章结尾是这样的一句：

> 呜呼，人——男人——之所以异于禽兽者！

这其实是说：人（某种人）之无异于禽兽，甚至比禽兽还不如。

然而还不止于此，文章末后又加了一个"自注"说："这篇文章是卫道的文章。"

看了这一句，读者立即忍俊不禁，不免一笑，既以这种讥刺为乐，又以这种讥刺之巧妙、有力而感到审美愉悦。——本来是一篇深刺假道学的有力文字，然而又自注"卫道文章"，这就更进一步讥刺了那些真的卫道文章的虚伪面孔。

《花边文学》中的《奇怪（三）》揭露了叶灵凤等自吹为"中国第一流作家"抄袭外国名家的美术作品以欺世盗名的恶行。因为登载这些抄袭者作品的《文艺画报》的开卷《编者随笔》中，说到他们的目的只在以他们的轻松的文艺来使读者"破颜一笑"，所以本文的结尾便接过这话头，于揭露抨击之后，写道：

> 那么，我也来"破颜一笑"吧——
>
> 哈！

鲁迅杂文这种"炼话的结尾"和"结尾的炼话"，是在语言运用上，在整体结构和具体运用两方面都是一种独具特色的创造。中国做文章向有"龙头、猪肚、豹尾"之说，讲究结尾有力，是一向被重视，也是有许多成就的。但鲁迅在运用这种常规手法时的创造性表现在：①把这种艺术规律，用之于议论散文中；②运用之妙，超乎一般，主要是简练、有力、发挥了多种作用；③提炼出言简意赅、内涵丰富的炼话；④富有讽刺、幽默的功效。这样，就使这种语言创造和这种语言的运用达到了美的境界，具有了审美情趣与审美价值。

（3）"借用语"。即引用对方、论敌的用语，借过来，打过去，"以其人之道还治其人之身"。这是鲁迅杂文中常用技巧之一。如在《华盖集》中，批判陈西滢、徐志摩，借用徐的"带住"一语，多次使用，或者说"我才开始，怎么就要带住！？"或者说"我还不能带住！"或者说"带住"，"否则又是构陷别人的罪名了"，本是行文应止之处，却以"带住"一词止住，以示讥刺。前引的"实用教育""我也来'破颜一笑'"等也都是例证。这些引用，都是把对方的话语接过来，加以应用，便生讥刺之效，将对手揭露了。

国民党反动政府在镇压爱国运动时，曾经屠杀爱国学生，他们把学生推入水中淹死，然而却胡说什么他们是"自行失足落水（！）"，对此，鲁迅多次予以揭露、抨击，以借用此语的手法，收到"反唇相讥"之效。如在《伪自由书·逃的辩护》中说：

> ……却不料"为反动派所利用"，许多头都恰巧"碰"在刺刀和枪柄上，有的竟"自行失足落水"而死了。

又说：

> 北平的大学生是知道的，并且有记性，这回不再用头来"碰"刺刀和枪柄了，也不再想"自行失足落水"，弄得"身上五色"了……

这里以反唇相讥的手法，揭露了反动派屠杀爱国学生和群众的罪行，又抨击了他们的恶毒手法与嘴脸。

在《准风月谈·踢》中，更扩大范围，予以使用。文中借中国人民被洋巡捕踢落水中被淹死的事件，加以发挥，写道：

> 苗民大败之后，都往山里跑，这是我们的先帝轩辕氏赶他的。南宋败残之余，就往海边跑，这据说也是我们的先帝成吉思汗赶他的，赶到临了，就是陆秀夫背着小皇帝，跳进海里去。我们中国人，原是古来就要"自行失足落水"的。

这里以历史的陈迹来证明了今天的污蔑，被打落水中、踢落水中或被逼跳入水中的，都被说成"自行失足落水"了。世上有这样的"自行"、这样的"失足"、这样的"落水"的吗？这自然都是讽刺。

鲁迅这种语言艺术的运用，"语言"本身是"借"来的，"无须费力"，功夫则在借用什么、用在何处和如何用法。这里，表现了鲁迅在语言艺术的掌握上具有特殊的敏感和抓住本质、巧妙运用的高超技巧。由于他的运用之巧妙和效应之良好，也造成审美效果，而使文章增加了一种构成美的因素。

（4）反语。反语的应用，在鲁迅的杂文中也是有总体性的运用和具体使用两种。前者，就是几乎整篇以反语形式构成，贯穿始终，头尾相应，读来十分痛快而又愉悦，作者似未对被揭露者致一微词，但却整个儿地是揭露对方的。像前举的《牺牲谟》《评心雕龙》等均是运用的此种手法。《伪自由书》中的《战略关系》一篇，也是如此。所不同的是，这篇文章以议论杂文形式出现，其妙处更令人欢快愉悦。文中写道：

> 战略家在去年上海打仗的时候，曾经说："为战略关系，退守第二道防线"，这样就退兵；过了两天又说，为战略关系，"如日军不向我军射击，则我军不得开枪，着士兵一体遵照"，这样就停战。此后，"第二道防线"消失，上海和议开始，谈判，签字，完结。那时候，大概为着战略关系也曾经见过血；这是军机大事，小民不得而知，——至于亲自流过血的虽然知道，他们又已经没有了舌头。究竟那时候的敌人为什么没有"被诱深入"？现在我们知道了：那次敌人所以没有"被诱深入"者，决不是当时战略家的手段

太不高明，也不是完全由于反对运动者的血流得"太少"，而另外还有个原因：……。

这里整个以反语构成，以后的文字，直到结束，都是这种"反语体"。如最后说："至于怕有什么反对运动，那我们的战略家：'虽流血亦所不辞'！放心，放心。"也是以反语作结。这种反语，使得文章特别有一种讥刺、调侃的意味，显得幽默、隽永，读起来感到有力，好象看见被讥刺的对象被揶揄得无处躲藏，又无可辩驳，处在哭笑不得的尴尬境地。

（5）偶句、排比、叠句、反复、连缀。这是鲁迅杂文中经常使用的造句的手法，是鲁迅同别的作家比大为不同的写法之一。这种语句，确是比比皆是的。比如偶句，鲁迅说，他爱用对仗，连书名也如此，如《三闲集》与《二心集》、《伪自由书》与《准风月谈》等。在杂文中类似的语句当然更多了。

如《坟·看镜有感》：

这么做即违了祖宗，那么做又象了夷狄，……。

如《伪自由书·天上地下》：

不过这只是讲笑话，事实是决不会弄到这地步的。即使弄到这地步，也没有什么难解决：外洋养病，名山拜佛，这就完结了。

如《准风月谈·帮闲法发隐》：

但这时他又以丑角身份而出现了，仍用打诨，从旁装着鬼脸，使告警者在大家的眼里也化为丑角，使他的警告在大家的耳边都化为笑话。耸肩装穷，以表现对方之阔，卑躬叹气，以暗示对方之傲；使大家心里想：这告警者原本都是虚伪的。

鲁迅杂文中往往出现这种对偶句，自然而又深刻地表现了内容，使文章气韵畅通，语调齐整，增加了生气与文采，读起来更增美感。

排比，也是鲁迅常用的修辞手法，如《华盖集·忽然想到（六）》：

苟有阻碍这前途者，无论是古是今，是人是鬼，是《三坟》《五典》，百宋千元，天球河图，金人玉佛，祖传丸散，秘制膏丹，全都踏倒他。

如《华盖集·十四年的"读经"》：

> 再进一步，并可以悟出中国人是健忘的，无论怎样言行不符，名实不副，前后矛盾，撒谎造谣，蝇营狗苟，都不要紧，经过若干时候，自然被忘得干干净净；……

如《准风月谈·查旧帐》：

> 今之名人就又不同了，他要抹杀旧帐，从新做人，比起常人的方法来，迟速真有邮信和电报之别。不怕迂缓一点的，就出一回洋，造一个寺，生一场病，游几天山；要快，则开一次会，念一卷经，演说一通，宣言一下，或者睡一夜觉，做一首诗也可以；更要快，那就自打两个嘴巴，淌几滴眼泪，也照样能够另变一人，和"以前之我"绝无关系。

如《准风月谈·中国的奇想》：

> 狂赌救国，纵欲成仙，袖手杀敌，造谣买田，倘有人要编续《龙文鞭影》的，我以为不妨添上这四句。

叠语、连缀句，鲁迅最爱用"二字文"，显得短促、急骤、铿锵、有力；有时也夹杂字数的变化，则有跌宕、变化之效。这是见于《华盖集·杂感》一文中的数段：

> 先前，也曾有些愿意活在现世而不得的人们，沉默过了，呻吟过了，叹息过了，哭泣过了，哀求过了，……

> 血书，章程，请愿，讲学，哭，电报，开会，挽联，演说，神经衰弱，则一切无用。

> 我们听到呻吟，叹息，哭泣，哀求，无须吃惊。

这几段文字中，以"二字文"为多，然而夹杂"多字文"，这种变化，也产生意念和音韵上变化的效果。下面二例则是二字为顿，意念发展很快，音韵顿挫感很强，如《花边文学·算账》：

> 到现在，还在用兵燹，疠疫，水旱，风蝗，换取着孔庙重修，雷峰塔再建，……

如《且介亭杂文末编·女吊》：

> 她两肩微耸，四顾，倾听，似惊，似喜，似怒，终于发出悲哀的声音，……

在鲁迅杂文的语言艺术中，口语的采用，古语的吸收与活用，外来语和表现方法的采择，以及警策语、警句的运用，也都是经常使用的技巧。这是鲁迅的语言艺术的基本手段之一，是他的杂文作品的美学构成的基本因素。这方面的成果，我们不拟单独举出例证；因为前面许多为了说明多种问题的引文，不乏这些语言技巧的例证。

不过，这里我们要对警策语和警句问题，指出几点。

第一，鲁迅杂文中的警策语与警句，都是他的思想感情的自然流露与迸发，从来不是故作高深、勉为多情，以虚空的喧嚣去充填思想的空虚与情感的苍白。当然，也不是想到就说，虽朴素而不免粗俗，虽自然而不免简陋。鲁迅的警策语与警句，是自然朴素的，是像行云流水一般流泻而行，在整个文章中，毫无勉强或格生之感。但是，思想却是经过凝练之功的，感情是经过陶冶之力的，而文字则经过了锤炼推敲，于是而思想、感情、文字俱佳，而且在整体结构中也很自然，发其所当发，止其所当止，没有丝毫不合适之感。它们是整体的有机的一部分，而不是游离的。

第二，鲁迅杂文中的警策语和警句，不仅是每篇文章中的明珠，而且由于鲁迅思想的深邃丰厚，总结了历史的经验与概括了现实生活，因此都具有一般的意义，具有理论概括的品性，由此而产生它的广泛而独立的作用。像"沉默呵，沉默呵！不在沉默中爆发，就在沉默中灭亡"这样的警句，常使沉默者深思而奋起，给人以深沉的鼓舞力量。像"有一分热，发一分光"，"从喷泉里出来的都是水，从血管里出来的都是血"等，都是一种带有普遍长久意义的警句。

第三，鲁迅杂文作品中的那些警句和警策语，都是经过艺术加工的，富有文采的，在语言艺术上达到了高度的统一。因此读起来不仅觉得好，而且感到美，得到审美的愉悦。所以它们不仅吸引人、打动人，而且使人感到意蕴丰厚、文采熠熠、易于记忆，且历久难忘。比如《记念刘和珍君》中的一些话语，《春末闲谈》中的一些警句，等等，都是如此。

最后，我们还需要就鲁迅杂文的语言，从整体上来探索一下它的美学构成。

鲁迅杂文语言的整体构成，是由以书面语言为基础，大量吸收、改造古语，吸收口语，融汇而成的。其中融合着古诗、成语、典故、名句、诗词等，像明珠镶嵌在文章中，闪着思想与艺术的光。同时，又有鲁迅自己创造的警句、警策语，那更是文章中的宝石，闪着耀眼的思想与艺术的光芒。我们熟悉许多鲁迅的名言，我们常常读到人们的引用、摘句，那都是鲁迅杂文中的精华。

在《写在〈坟〉后面》一文中，鲁迅趁自己文言和白话合成的杂集出版之机，论述了他在语言问题上的见解。首先，他说自己曾经看过许多古书，并且还要继续看下去，因此他一方面"自己却正苦于背了这古老的鬼魂，摆脱不开，时常感到一种使人气闷的沉重"，——这可以说是消极的一面；然而另一方面，由于耳濡目染，便"影响到所做的白话上"，"常不免流露出它的字句，体格来"。在这方面，鲁迅的意思仍然是消极的，然而实际上除了消极的一面之外，还有积极的方面，即古文中字句的民族优良传统方面，经过鲁迅的消化以后的吸收和改造以后的活用，已经成为新的，足以准确、优美地表现新生活、新事物、新思想、新感情的文字了。鲁迅在该文的后面便说道，为了使现在的人民的语言丰富起来，"或者也须在旧文中取得若干资料，以供使役"。这里鲁迅虽然加了"或者"二字，不很肯定，但这是慎重，却不是犹疑。因为他下面接着说这不在"我现在所要说的范围以内，姑且不论"。然而，鲁迅提出了根本的原则，就是：

> 以文字论，就不必更在旧书里讨生活，却将活人的唇舌作为源泉，使文章更加接近语言，更加有生气。

这是一个十分明确而又十分正确的原则。鲁迅否定了在古书里讨生活的原则，而坚持"将活人的唇舌作为源泉"的原则。这是非常正确的。他接着还说："我以为我倘十分努力，大概也还能够博采口语，来改革我的文章。"这个志愿和改革文章的措施，正是根据上述的根本原则订出来的。应该说，这同样是十分正确、十分可取的。

以上，鲁迅在语言上的主张，事实上已经见诸他的创作实践，因此，他在这里所说的，也正是他的经验总结。我们在研究时，也可以把这当作指导思想和线索。最后，我们必须再次强调指出：鲁迅杂文的语言艺术，虽然表现了高度的技巧，但却不仅仅限于技巧范围之内。技巧只是服务手段。更本质、更具有决定性作用的还是鲁迅的思想的丰富深沉与感情的热忱强烈。这是语言产生的基础，也是语言形成的内核。没有这个基础和内核，语言纵然如何美、如何巧，也只能是一个美丽而苍白的外壳。它纵使炫人耳目，也只不过是昙花一现，稍纵即逝，不留痕迹的。

当然，我们同时又不能因此而忽视鲁迅在掌握、运用、创造语言上的艺术功力和努力之功。没有这一步，也仍然不能取得语言艺术的成就。因为，那基础与内核难免是粗糙杂乱的，表现得不充分、不确切、不优美的。那当然只能是粗胚，而不是艺术成品，更不能是艺术精品了。

结束语

如我们在开卷所说，鲁迅的杂文艺术，如星空、如大海、如峻岭，深邃、辽阔、崇高、博大，是百科全书式的著作，却又是零章碎篇的汇集。这给我们阅读、学习以方便，却产生理解和研究上的困难。我们这里所作的研究，是想通过一定的综合，在整体上去把握鲁迅杂文的思想与艺术，不是每篇每章的诠释与注解，也不是就某几种形态的论述与探讨，而是把它看作一个整体来研究。当然，为了这个目的，总不能"混沌一片"来究其内涵，这是不可能的，而是仍不免要分章分节、分类分型地来进行。只不过，在进行过程中，始终不忘这是一个整体，从整体上来观察局部、枝节。这自然是一种尝试，成败未遑计及，只试图探索一点新的研究蹊径与方法。

当我们把鲁迅杂文作为一个整体来探究时，我们便似乎面对星空、大海、崇山、峻岭，看到它的幽远、深邃、崇高、博大，而且明确了它的形象的轮廓，把握到它的总精神，这对于认识与理解，是很有好处的。当然，我们在书中的描述、论证，是很不够的。因此，所谓"概论"，是概貌、概略、概括之意，而不是囊括了应有内涵的概要之论。至于每一章节，也常有在此意义上的"概论"的性质。总之，《鲁迅杂文学概论》至此结束了，在这不算短的篇幅中，我们从几个方面探讨了鲁迅杂文的内容与形式、产生与发展、思想与艺术，并且就几个重点问题进行了一些较为细致的探讨。这些方面，可以说都是鲁迅杂文艺术的重要部分，但是，却不能说是全部。所谓重要部分，是指：第一，这里包括了鲁迅杂文学研究中一些常规范畴与课题；第二，其中不少是人们在研究探讨中常常议论的主题，有的是至今存在争议的问题。

我把本书命名为《鲁迅杂文学概论》，原因之一是希望由于它所探讨的问题的范畴，而为课堂教学者所利用。我认为鲁迅的杂文应该成为我们思想与艺术的教材、精神文明建设的教科书，为此我们既需要在大中学校的课堂上讲授它们，又需要有为了培养讲授者而进行的专题讲授。这两者是"普及"与"提高"的关系，也是相辅相成的关系。这两方面的工作，都需要有相应的教材。我的粗拙的产品，愿在这方面发挥一点作用。

我曾提议建立"鲁迅学"，得到不少师长和同志的赞同。我想，鲁迅杂文学概论，应该是"鲁迅学"的组成部分之一。

因此，这本书就是建立"鲁迅学"的具体实践的一个尝试了。

然而，作为概论，这本书是体例不备、内容不全的。至少有些重要的内容，尚付阙如。这原因在于我本无意于写一本全备的概论，而只是想要有所侧重地就现今尚未涉及和虽然已经涉及但有争议或论述不够的重要问题，做一些论述。这样也许可以避免教科书式的枯燥，而能够灵活生动一些。

在各有关章节中，我也没有平均使用力量，保持按比例的叙述和篇幅的平衡。这有几种情况。有的，是因为一般论述较多，我则尽量避免重复，力求讲些新的意见，因而讲得少些；有的是一般论述较少，我试图做些探索，因而多讲了些；有的则是我研习较多，似觉可说的要多些，所以讲得多一点；而有的则是因我之浅陋，研究心得不多，能说者少，也就说得少了。总之，有话则长，无话则短。——这大约也是不甚符合概论体的论著要求的。

的确，仅就已经论及的范畴来说，可以说、应该说的仍然很多，更不要说尚未涉及而应该涉及，以及开拓领域后可以涉及的方面了。然而现在我只能做到这一步，有些地方，自觉还可拓展一下，有的还可继续探究，有的则语焉不详，尚可补充。然而这些现在都不能做。希望今后还能有机会再回到这个主题上来。

拙著《鲁迅评传》虽然篇幅不算短小，然而对于鲁迅的杂文，尚有未及说到或说及不充分的地方。现在，《鲁迅杂文学概论》的写作，算是对于这方面的工作的补充。而且，就我自己的研究工作来说，这两本书可算是姊妹篇。

勉力写完此书，除正文所述之外，略作说明如上，以作结。

1983年7月10日完稿

1983年7月31日定稿于抚顺宾馆

附录一　鲁迅的艺术思维与艺术世界里的中西文化

　　在鲁迅的艺术思维和他所创造的艺术世界里，凝聚着中西文化的结晶。正是这个结晶，铸成了鲁迅思想和艺术的不朽的璀璨光辉。鲁迅的艺术思维是以深邃精湛的中西文化素养构成的，他所创造的艺术世界，也是一个凝聚和映照着多种学科、多维知识的结晶体，他的思维领域、创造范围和卓有建树的领域，及于文学、艺术、文学史学、文艺学、比较文学、比较文化、哲学、美学、历史学、教育学、文化学、文化人类学、翻译学以及自然科学等非常广阔多样的方面。这些方面又不是支离破碎、枝枝节节地，或者是彼此分隔地存在的，而是浑然一体、融合无间地构成了他的完整的艺术思维，并反映于他的艺术世界之中。鲁迅属于恩格斯称赞的欧洲文艺复兴时期产生的那一类巨人，但又不同于他们。历史发展了，时代也不同，而他们的历史使命也不相同。前者如果说还是由于自然科学和社会科学尚未更彻底地分解、各个学科的发育尚未成熟到体系之间界线分明，因此在某个文化巨人（比如说达·芬奇）身上，闪耀着多学科的知识与智慧的光芒，那么，对于20世纪初诞生的文化巨人鲁迅来说，情况就大不相同了。他是自己掌握了两种成熟发展的科学和各立门户的学科之后，加上自己的理解、消化、重新组合，而又从解决时代与民族的任务与运命出发，构建了自己的思想、理论和从事他的艺术创造的。他把这一切融汇于他的艺术思维之中，又凝铸在他的艺术创造之中。欧洲文艺复兴时期的巨人们，是要冲破黑暗中世纪的文化网罗与氛围，廓清它的余烟剩毒，发展一个新的文化体系，而鲁迅，生长于19世纪与20世纪之交的东方文化古国，成长于古国酝酿新生、世界资本主义文化已显衰弊零落、酝酿新的蜕变的时期，他的任务是双重的：既要批判、清算民族文化的积垢，又要整理、吸取民族文化的积淀；既要吸收、借取西方先进文化的营养与力量，又要规避、抵制西方文化没落的逆流与污染。而他的中心任务则是在使中国传统文化现代化的过程中，创建中国的现代文化。

鲁迅虽然承担了这样巨大的民族的、文化的任务，他的活动与建树的范围又是如此之多样与广泛，但是，他的思维的内核和建树最重要的部分，仍然是文学创作、文学理论和他在创作中所创造的一个广袤、丰厚、深邃、奇妙的艺术世界。从这个核心部分来透视鲁迅作为东方文化古国的现代文化先驱的思想内涵，特别是透视他同中西文化的纵横关系，是最恰当的，是便利的，也是很有益的。

我们今天来探讨这个问题，固然是因为这符合鲁迅的中西文化融会贯通的思想实际，而我们过去在这方面恰好又研究得很不充分；但意义远不止于此。更深刻和重要的意义还在于，现在正是中西文化大撞击、大融会的时代，而我们又正面临着中国文化现代化和建设彻底现代化的中国文化的历史任务，这个时候，我们来研究、探讨鲁迅在中西文化相结合方面所做出的贡献和所取得的经验，是很有现实意义的。

（一）

如果我们从世界文化格局的角度来看鲁迅，那么我们便可以毫不夸张地说，他是中国的，同时也是东方的觉醒的伟大先驱之一，是中国和东方的文化现代化的先驱之一。

20世纪是东方觉醒的世纪，同时也是西方资本主义文化进入衰弊期的时期。在20世纪初，这种两个文化体系的蜕变现象便明显地发生了，两种文化之间的交流与渗透，是这种蜕变产生的原因，而且又推进了这种蜕变。自从资产阶级和资本主义制度在生长发育过程中打破了各民族之间的隔阂和狭隘性，创造了一个世界市场从而产生了世界文化，形成了一个世界文化格局之后，便发生了东西方文化在新的规模和深度上的交流、交叉和互相渗透。在几百年的时期内，特别是在19世纪，这种文化交流的主要形态是西方文化以侵略姿态的楔入和东方文化的分解与部分地回返影响的产生。一个是受害者同时又是受益者，表现为民族传统文化的被冲击、被污染、被剥夺、被压抑、被摧残，同时，却又在解体崩毁过程中萌生新的文化，吸收西方文化汁液而向现代化进展；另一个则是入侵者同时又是接受者，表现为西方近现代文化的输出和对东方文化的吸取（往往是由传教士的介绍以至侵略者的掠夺来实现）。正是在这个漫长而充满斗争的过程中，发生了包括中国在内且以中国为主体的东方的觉醒。这种觉醒主要是民族意识在危难中复兴，表现为文化的自觉。所谓文化的自觉，就是意识到自身的闭塞、落后、垂危，进行历史的反思并感觉到向西方文化学习的迫切性与必要性。而西方文化的衰弊，促进了西方人的文化自省和提出重建自身文化的要求。这种文化自省，表现为感觉和认识到自己的文化的腐朽、沉沦、没落的一面和内在的危机，文化重建的发动，则在于否定既有文化的一些阴暗部分并寻找新的文化生产力、新的内容与表现形式。这就产生了现代主义，并且，在这个过程中，竟意外地发现了东方文化——主要是中国古老文化的补罅救弊的功效。

鲁迅诞生于这种中西文化发生大撞击，彼此注意对方、发现对方的时期。这个时期突出的现象是：两种文化、两种价值观，既疏又亲、既恨又爱、既欣赏赏玩又抵御歧视、既吸收又拒斥、既渗透又净化。鲁迅正是在这个文化旋涡中，形成了自己的世界观、人生观和价值观体系，形成了自己的艺术思维。

鲁迅在少年时代就接受了中国传统文化的深厚的教育。但其特点是，他更多，也更喜爱承受的是中国传统文化中的民主性精华的濡染。青年时代一开始，正当思想最开放、活跃，具有强大吸收力和世界观、人生观、价值观体系正式形成的时候，他接触到以进化论和社会革命论为代表的西方文化体系，接触到西方现实主义和浪漫主义的优秀文学，他立即如饥似渴地吸取、消化，融进自己的"思想血肉"之中，并形成了自己的艺术思维的初步基础。尔后，在日本的长期学习与生活，使他既切近地考察了日本的文化现代化的现实与进程，又通过这个"透视镜"并借这个"跳板"，把视角转到西方，更进一步地、大量地吸取了西方的文化思想。并且，作为一个具有睿智和极度敏感心性和深沉思考习惯的启蒙思想家，他便于此时形成了自己的思想体系的雏形，写出了足称当时思想界、文化界最先进的文献《科学史教篇》、《文化偏至论》和《摩罗诗力说》这样的系列论文，并且提出了自己的发展民族文化的纲领。事实上，作为启蒙思想家，鲁迅这时的思想已经相当广袤深邃；作为文艺思想家，他的见解相当成熟。他在这个思想基础上所发动的文艺运动，已经堪称中国现代文学与文化运动的最初的、有意识的发动。

只是由于历史条件的尚未完全具备，他不得不在失望与寂寞的痛苦中等待。

我们可以看到，这时的鲁迅，便已经是站在甚高的文化层次上了。他不是立足于民族文化的单体文化层上，而是站在中西文化的多元文化层上，展开了自己的才思与诗艺，进行对民族文化的探索与追求。他在进行了内省民族文化之弊、近观日本维新之绩、远察欧美文化之实这样一个全面、系统、周密、深刻的观察、理解、研究之后，提出了自己的主张。在他的思想与论著中，既有着中国传统文化的深厚血脉，又有着西方进步文化的丰富营养，而两者又不是分立地、外在地、割裂地存在着的，而是内在地、有机地、融合地结为一体的。作为启蒙运动的思想家，鲁迅具有两个突出的特点：一是他的炽烈的爱国热情；二是自觉的文学意识。他的启蒙运动以爱国主义为出发点、以民族文化复兴为依归，而他的"突破口"和手段则是文艺。这决定了他作为思想家的突出特点：他的思维以艺术思维为核心。这也决定了他的艺术思维的特点：它建立在广阔深厚的文化基础上，而不是单一的艺术思维。这就使他的艺术思维不仅不同一般，而且具有很高的文化素质，在创作上可收厚积薄发之效。

从20世纪初在东京从事文艺运动时开始直到逝世之前，鲁迅终其一生都紧紧抓住一个根本问题进行他的探索、追寻、批判与建设，这就是国民性的改造问题。这个问题在实质上就是探索清除中国民族文化-心理结构上的积垢，重建和再造中国人的灵魂，塑造现代中国人的文化-心理结构，培养现代中国人的新型文化性格。为了这个目的，又要批判和改造中国的传统文化，建造中国的新文化，使中国文化实现现代化，完成中国文化从传统到现代的转化。这两方面的任务：中国人的新的魂灵（新的国民性）和中国的新文化，是二而一的一个整体；是同一问题、同一任务的两方面，而人则是根本。鲁迅还在青年时代就写出了"文章得失不由天"的诗句，隐然含着对人的自立自强力量的希冀与信心。在东京时期写的系列论文中，他首写《人之历史》探讨和论述了人从动物界脱离出来的历史轨迹，继写《科学史教篇》，论证如何"至人性于全"，即人性的全面发展和由此而使改革及于社会，在《文化偏至论》中，他更进一步提出：

"是故将生存两间，角逐列国是务，其首在立人，人立而后凡事举；……。"

　　他指出："人即发扬踔厉矣，则邦国亦以兴起。"他把人放在了首要的位置，并确立了人立邦兴的因果联系的公式。以后，他写反抗的狂人、写落后的阿Q、写受难的闰土与祥林嫂，在杂文创作中提出"文明批评"，使它成为自己杂文创作的贯穿线，直到最后所写的几篇名文中的《女吊》与《死》中，仍在提倡反抗与复仇，都贯穿了这样一个以人为根本，亦即以改造旧有的、建设新兴的中国人的文化–心理结构的基本思想路线。这是他的文化思维的核心。

　　在鲁迅的文化思维中，还始终贯穿着中西文化结合的鲜明线索。在《文化偏至论》中，他就强调地提出要近知中国之情，远察欧美之实，要"稽求既往"，"相度方来"。他提出了一个相当完整的中国文化由传统向现代化转变和建设中国新文化的纲领。他是这样表述的：

　　"中国在今，内密既发，四邻竞集而迫拶，情状自不能无所变迁。夫安弱守雌，笃于旧习，固无以争存于天下。第所以匡救之者，缪而失正，则虽日易故常，哭泣叫号之不已，于忧患又何补矣？此所为明哲之士，必洞达世界之大势，权衡校量，去其偏颇，得其神明，施之国中，翕合无间。外之既不后于世界之思潮，内之仍弗失固有之血脉，取今复古，别立新宗，人生意义，致之深邃，则国人之自觉至，个性张，沙聚之邦，由是转为人国。人国既建，乃始雄厉无前，屹然独见于天下，更何有于肤浅凡庸之事物哉？"

　　从这段文字中我们可以看到，鲁迅是立足于中国落后的现实和沉重的历史文化负担，有感于当时"轾才小慧"之辈的浅见拙识，从世界大势、世界文化思潮的总体格局这样一个宏观的、阔大的视野的角度，来构建他的建造民族新文化的纲领的。他提出要"取今"，这"今"就是世界总体大势和世界文化思潮，又提出要"复古"，但不是保存国粹、抱残守缺，而是保持民族文化"固有之血脉"。在方法论上，他提出了"权衡校量，去其偏颇，得其神明，施之国中"的正确方针，所谓"权衡"，就是在中西文化之间权衡其优劣利弊得失，然后去两者之偏与颇，取得其"神明"，再用之于中国民族文化之再造。这就是他要"别立"之新宗与别立新宗之途径，特别值得注意的则是他的思考的核心和立意的根本仍在"国人之自觉"，要使他们的"个性张"，使他们的"人生意义，致之深邃"。从而建立一个"人国"，使祖国雄厉无前地"屹然

彭定安文集 ⑥
鲁迅杂文学概论

独见于天下"。这样一个相当完整的文化现代化纲领，反映了鲁迅远远高出于当时的思想界的平均水平线，他既没有以黄金黑铁为救国之根本，也没有以坚船利炮为救亡的要事，更没有以商估立宪为图存的坦途，更不是"皇皇欲进西欧之物而代之"，而且，他更跳出了"体用"的流行框架（"中学为体，西学为用"，还是"西学为体，中学为用"？），而以人的文化-心理结构即国民性的改造与重建为根本，以文化的现代化构建为鹄的，以中西文化的融会为基本途径，来设计他的根本纲领。

鲁迅的这一思想，贯彻始终。在五四运动的高潮过后，反改革和提倡国粹的逆流涌起，中国的社会革命正处于新思潮兴起前夕的1925年时，鲁迅写了后来收入论文集《坟》中的一系列思想艺术都达到高峰的文章，其中有一篇《看镜有感》，堪称代表作。它集中论述了吸收外来文化以发展新文化的重要意义，他放言颂扬汉唐两代"多少阔放"，他们毫不畏缩地、大胆地吸收外来的文化。他说："汉唐虽然也有边患，但魄力，究竟雄大，人民具有不至于为异族奴隶的自信心，或者竟毫未想到，凡取用外来事物的时候，就如将彼俘来一样，自由驱使，绝不介怀。"他批评那些拒绝接受外来文化者，总是到了"衰弊陵夷之际"，所以"神经可就衰弱过敏了"，于是，"每遇外国东西，便觉仿佛彼来俘我一样，推拒，惶恐，退缩，逃避，抖成一团"。两年以后的1927年，当中国的再一次大的震荡来到前夕，他又在香港作了两次讲演：《老调子已经唱完》和《无声的中国》。在《老调子已经唱完》中，他深刻而激动地指出，中国会被老调子唱完，"保存旧文化，是要中国人永远做侍奉主子的材料，苦下去，苦下去"。无声的中国，要成为有声的中国，必须发出新的声音、真的声音。这实质上也就是提出要建设中国的新的、现代化的文化，中国人要有新的文化-心理结构，这样的心灵中才能唱出新的调子，发出真的声音。1934年，鲁迅又发表了著名的杂文《拿来主义》，尖锐地提出了伸手去拿来于今天、于我们有用的东西的战略思想。

这几篇代表性的文字，既代表了鲁迅各个时期的文化战略思想，又反映了他的战略思想的一贯性和不断地向前发展的状况。

鲁迅文化思维的第三个特点是他把西方的异质观念和异质文化-心理结构，大胆地引进自己的思维结构，引进中国文化，使它与传统文化融汇结合，成为中国现代文化的建构因素，使中国传统文化向现代化发展。他既不象那些顽固守旧派那样，对异质文化顽固拒斥，也不象《坟·文化偏至论》中所说的全盘西化派那样"言非同西方之理弗道，事非合西方之术弗行"。在南京求学时期，他一接触到进化论，便立即吸收为自己的思维结构中新的决定性的基本观念，并用来观察国家民族的命运和文化发展的前途。从此之后，他一生之中，都在不断地、注目地、大胆地吸取西方的和其他外来文化的营养，并不拘泥单一流派、一种模式，而是兼容并蓄，不离其宗。

综上所述，可见鲁迅的艺术思维丰富、深邃、庞大的结构，它不拘泥于文学艺术的范畴，不受艺术王国的种种条框隔离，而形成一个广阔的天地。

（二）

鲁迅的艺术思维，由中外文化的几个方面的因素组成。这几个方面，融会在一起，以鲁迅的爱国主义和艺术抱负（以文艺救国救民）为核心，加以消化、吸收、内化，而成为他自己的思维特质、心理定式。

鲁迅对于民族传统文化采取了二分法态度。事实上，对于儒文化，他是接触甚多、了解很深的。正如他在《坟·写在〈坟〉后面》中所说："孔孟的书我读得最早，最熟。"这有两种情况，一是他在少年时代所读的孔孟的书籍和儒文化的典籍，再有便是从他的书香之家、台门望族所受到的儒文化的教养和熏染；二是他在以后的学习和研究过程中，对于儒文化典籍的掌握和泛览。前者，是在少年时代所受到的教育，或是从家族和长辈的耳濡目染中所受的影响，一般地说是记忆较深的、刻痕也较深的。不过，鲁迅在少年时代也已经对儒文化——主要是礼教制度，产生了朦胧然而强烈的反感，比如对于《二十四孝图》的不满便是很明显的表现。后者，则是在年长且已经具有选择能力的时期的阅读和研究了。这是有批判、有鉴别地吸收的。

但是，鲁迅主要接受、喜爱而受到甚深影响的，是民族文化的另一个支脉。这是由屈原《离骚》、魏晋文章、唐代三李（李白、李贺、李商隐）、宋元话本、明清小说以及民间艺术（从小说、戏曲、花纸到民间故事、传说）所组成的一个文学的文化的传统，它以根本精神上的现实主义和充满着浪漫主义性格为特征，它在鲁迅那里，更偏重审美文化和审美理想。

鲁迅从这个传统中，主要吸收了（个体的）和提取了（民族的）忧患意识、爱国爱民的热忱、献身的精神、傲岸坚韧的品格，以及颇富浪漫主义的审美心理与艺术风格。鲁迅收集整理校订《小说钩沉》《小说旧闻钞》《唐宋传奇集》《嵇康集》《会稽郡故书杂集》等古籍、小说资料，研究中国小说发展的历史、中国文学发展的历史，他还深入地研究汉唐文化，特别是唐代文化。在古代文学、文化研究的延长线上，他对碑帖石刻、汉画像以及文学史、中国画史等也做了独特的研究。这些杰出的学术成就和深入的研究，都是他对中国传统文化的吸收、掌握与继承、发扬的表现和"物化形态"。这种中国文化传统，成为他的艺术思维的民族血脉和文化基础。

佛教文化——中国的佛教文化，对于鲁迅的影响是很深的，这也是构成鲁迅艺术思维的一个重要的文化因素。佛教文化的转入中土以及它的"民族化"，它同中国民族文化、世俗文化的结合，产生了变异了的、不完全相同于出产地——印度佛教文化的特殊的中国佛教文化。鲁迅对于佛教文化的研究也是很深刻而独到的。他不是为了信仰，而是为了研究思想史、文化史，为了寻求社会、人生问题的解答和研究人类思想文化史上最主要的解答体系之一，而研究佛学的。他在基本精神上否定了它，认为佛教同儒教一样，已经死亡了；但他承认和赞赏它的伟大，认为他自己所遇到和思索的人生大问题，在佛学中都已经涉及了，当然，也有了回答（但他不同意这些解答）。他从佛学中获得对社会、人生的理解，对人世苦难的深切感受和感情化入，对解救人的苦难的迫切感与献身精神。这种"菩萨心肠"同他的自我牺牲精神、"普度众生"同他的人道主义精神结合，化而成为救国拯民的崇高思想品性。

对于佛学宣讲模式中所体现出来的审美文化，那种用美好的艺术形式传达睿智与思想的艺术风格与技巧，鲁迅非常赞赏。他在《集外集·〈痴华鬘〉题记》中说："尝闻天竺寓言之富，如大林深泉；他国艺文，往往蒙其影响。即翻为华言之佛经中，亦随在可见。""尊者造论，虽以正法为心，譬故事于树叶，而言必及法，反多拘牵；今则已无阿伽佗药，……内外洞然，智者所见，盖不惟佛说正义而已矣。"这个简要的题记，概略地表达了他对佛教文学与佛教文化的赞赏。

佛教文化在汉、唐两代，特别是唐代与中国本土文化的深入的、血肉相溶的结合，导致了中国本土文化的发展变化和提高。鲁迅通过对佛教文化的研究，实际上是既接受了外来文化（属于东方文化体系的印度文化）的影响，又接受了民族文化的影响，但根本上是接受了已经本土化了的外来文化和民族文化的融合体的影响。这种影响，是他的艺术思维的建构因素的重要方面。在鲁迅的杂文、论文中，明显地运用了佛教文化，或者借用它的思想与智慧、或者以其思想方面的缺陷为解剖对象而阐明正面的思想，或者运用佛教文化的审美素质、艺术技巧，包括语言的简洁恢宏在内。

这种对于民族传统文化的二分法态度，正是鲁迅的艺术思维的民族血脉的两个方面，它们有机地结合在一起，也是同一事物的两个方面。如果说对于优秀文化是一种继承师传关系，那么，对于这种儒道结合的消极面，则是一种对抗性继承，用反其道而行之的方法来清除民族文化和国民精神上的积垢，而开辟重建的道路。鲁迅的一切艺术创造，都是以此为出发点，以此为归宿，而且是站在这个高度来实现的。这不能不使他所创造的艺术世界，属于很高的文化层次，具有很深厚丰富的文化内涵，因而具有持久的生命力。

鲁迅艺术思维中最具特质的，也是最为优异的，是他对于西方先进文化的接受和这种异质文化的内化，同他的艺术思维中的"民族血脉"融合，而生新质。他对于西方文化的接受，主要是对西方近代文化、资产阶级进步文化的接受。这首先是对西方文化中的新的以进化论为代表的世界观的接受。它与中国的天命论、保守停滞、拘守古人先法的世界观是对抗的。这种新的世界观被鲁迅用来同自己的爱国主义和民族民主革命思想相结合、同他的改造国民性思想结合，独创性地形成了他的人性进化论思想和民族复兴思想，而成为他的思想基础，也是他的艺术思维的基础。这种进化论思想，鲁迅在青年时代世界观、人生观刚开始正式形成的时期，就接受了，并且牢固地树立于思维结构中，居于核心地位。以后，坚持终生，未曾改变。虽然在1927年以后，他纠正了自己只相信进化论的偏颇，但却未抛弃它。与此同时，他接触到西方近代社会科学的诸种进步思想，如人道主义、民主主义、个性解放、自由平等博爱等，这些，也同样和他的爱国主义、国民性改造思想相结合，而成为他的思维结构的重要因素，也是他的艺术思维的重要因素。

相当广博和比较深邃的自然科学知识，是鲁迅的艺术思维建构的重要的和独具特色的文化因素。这是西方近代进步文化的组成部分，也是中国文化现代化的重要部分。鲁迅涉及的面是比较广的，医学、地质学、矿物学、生物学、植物学、人类学，他都有较系统的知识。但重要的不在于他在这方面有多么深厚的素养，而在于他将自然科学对于宇宙、世界、人类的了解和对于规律的认识，自然科学的求实的、严肃的、逻辑的态度，纳入自己的知识结构，成为思维结构的要素。在方法论上，自然科学也给了鲁迅以智慧与力量。

民主与科学，这两个中国文化现代化的理论的与实际的基石，鲁迅从青年时代以启蒙思想家的英姿出现在中国思想界和文化界时，便已经牢固而鲜明地在自己的思维结构中树立起来了。这也成为他的艺术思维的两根文化支柱和基石。这是鲁迅从西方文化中所吸取的最重要的珍宝。

鲁迅最早通过林纾的翻译小说，走进一个新的艺术天地。这主要是英国、法国等欧洲小说世界和艺术天地的映现。这开拓了他的艺术视野和审美天地，并迅速进入他的艺术思维的建构过程中。以后，他迅速地、不断地拓展这片天地，走进一个崭新的不同于中国小说、文学的艺术世界。他最为激赏的是那些被他称为"摩罗诗人"的爱国、民主诗人。他们包括英国的雪莱、拜伦、莎士比亚，俄罗斯的普希金、莱蒙托夫，波兰的密茨凯维兹，匈牙利的裴多斐。摩罗诗人的爱国精神、浪漫情怀，他们的"立意在反抗，指归在动作"的思想总纲，是他提炼出的主要内涵。这些，又同样都是同他的复兴民族、爱国主义和国民性改造的思想总倾向相联系的。他想要借这些英魂来唤醒国人，来致国人的"人性于全"，使之卓然而立，使沙聚之邦成为人国。

但鲁迅很快向俄国文学和东欧被压迫民族文学及其总体思想文化倾斜。这自然仍是与他自己的思想总倾向相结合的。他激赏他们的文学中的对于苦难的哀吟呼号，对于暴君酷政的控诉，对于奴役压迫的反抗。他对于这个西方文学①的深林大泉的吸取，主要的是这种反抗意识、斗争精神和悲剧审美意识与心理。他说过，西方文学使他明白了人类之分

———————————

① 俄罗斯常被欧洲国家称为东方，它亦颇有东方特点。但其基本文化体系仍属西方，亦被东方国家视为西方。此处用此意。

为压迫者与被压迫者两类，他们的爱憎是对立的。对这种认识，他提得很高，认为不亚于普罗米修斯的窃火给人间。这意思是，这种认识好像火炬，照亮了人们的眼睛和使人能够看清历史和现实的本质与发展前途，从而能够战取光明。这种认识，成为鲁迅对待中国的历史和现实，对待中国文化的一个基本态度。因此也就成为他的艺术思维中中西文化结合的一种形式和表现。

正是从这一点出发，鲁迅艺术思维中的西方文化，很早就向俄罗斯和东欧被压迫民族的文学倾斜，他更为热烈地赞颂它们，从它们那里吸取思想与艺术的力量。他在《南腔北调集·我怎么做起小说来》中说："因为所求的作品是叫喊和反抗，势必至于倾向了东欧，因此所看的俄国、波兰以及巴尔干诸小国作家的东西就特别多。"他在《叶紫作〈丰收〉序》中说过："但我自己，却与其看薄凯契阿，雨果的书，宁可看契诃夫，高尔基的书，因为它更新，和我们的世界更接近。"这可以看作一种比喻，以薄伽丘与雨果代表了西欧文学，拿它同俄国文学比，他认为前者不如后者更新、更同我们的世界接近。仅据初步统计，在他论述到的众多的外国作家中，最多的是俄罗斯批判现实主义作家，以后便是苏联革命作家。他在《南腔北调集·祝中俄文字之交》中写道：

"那时就知道了俄国文学是我们的导师和朋友。因为从那里面，看见了被压迫者的善良的灵魂，的酸辛，的挣扎；还和四十年代的作品一同烧起希望，和六十年代的作品一同感到悲哀。"

在《南腔北调集·〈竖琴〉前记》中，他说："俄国的文学，从尼古拉斯二世时候以来，就是'为人生'的，无论它的主意是在探究，或在解决，或者堕入神秘，沦于颓唐，而其主流还是一个：为人生。"

在《集外集拾遗·英译本〈短篇小说选集〉自序》中，他说："后来我看到一些外国的小说，尤其是俄国、波兰和巴尔干诸小国的，才明白了世界上也有这许多和我们的劳苦大众同一命运的人，而有些作家正在为此而呼号，而战斗。而历来所见的农村之类的景况，也更加分明地再现于我的眼前。偶然得到一个可写文章的机会，我便将所谓上流社会的堕落和下层社会的不幸，陆续用短篇小说的形式发表出来了。原意其实只不过想将这示给读者，提出一些问题而已，并不是为了当时的文学家之所谓艺术。"

鲁迅在这里概括地说明了外国文学，特别是俄罗斯和东欧文学，首先是打开了他的眼界，以阶级分野的眼光来看社会、人生和历史，这使他从进化论的思想向前迈进了一步，也弥补了他的一般进化论的认识之不足。进化论和社会分化论的"结合"使得斗争在进化中发展，斗争是在两部分人——压迫者与被压迫者、上层社会与下层社会——之间进行的。其次，与此相联系的是，鲁迅由此建立了他的近代与现代的文学观念和创作意识。他的总体立意就是"为人生"，其前途就是揭示社会的对立，即"上层社会的堕落和下层社会的不幸"，以引起人们的觉醒和反抗、斗争意识的生长。为此，他就要写"被压迫者的善良的灵魂，的酸辛，的挣扎"，写他们的叫唤、呻吟、穷困、酸辛与挣扎，也写悲哀与希望。这构成了鲁迅艺术思维的基本内涵。他的创作的动机、目的与冲动，他的艺术的构思，他的人物典型，他们的性格特征的设计，他的诗情，以及艺术技巧的借取、运用与发挥，都是以此为圭臬，为核心，来展开和构筑的。可以说，鲁迅是从外国文学，主要是俄罗斯和东欧文学借取他的艺思与艺术世界，并将它们融汇，与自己周围的世界、与民族生活，以及与自己的创作心理相结合，创造了一个"青出于蓝"而又"有别于蓝"以至"胜于蓝"的自己独放异彩的艺术世界。

在鲁迅的艺术思维中，闪耀着俄罗斯文学大师的艺术色彩和艺术世界里的各种"宝石"的光亮。他在《坟·摩罗诗力说》中称颂普希金的对"社会之伪善"，"悉指摘不为讳饰"，使"灼然现于人前"，也赞美普氏的"诗材至简，而文特富丽"。他赞扬莱蒙托夫"妙思善感，惆怅无间"，更褒奖他的"奋战力拒，不稍退转"，不象普希金的"终服帝力，入于平和"。他对果戈理最为推崇，概括言之，则是"以不可见之泪痕悲色，振其邦人"。这几乎成了鲁迅的基本创作意识和创作手法。对于陀思妥耶夫斯基的"残酷到了冷静"，他是"尊敬，佩服的"，但不免又"恨他"，然而对于陀氏的"夸张的真实，热到发冷的热情，快要破裂的忍从"，他说只要"受了和他相类的压重"，是也会"爱他起来的罢"。（《陀思妥耶夫斯基的事》）表现了他对陀氏的矛盾的心理。但那"夸张的真实"，那"热到发冷的热情"，却确乎成为鲁迅的艺术世界的特色之一。他很欣赏被称为"轨道破坏者"的托尔斯泰"不单是破坏，而且是扫除"，且"大呼猛进"，特别是从他的艺术世界里，"远远地包着人类的希望"。（《坟·再论雷峰塔的倒掉》）

对于迦尔洵的"酸辛的谐笑"，安德列夫的"阴冷"，阿尔志跋绥夫的"深刻"与"愤激"，他也都是赞赏并且受到影响的。总起来看，这是一个色彩斑斓，闪着"泪痕悲色"之光的"悲剧美"的艺术世界。这正是鲁迅的艺术思维的基本特色。

对于西方文化，鲁迅是兼容并蓄的，虽然有所偏重。他深受尼采的影响。在《文化偏至伦》中，他把尼采看作反对西方文化没落腐朽潮流的"新神思宗"。但他是站在自己民族文化血脉的基础上，透过东方文化和中国文化的厚重、沉沦落后的氛围，又隔着西方文化的被他称为重物质而轻精神的时代氛围来观察和了解尼采的。他整体误会地，然而又是重点和部分准确地采撷了尼采的否定西方文化、高喊"上帝死了""一切要重来"的批判精神和他的符合个性解放要求的重个人、重天才、呼唤超人的思想，同时，对于尼采的那种精辟的、深沉的、傲然的、富于表现力的表达方式和语言，也是欣赏的。①他的《狂人日记》和一些杂文的写作，都受到尼采的直接的影响。鲁迅的艺术性最高的作品《野草》，闪耀着多种西方文化的光辉。德国的尼采、法国的波特莱尔和俄国的屠格涅夫，都在这本诗集中留下了自己"艺术的倩影"，日本的厨川白村的《苦闷的象征》，在思想和艺术方面都深深投影于《野草》的创作。而这些大师们，除了屠格涅夫之外，都是不属于现实主义的。

在从东京时期介绍摩罗诗派开始，到在上海最后十年时期的介绍苏联马克思主义文艺思潮止，几十年间，鲁迅始终将目光放在域外文坛及文化思想界，大胆地有识别、有辨别地介绍外国文化，实行"拿来主义"，以丰富自己的艺术思维，并建设中国现代文学与文化。他不仅不断地用这些外国文学与文化新潮来开阔自己的眼界、拓展自己的思维领域，丰富、发展、提高自己的艺术思维；而且，在中国文艺思潮的浪涛中，尽他的"领港"和"舵工"的职务。②这是他的艺术思维与艺术创造常新不衰、始终向前的源泉。

---

① "《狂人日记》……等，……颇激动了一部分青年读者的心。然而这激动，却是向来怠慢了绍介欧洲大陆文学的缘故。一八三四年顷，俄国的果戈理（N. Gogol）就已经写了《狂人日记》；一八八三年顷，尼采（Fr. Nietzsche）也早借了苏鲁支（Zarathustra）的嘴，说过'你们已经走了从虫豸到人的路，在你们里面还有许多份是虫豸。你们做过猴子，到了现在，人还尤其猴子，无论比那一个猴子'的。"（《且介亭杂文二集·〈中国新文学大系〉小说二集序》）

② 李何林：《近二十年中国文艺思潮论》，上海书店出版社，1938。

在鲁迅的艺术思维中，始终有着两个有机的系统：以西方文化为参照系，以中国传统文化和文化的现代化为校正系。他以西方文化为参照，衬出中国传统文化和现实文化的缺陷、落后，从而予以批判、扫除，去伸手拿来，以建设新文化，而又不断地根据中国的传统与现实文化，去校正西方文化的不能归化的异质部分和自身产生的弊害、异端、世纪末的悲哀与资本主义文化的其他种种污秽。这也成为他的艺术思维不断建构、发展和常新的保证。

（三）

在这种建构于高文化层次上和具有广博、深厚、丰富内涵的艺术思维基础上，鲁迅创造了一个同样品格的艺术世界。由于他的这种艺术思维指导和决定性作用，他的文学观念和创作意识，他创作的出发点与归宿，都是塑造现代中国的民族灵魂，培育中国人的新型文化性格。因此，他的艺术世界，便成为这种"文化系统工程"的重要组成部分，成为重建中国文化和国民性的艺术的与思想的熔炉。

鲁迅的作品所创造出的艺术世界，反映了中国近代和现代历史，反映了中国民主主义革命历史，但它是通过一种特殊的形态、从特殊的视角来反映的。它不是从直接呈现、描写历史的事件、社会生活的场景，而是通过刻画人的魂灵来达到他的目的。当然，这魂灵是社会生活的产物，人的灵魂是社会物质生活、物质力量在人的身上的凝聚、在人的灵魂——主观世界的反映。这样，他就给自己的艺术世界规定了一个特殊的任务和特殊的色彩。

鲁迅最伟大的贡献是他创造了阿Q这个不朽的形象，正是通过阿Q的灵魂，鲁迅塑造了中国国民劣根性的典型，中国人病态的文化-心理结构的"范式"。张琢在《论阿Q的文化心理结构》中说："鲁迅通过塑造阿Q……是把他对'中国固有的精神文明'所造成的'国民性的劣根性'具象化地揭示出来了。"鲁迅自己也说过，他写阿Q，是"要画出这样沉默的国人的魂灵来"、要"写出一个现代的我们国人的魂灵来"。他认为，这种魂灵的造成，是由于长期相袭的"古训所筑成的高墙"，不仅使百姓们四千年来"默默的生长，萎黄，枯死了，像压在大石底下的草一样"，而且，使这些萎黄枯死的草，"不会感到别人的肉体上的痛苦"，"并且……不再会感到别人的精神上的痛苦"。所以，他就决定从"病态社会的不幸的人们中取材"，"揭出病苦，引起疗救的注意"。他称这是他"孤寂地……写出"的"我的眼里所经过的中国的人生。①鲁迅在这里极为扼要又极为重要地阐明了几点。第一，他的创作的主要任务是写出"现代中国人的魂灵来"；第二，他是把这个"魂灵"同历史联系起来的，而他所注目的历史主要是文化-心理的积淀；第三，他又是把这种"魂灵"同客观的现实联系起来的，中国的历史和现实的人生，象"大石"一样压着中国人民的精神；第四，他写出这个"魂灵"的目的，即他创作的动机就是要与"古训"相抗衡，使肉体上与精神上都被分割而互不相通的人们，借此像照一照镜子一样，彼此看见各自的与共同的痛苦，从而觉醒起来、相通起来，从而一同来掀翻那大石、毁灭那"古训"，创造新的中国的人生；第五，为了创造新的中国的人生，首先要创造新的中国人的魂灵，即中国人的文化-心理结构。

　　鲁迅的这一基本思想，源于他对人的重视，源于他的使人发扬踔厉，使人觉醒的强烈愿望和建立"人国"的理想。鲁迅抓住了"人"这个根本。这同他的接受西方的人本主义、人道主义和民主主义思想是分不开的；同他的接受进化论的思想是分不开的。他从西方近代文化中吸收了这两方面的思想营养，又将它们融汇而酿制了属于他自己的新的思想，即人性进化论。他越出了中国传统文化的人之初性本善还是性本恶的规范，而是把人看作从至卑之低等动物到人类、到各个民族与时代的人这样一个不断进化的过程。人们常以"抽象地看人性"责鲁迅，以为是他的局限性的表现。同马克思主义的阶级论相比，鲁迅早期与前期思想，是带有某种程度的片面性的，但是，从一开始，他眼中笔下的"人"，就从来不是具有抽象的、静止的、自生自灭的、自存自在的"性"的。他将"人"按民族、地域、国家来分，他认为人性可以用科学、文艺来使之致于全，他将人分为上等人与下等人、圣人与百姓、君子与"小人"，并认为后者之"性"是被前者之"性""治"成的；人性是被客观的、现实的、历史的、物质的与精神的"大石"压缩得萎黄了，但把"大石"掀掉，他们就能得到解放，得到人性的复苏与复归。

---

① 以上引文见《集外集·俄文译本〈阿Q正传〉序及著者自叙传略》和《南腔北调集·我怎么做起小说来》。

这种人性的变迁、进化的思想，正是他从西方近代人道主义、民主主义思想中吸取来的力量和智慧。

民族性或国民性问题，本是一个近代史上出现的历史的、社会学和人类文化学的命题。它是不断发展的。历史上并非没有这方面的思想与论述，但以国民性与民族性的理论形态和科学命题出现则是近代资产阶级思想文化的产物。我国自从资产阶级民主革命的思想与运动发生之后，也就出现了对于这个问题的探讨。资产阶级改良派和资产阶级革命派都曾经提出过这个问题。他们是在西方社会思想的启发下，才这么做的。鲁迅正是在这个历史的与现实的环境影响下，走上了探讨国民性改造的道路。这可以说是西方文化的折射在他思想上的投影。

当然，鲁迅改造国民性的思想，特别是以揭出中国国民文化-心理结构的痼疾，以"哀其不幸，怒其不争"的心情与动机，来大声疾呼，成为他的创作的主要形态与方式，成为他的艺术世界的主要内涵，其社会的根源则是反映了中国人民在"大石"底下的哀吟和呼号，以及改变这种状况、获得自由与解放的强烈的愿望。鲁迅的艺术创造，正是他作为"民族思考人"和民族代言人的表现。

在鲁迅的艺术世界里扮演主角的是阿Q。阿Q的主要性格特征是"精神胜利法"。精神胜利——这是鲁迅对于中国国民劣根性的总概括，是中国"固有精神文明"的总称，是中国传统文化-心理结构消极面的根本特征。鲁迅把他对于中国传统文化中的弱点、缺点、疾患的主要特征与表现，都纳入这个心理范式之中了。值得特别提出的是，这种提炼与概括，固然是他对于中国文化的历史与现实作了深入研究、深沉思考之后作出的；但同时，也是他以西方近代进步文化为参照系，在中西文化对照勘比中提出来的。没有前者，固然就没有阿Q和精神胜利；没有后者，同样也不会有它们的产生。这正是鲁迅之为中国现代文化巨人的表现。早在1903年他写《斯巴达之魂》，就请出了斯巴达人的勇毅英魂来激励国人，他用激昂慷慨、顿挫抑扬的感人之笔，颂扬了他们。在《集外集·斯巴达之魂》"前言"中，他特别指出："兵气萧森，鬼雄昼啸。迨浦累皆之役，大仇斯复，迄今读史，犹懍懍有生气也。我今掇其逸事，贻我青年。呜呼！世有不甘自下于巾帼之男子乎？必有掷笔而起者矣。"这说明此文之作，正是以中华魂中之羸弱为背景，而掇出"斯巴达之魂"来激国人掷笔而起的。及至《摩罗诗力说》之作更以"别求新声于异邦"的旨意，提出"立意在反抗，指归在动作"的总精神，来囊括摩罗诗人的品性，其目的同样是以祖国同胞身上的沉沦愚弱为背景，用这西方精神来激励之。特别是文中有这样一段描写：

"故所谓古文明国者，悲凉之语耳，嘲讽之辞耳！中落之胄，故家荒矣，则喋喋语人，谓厥祖在时，其为智慧武怒者何似，尝有闳宇崇楼，珠玉犬马，尊显胜于凡人。……今试履中国之大衢，当有见军人蹀躞而过市者，张口作军歌，痛斥印度波阑之奴性；有漫为国歌者亦然。盖中国今日，亦颇思历举前有之耿光，特未能言，则姑曰左邻已奴，右邻且死，择亡国而较量之，冀自显其佳胜。"

这种已经沉沦零落，还要自夸以前老祖宗时如何富有、威武，甚至以亡国者作比，自显优胜的情态，已然是一副阿Q相了。鲁迅正是以摩罗英姿和这种阿Q心态相"校雠"，亦即中西文化-心理结构相比较为背景而写出了《文化偏至论》《摩罗诗力说》等论文的。这也正表明他的艺术思维的文化基础便是这种比较文化观。阿Q的影像可以说此时就已经隐然存在，正在酝酿之中了，精神胜利的精髓之一——"老子以前比你阔得多"，也已经被提炼出来了。此后，经过长久的酝酿，阿Q的典型形象终于成熟了。它融进了鲁迅所亲身经历的包括辛亥革命在内的中国近代历史内涵，融进了鲁迅长期观察中国社会、中国的人生和中国人的品性的感受，同时，也融进了鲁迅长期以来对西方文化的研究、对西方文化-心理结构的研究，以及他所作的中西文化比较研究的结果。阿Q的心态和他的精神胜利中，重要的一个心理素质便是麻木和冷漠：他对周围人事的麻木和冷漠、对自己的麻木与冷漠以及周围人们对他的麻木与冷漠。阿Q麻木与冷漠到了自己头上挨了秀才的竹杠的敲打，还没过一会便觉得"一件事也已经收束"，"一无挂碍似的"；当他因为向吴妈求爱，而引起吴妈上吊等轩然大波时，他竟然也以看客的身份去卖呆看热闹，而不知与自己正紧密相关。甚至到了被判斩首要画押时也没有意识到生死攸关问题严重，甚至在绑赴刑场时，他也模模糊糊地被推着、簇拥着走向死亡。这种冷静而夸张的描写，令人凄楚难忍，而阿Q却是坦然、木然、昏昏然！至于阿Q的周围的人们，以至整个世界，对于他也是麻木的、冷漠的。他一生之中没有人给过他爱。不仅举人、秀才、假洋鬼子，而且吴妈、王胡、小D以至看土谷祠的老头，对他都是如此。这个世界对他是冷漠相向的。《阿Q正传》最后写到阿Q被绑赴刑场的路上，后面簇拥跟随的看客的眼睛，像狼在追蹑猎物时盯射的眼神一样，那段描写真是撕裂人心、令人如跌入冰窟。这是人们冷漠心态的极深刻的描绘。这种描绘无疑是来自现实生活的，也是鲁迅挖掘中国人灵魂的结果。但同时，也是同他从西方"借来"的"摩罗精神"比较而生的发现。在《摩罗诗力说》中，他就作了中西文化心态的对比：一个要"撄人心"，一个"理想在不撄"。他说："老子书五千语，要在不撄人心；以不撄人心故，则必先自致槁木之心，立无为之治。"他认为这种思想，"较以西方思理，犹水火然"。因此，他歌颂拜伦的为希腊独立而战死沙场。中国人心之冷漠与麻木有如"槁木"，与"西方思理"中之热烈与挚爱精神正相对立。后来，在五四时期，鲁迅在《青年必读书》中说过："中国书虽有劝人入世的话，也多是僵尸的乐观，外国书即使是颓唐和厌世的，但却是活人的颓唐和厌世。"这里比较衬对的仍是"死"与"活"、麻木冷漠与敏感挚爱心态的差异。

此外，中庸、忍从、怠惰、无特操、瞒和骗（自欺欺人）等心理状态，也都是阿Q相的重要内涵，而其性质也都可以归入"精神胜利法"这个大系统之中。因为阿Q之所以能对这一切安之若素，就在于他有一个"精神胜利"法宝，他在这一切中度日，在这一切中安然自得，甚至"得胜"，他总是失败，但他又永远胜利。阿Q的可怜，可怜的阿Q，悲哀正在于此：他的自觉升华到自发的程度，在精神上、在白日梦中、在昏昏然中，失败——"胜利"地度过他的苦难的岁月。这一切，都是同鲁迅在写作《摩罗诗力说》时就提炼出来，以后不断赞颂、论证的"西方精神"中的积极、热情、炽烈、真诚、反抗、复仇和有操守等相对立的。正是在这种中西文化-心理结构的对比中，他更深刻地感受到自己民族弱点的沉重压力和弊害，痛感改造它的必要性和迫切性。这里，实质上是以小农思想为主要特征的落后的传统意识与西方科学的近代意识的对立和将两者进行比较的结果。我们可以说阿Q的诞生，是与鲁迅接受西方近代文化影响分不开的。这朵不朽的艺术之花，植根于中国民族的现实土壤之中，同时又受到西方文化雨露的浇灌。

但是，鲁迅的深刻和独到远不止于此。他如果只是停留在这个层次上，那么，他就还只是一般地对于国民性的落后和落后的国民的抨击、鞭策和哀叹，同批判现实主义作家还基本上属于同一范畴。比如说，同果戈理类似。然而鲁迅并非如此。他是站在中西文化比较研究的高文化层上，对于世界的文化态势有深刻的观察和独到的见解，对于中国的历史与文化传统，有深刻而独到的反思，而他又是立足于中国的民族要求复苏的现实基础上，探究着中国向何处去，因而又是面向着未来的。因此，他不仅看到了并且痛心于中国国民性的愚弱落后，而且看清了这种落后的原因不是种性、民族性使然，不是与生俱来的，而是历史的产物，是长期遭受压迫、奴役和统治者的"治心术"所造成的。主体的衰弊，是客观物质事实的反映。因此，他不仅写了国民的落后、画出了"现代中国人的魂灵"，而且，刻画了这种"魂灵"之所造成的原因。他刻画国民灵魂的劣根性，一是"揭出病苦"以使隔膜打开，达到相通，以收促人猛醒之效，以引起疗救的注意；二是揭出客观的（包括物质和精神的）罪恶、客观的原因，也就是指出疗救的主攻方向。

鲁迅从不开药方。但他指出了痼疾之所在和痼疾之所由。借此就可以促人醒悟，并懂得要打破铁屋子。这样，他就揭示了历史的本质。由于他是这样对历史进行反思的，因此他的潜在的结论就是：并非国民不想改变奴隶的地位，而是他稍有改变、略有所思，就遭到禁压。阿Q就是如此。为此他不得不借助精神胜利，以它为精神的避风港。他不是真正陶醉于精神胜利之中。他是在精神胜利中，暂得心理的平衡、感情的舒泄，生活对他太苛酷了，人们对他太冷漠了，他只能如此。但他之所以会如此，就正表现了他不想如此、不愿意失败、不甘心失败，他要自卫、自强，事实上他又做不到，他就只好在精神上、在冥想中去得到它了。可悲的不在于他的心完全死了，这样，他就没有痛苦、没有要求、没有希望，可悲的是他尚未心如槁木，他要活、要爱、要发展，他有希望、有追求（虽然很低级），这是人性的合理要求，鲁迅正是从这一点尚未泯灭的人性的火种中，来发掘了、刻画了阿Q的——也就是中国人的悲哀与苦痛、追求与希望。只要彼此相通起来，彼此知道别人肉体上和精神上的痛苦，"则国人之自觉至，个性张"，"沙聚之邦，由是转为人国"。而"人国既建"，即客观的现实、物质力量变化了，人民的主观精神、人的灵魂，也就起了变化了，"乃始雄厉无前，屹然独见于天下"。

只是，鲁迅的创作用意在揭出病苦，以引起疗救的注意，所以他没有从正面去写，而是从反面去写：写这种未泯的火种为何仍受摧残，恐将熄灭，这大石下的小草仍被压制，恐会枯萎，这铁屋子里的人们仍在昏睡，恐要闷死。这样，就强化了那被压迫者的悲哀，也强化了那"客观世界"（物质的与精神的）的罪恶之深重，并且强化了那垂死的危机感。由此，就更有惊醒作用、激励力量。

正是因此，在鲁迅的小说所创造的艺术世界里，就出现了"狂人家族"。他们都是压在大石下的小草，都用微末的希望来支撑自己活下去，但又都连这微末的希望也受到摧折，得不到实现。可他们仍在追求着。单四嫂子希望宝儿活下去、长大成人，失败了；希望梦中一见爱子，然而渺茫；祥林嫂的希望寄托在阴间，希望靠捐了门槛能解脱地狱的苦难；闰土希望菩萨赐福，把希望寄托在天上。他们的希望都很渺茫，也都难实现，且遭摧残。但，希望未泯心未死，这是希望之所在：

"希望是本无所谓有，无所谓无的。这正如地上的路；其实地上本没有路，走的人多了，也便成了路。"（《呐喊·故乡》）问题就在于要唤醒国人，都起来走，走的人多了，便有了路。于是："扫荡这些食人者，掀掉这筵席，毁坏这厨房"，"而创造这中国历史上未曾有过的第三样时代"。（《坟·灯下漫笔》）

这包括阿Q在内的"狂人家族"的存在，和这种特殊的"狂人心态"的刻画，如阿Q的最后革命、祥林嫂的最后怀疑死后魂灵的存在、闰土的怨天灾与捐税、摇头与乞神等，虽然都是微末、模糊、软弱、实堪哀怜的，但是，终竟仍是不满、希望与反抗。精神胜利法，也是一种精神上对于胜利的希求、一种对事实上不得胜利的不满、一种变态的腹诽与反抗。而这正是火种之所在。这些，正是鲁迅的深刻之处。这是他对中国历史、中国传统文化、中国人的心灵的挖掘之所得；同时，也是向西方文化吸取精神营养与精神力量之所得。后者，表现在两个方面。一个是历史的吸取，这便是他对于从斯巴达之魂到摩罗诗人、从古希腊罗马到现代西方人的文化-心理结构中，所提炼出来的热情、积极、挚爱、行动、反抗、复仇等品性与心态。以人照己、以己比人，他既反思民族主体，又以他山之石，明己、改己之错。另一个是历史的反思。鲁迅认为，欧洲文化到19世纪后期已显出深深的弊端，这就是过于重视和发展了物质文明。他在《坟·文化偏至论》中说：这时期，"诸凡事物，无不质化"，"人惟客观之物质世界是趋，而主观之内面精神，乃舍置不之一省。重其外，放其内，取其质，遗其神，林林众生，物欲来蔽，社会憔悴，进步以停，于是一切诈伪罪恶，蔑弗乘之而萌，使性灵之光，愈益就于黯淡：十九世纪文明一面之通弊，盖如此矣。"他认为，与此相对抗，即"文化偏至"规律起作用，便产生了19世纪末、20世纪初的"新神思宗"。他们的主旨是：重内在精神、重个人，"内部之生活，其将愈深且强"，"精神生活之光耀将愈兴起"。鲁迅称这是"二十世纪之新精神"。他认为中国文化的现代化，就是要去掉我们民族文化中的消极的积垢，吸取西方文化之新汁，但又要避免19世纪后期的物欲来蔽、精神憔悴之弊，而注意"主观内面"之修养，精神、个人之伸张，这就是他的"掊物质而张灵明，任个人而排众数"的纲领性主张。在这里，他的着眼点是人的文化-心理结构的内涵和发扬。这是他在通过中西文化比较，各去其弊取其利，而后提出来的。这也是他的艺术思维与艺术世界的文化基础，也可以说是他的创作心态的核心。

鲁迅的艺术世界的组成部分，还有一个杂文所创造的艺术世界。这是一个形象思维与逻辑思维结合而以逻辑思维为经的艺术世界，一个以形象性概括、类型性典型为特征的艺术世界。在这个"世界"里，也活跃着一个阿Q的影象[①]，也有一个阿Q的影象作贯穿的活动。不同于《阿Q正传》的随时出场、即兴表演，这里的阿Q是在做片断的活动、不连贯的活动；同时，常常是由对其言行的概括和形象性描述来表现的。最早的见之于《摩罗诗力说》之中，我们在前面提到了。这是阿Q的最早出现。以后，鲁迅在杂文中，遇事遇人而发地，还描述、概括了种种阿Q相：麻木、冷漠、中庸、愚昧、落后、怠惰、无特操、瞒和骗、讲面子、马马虎虎、随随便便、"做戏的虚无党"、对死的模模糊糊，等等，等等。其神态逼真，其概括准确，其揭露无情，其批判深刻。在这里，他也是借助于中西文化的比较的。在他的杂文中，常常同这些中国国民劣根性对比着，列举了西方人的，有时还有日本人的优点来加以比照评品。他很称赞长谷川如是闲的借外国人的优点来抨击日本人的缺点，他也不赞成内山完造的只讲中国人的优点，但同时，他也警惕并揭露了鹤见祐辅的对中国文化的不怀好意的赞扬。这里含着侵略者的赏玩与享受。鲁迅后期的杂文也仍然继续着这件工作，毫不留情地鞭挞自己的同胞的灵魂。不同于前期的是，这时期他运用马克思主义观点，把人群分得清晰了，抓住了阶级分析这个基本线索。但是，无可否

---

① 影象，现在写作"影像"。后同。——编者注

认，他仍然毫未放松对于中国人一般的、共同的、具有民族性的文化-心理、文化性格的批评与鞭挞。不过，这时期他同时也写了许多杂文或在许多杂文中，常常赞颂中国人民，主要是劳动人民以及知识分子的优秀品德、民族性的优秀传统、文化-心理结构中的优良积淀。这可以说是"反阿Q相"因素和形象。

附录二 "鲁迅世界"的新开拓

——1982—1986年鲁迅研究一瞥

　　鲁迅——一个浩翰恢宏的世界，这是中国与中国文化，部分地也是世界文化的"世界"。几十年来我们一直在探索和研究这个世界，不仅为了鲁迅本身，而且由他而及于其他。五年来，我们在这个领域中的努力，可以用一句话来概括：对"鲁迅世界"，有了新的开拓。这是一个发展，一个提高，一个前进。机械地分，我们常常把鲁迅研究分为三部分：生平研究、作品研究、思想研究。我们在这三个方面，都开拓了新的领域。此前的鲁迅研究，在鲁迅生平资料的发掘整理和研究上，成绩是突出的，硕果累累。近五年来在这方面的成绩难与之相比，这主要是客观因素决定的：挖掘得差不多了。但这五年来却有一些重要的发掘。虽无人作出惊人之举，却有些重要发掘，像关于鲁迅确曾以"从戎救国"、建设海军之志，而不仅是因为不收学费，才考入南京水师学堂；关于鲁迅与朱安、与许广平的新材料；关于鲁迅的家族的更详细的若干资料，都是颇有价值的，对于了解鲁迅，进入鲁迅世界，有一定意义。它们主要是更进一步让我们由小而大地窥见一个真实的鲁迅，一个"人的鲁迅"（非"神"或"天纵之圣"的鲁迅）。像许广平《魔祟》的公布，映照了一个真实的、具有七情六欲的、人的鲁迅的风貌。他是可亲、可爱也更可敬的，他距离我们更近了。当然，我们由这个鲁迅的"世俗世界"也能更好地进入他的思想的与艺术的、心灵的世界。似乎作为前几年"传记热"的余波似的，几本鲁迅传记的出版以及对鲁迅与许广平、与朱安的研究，综合地和单题深入地也继续开掘着鲁迅世界。对于鲁迅同时代人的书信、日记的整理、公布与研究，也从另一个侧面提供了鲁迅世界的面貌。特别是，更把一个"文学的鲁迅世界"进一步拓展为"文化的鲁迅世界"。因此，这两方面，虽然为数不多，但却是认识鲁迅世界的一个前进、一个提高。

但是，主要开拓是对"鲁迅世界"的本体的认识与研究的展开、深化和创新。对于鲁迅世界中的艺术形象——主要的自然是那个不朽的艺术典型阿Q，以及"狂人"等——做出了新的分析，显示了一个"八十年代阿Q观"的态势，从心理学角度进行分析，用系统论方法进行分析，在鲁迅笔下的艺术形象系列的整体观念观照下的分析，在时代艺术形象的画廊的总体中来观照、剖析，等等，都是一种新的尝试、新的挖掘、新的发展，对于鲁迅的小说、杂文（部分地及于他的散文，主要是散文诗《野草》），从整体观和系统论方面，提出一个更符合、更切近鲁迅的思想与艺术实际的新的视角和新的构架，是几年来鲁迅研究的鲜明突出的现象。对于他的杂文的总体性艺术特质和主要表现，对于他的小说创作的观照系统的新见解的提出，都是可喜的收获。从一个曾经是合理的、正确的和带有前进与提高意义的对鲁迅小说的原有视角——社会政治革命的角度——和由此构筑的"鲁迅世界"的框架，向另一个视角和框架过渡，即向从思想革命的角度、从反封建思想革命的镜子中折射出中国的社会政治革命这个角度，来构建鲁迅世界的框架，从鲁迅的思想实际状况、艺术思维特征和艺术总体立意出发，从心理分析的角度来探索鲁迅的艺术创造及成就，从创作主体的内在构造由内而外地了解、剖析和描述评估，而不是从客观世界的环境因素由外向内地来描述评估一个作家的主体世界。这种新的视角和框架，勾画出一个新的鲁迅世界，发掘了这个恢宏世界的新的内涵与素质。同样，从一个新角度来分析鲁迅的杂文和散文诗，不是一般地从逻辑思维与形象思维的结合来剖析杂文，也不只是从社会历史角度来挖掘《野草》的含义与价值，而是进一步从思想与艺术的结合上，从两种思维如何互相渗透、交叉影响、推移，从作家主观世界与艺术思维，从创作主体的艺术个性和心理特征来探索他的艺术——思想内涵与特征。这也提出了一个新的视角和框架。

一个展现了新貌的鲁迅与鲁迅世界出现了。这是一种可喜的发展与提高。

鲁迅的比较研究和鲁迅与外国文学思潮的关系的研究，把鲁迅放在世界文学与文化背景上来进行比较研究，又展现了鲁迅世界的另一面，让我们看到这是一个开放的、宽容的世界，也是一个吸取了世界系统的阳光雨露，而又奉献了自己的思想与艺术之泉的世界。

　　鲁迅世界的新开拓，反映了近年来整个学术界文化意识的演变、文学观念的变化和新方法的运用。它是近年来学术发展的一个表现，也推动了这个发展。

　　然而，五年来，在新开拓的鲁迅世界的周围，也有烟尘升起。——贬损与否定之风吹起的烟尘，遮掩这个世界。这不是单纯地对待鲁迅的不敬与轻侮。这是一个文化现象。寻根者觉得鲁迅这个"根"不是地道的民族血脉，求外者则认为鲁迅与世界新潮隔膜；"儒文化第三次复兴期"的论者们，以五四为造成民族文化断裂带的不幸时期，鲁迅难辞其咎；创新的作家们觉得鲁迅"过时"，只属于历史的价值体系；更有激进论者，觉得鲁迅似乎以自己巨大的背影挡住了中国当代文学的去路。这里自然都带着深刻的误解。但似乎表现了一定程度上的历史规律：人们在为本民族的文学与文化探寻新的高度、新的境界时，常常首先昂首向外或回头向古或低眉俯视足下，而在反思中对于一代文化巨人，却当作过时的以至要革除的或遗弃的对象。但历史走着曲折的路。无论是寻根者还是外求者以及别的探寻者，总会有一天，在跋涉中不无爽然若失之感时，疲倦地或深思地抬起头来，发现曾被轻忽的文化巨人仍站在自己的面前。那时会觉得似乎寻回了失落的世界。

　　不过，精神的现象也会产生物质的后果，文化与文学领域某种程度的对于"鲁迅世界"的失落，其"物化形态"便是刊物不愿意发表鲁研文章，出版社大批积压和大批退回鲁研著作，一部分研究者的案头上抽屉里堆着遭到冷遇的书稿，一部分研究者转向另外的领域。

　　但是，失落终会消失的。那消失正孕育于文化的追寻和文学的追求中。英国未曾失落莎士比亚、俄国未曾失落普希金、德国未曾失落歌德、法国未曾失落巴尔扎克，难道中国会失落鲁迅吗？一个更新的鲁迅世界必将展现在我们面前。现在就正在酝酿着从更广阔的社会文化历史背景上，从更开放的大系统的综合研究、比较研究的框架中，以更新的研究意识与方法，去进一步打开和深入研究鲁迅世界。

　　这只是匆匆一瞥，且是陋巷斗室中的一瞥，容易疏漏不当，仅呈一隅之见以供参考吧。